贵州省国土资源与可持续发展研究

（中册 各论）

朱立军 等 著

科学出版社

北京

内 容 简 介

本书分上、中、下三册，在分析贵州省可持续发展战略环境的基础上，系统总结了贵州省可持续发展的国土资源基础，在新发展理念的指导下，全面阐述、分析了贵州省土地资源、矿产资源、煤炭、煤层气、页岩气以及地质环境等国土资源要素与测绘地理信息等基础支撑体系的可持续发展战略。围绕贵州省三大战略，重点论述了贵州省实践国土资源大扶贫、大数据、大生态战略的行动。

本书可为从事国土资源规划、土地、矿产资源、地质环境、测绘地理信息管理的政府部门、管理人员等提供参考，也可供从事国土资源研究的学者、教学人员等参考。

图书在版编目(CIP)数据

贵州省国土资源与可持续发展研究：全3册 / 朱立军等著. —北京：科学出版社，2019.6

ISBN 978-7-03-061488-9

Ⅰ. ①贵… Ⅱ. ①朱… Ⅲ. ①国土资源–可持续发展–研究–贵州 Ⅳ. ①F129.973

中国版本图书馆 CIP 数据核字（2019）第 111904 号

责任编辑：刘　超 / 责任校对：樊雅琼
责任印制：吴兆东 / 封面设计：无极书装

科学出版社 出版
北京东黄城根北街 16 号
邮政编码：100717
http://www.sciencep.com

北京虎彩文化传播有限公司 印刷
科学出版社发行　各地新华书店经销
*

2019 年 6 月第 一 版　开本：787×1092　1/16
2019 年 6 月第一次印刷　印张：39 1/2　插页：17
字数：936 000
定价：600.00 元（全三册）
（如有印装质量问题，我社负责调换）

目　　录

（上册　总论）

第一章　新发展理念：贵州省国土资源事业可持续发展指南 ························ 1
　第一节　创新：贵州省国土资源事业可持续发展的第一动力 ·············· 1
　　一、创新耕地保护制度 ··· 1
　　二、深化土地管理制度改革 ··· 2
　　三、加快矿产资源管理制度改革 ······································· 3
　　四、建立自然资源统一确权登记和资产管理体系 ······················· 3
　　五、强化国土资源科技创新驱动 ······································· 4
　第二节　协调：贵州省国土资源事业可持续发展的内在要求 ·············· 4
　　一、健全国土空间规划体系和用途管控制度 ··························· 4
　　二、优化土地资源开发利用布局 ······································· 5
　　三、统筹矿产资源勘查开发布局 ······································· 5
　　四、促进城乡协调发展 ··· 6
　第三节　绿色：贵州省国土资源事业可持续发展的必然要求 ·············· 6
　　一、提高耕地和基本农田生态质量 ····································· 7
　　二、提高土地资源节约集约利用水平 ··································· 7
　　三、提升矿产资源节约与综合利用水平 ······························· 8
　　四、加强国土综合整治与生态建设 ····································· 8
　　五、加强地质环境保护 ··· 9
　第四节　开放：贵州省国土资源事业可持续发展的必由之路 ·············· 9
　　一、积极走出去 ··· 9
　　二、鼓励引进来 ·· 10
　　三、强化交流合作 ·· 10
　第五节　共享：贵州省国土资源事业可持续发展的本质要求 ············· 11
　　一、切实保障群众权益 ·· 11
　　二、积极支撑大扶贫战略 ·· 11
　　三、加强防灾减灾保障人民生命财产安全 ····························· 12
　　四、提高国土信息共享服务能力 ······································ 12

第二章　贵州省可持续发展的战略环境 ･････････････････････････････････ 14

第一节　联合国 2030 年全球可持续发展议程 ････････････････････････ 14

一、联合国 2030 年全球可持续发展目标 ･････････････････････････ 14

二、中国 2030 年可持续发展方案 ････････････････････････････････ 15

三、贵州省落实 2030 年可持续发展目标任务 ･･･････････････････ 20

第二节　全球资源环境危机与资源市场发展态势 ･･･････････････････ 21

一、全球资源环境危机与发展态势 ･･･････････････････････････････ 21

二、世界金融危机与全球资源市场发展态势 ･････････････････････ 23

三、应对气候变化与中国庄严承诺 ･･･････････････････････････････ 24

第三节　中国生态文明建设的战略布局 ･･･････････････････････････････ 26

一、生态文明战略与"五位一体"总体布局 ･･･････････････････ 26

二、新时代社会主义生态文明建设的新要求 ･････････････････････ 27

第四节　贵州省可持续发展战略环境 ･･･････････････････････････････････ 29

一、贵州省经济社会发展态势 ･･･････････････････････････････････････ 29

二、贵州省"大生态"战略 ･･･ 43

三、贵州省生态文明试验区建设要求 ･････････････････････････････ 45

第三章　贵州省可持续发展的国土资源基础 ･･･････････････････････････ 48

第一节　贵州省国土资源概况 ･･･ 48

第二节　土地资源基础 ･･･ 48

一、土地资源数量与构成 ･･･ 48

二、土地资源的空间格局 ･･･ 49

第三节　能矿资源基础 ･･･ 53

一、固体矿产 ･･･ 53

二、煤层气 ･･･ 57

三、页岩气 ･･･ 58

四、地热 ･･･ 59

五、能矿资源总体评价 ･･･ 61

第四节　地质环境基础 ･･･ 61

一、岩溶地下水 ･･･ 61

二、地质旅游资源 ･･･ 65

三、地质环境与地质灾害问题 ･･･････････････････････････････････ 66

第五节　可持续发展相关理论 ･･･ 67

一、协调发展理论 ･･･ 67

二、生态经济理论 ･･･ 68

三、循环经济理论 ･･･ 69

四、人地关系理论 ･･･ 70

第四章　贵州省可持续发展的土地资源战略 ················· 71
　第一节　土地资源可持续利用研究 ················· 71
　　一、土地资源可持续利用研究现状 ················· 71
　　二、土地资源可持续利用内涵 ················· 72
　第二节　贵州省土地资源可持续利用实践 ················· 73
　　一、系统设计，打造贵州省土地资源可持续利用管理框架 ················· 73
　　二、科技引领，提升土地管理系统化与科学化 ················· 73
　　三、规划引导，优化土地开发利用空间格局 ················· 74
　　四、节约集约，提质土地资源综合利用水平 ················· 74
　　五、多措并举，助力全省"大扶贫"战略实施落地 ················· 75
　第三节　贵州省土地资源可持续利用成果 ················· 75
　　一、国土资源要素保障和供给质量持续提升 ················· 75
　　二、耕地数量质量生态"三位一体"保护力度不断加大 ················· 75
　　三、资源节约力度持续加大 ················· 76
　　四、国土资源助力脱贫攻坚精准度和有效性不断提高 ················· 76
第五章　贵州省可持续发展的能矿资源战略 ················· 77
　第一节　贵州省能矿资源利用态势及战略选择 ················· 77
　　一、能矿资源开发利用的总体态势 ················· 77
　　二、能矿资源开发利用的时代背景 ················· 80
　　三、能矿资源可持续利用战略选择 ················· 81
　第二节　能矿资源的绿色开发战略 ················· 82
　　一、总体战略思路 ················· 82
　　二、推进绿色勘查 ················· 82
　　三、建设绿色矿山 ················· 83
　第三节　能矿资源的节约集约战略 ················· 85
　　一、节约集约战略的总体思路 ················· 85
　　二、集约利用重点任务和策略 ················· 85
　第四节　能矿产业的转型升级战略 ················· 86
　　一、转型升级战略的总体思路 ················· 86
　　二、转型升级重点任务和策略 ················· 87
第六章　贵州省地质环境的可持续利用 ················· 89
　第一节　地质环境可持续利用背景要求 ················· 89
　　一、全球地质环境发展趋势 ················· 89
　　二、生态文明体制下的地质环境工作 ················· 90
　　三、贵州省地质环境工作的主要矛盾 ················· 91
　第二节　贵州省地质环境可持续利用实践 ················· 91
　　一、地质灾害防治体系基本建成 ················· 91

二、构建矿山地质环境工作框架 ……………………………… 96

三、地质旅游资源开发利用与保护 ……………………………… 98

四、农业地质工作模式初建 ……………………………… 100

第三节 贵州省地质环境可持续利用成果 ……………………………… 101

第七章 贵州省可持续发展的测绘与地理信息支撑 ……………………………… 102

第一节 现代测绘与地理信息理论方法 ……………………………… 102

一、全球卫星导航技术 ……………………………… 102

二、空间地理信息大数据技术 ……………………………… 106

第二节 贵州省测绘与地理信息实践 ……………………………… 109

一、测绘地理信息工作持续稳步推进 ……………………………… 109

二、现代测绘地理信息创新管理建设 ……………………………… 110

第三节 贵州省测绘与地理信息创新成果 ……………………………… 114

一、贵州省 GNSS 连续运行基准站网建设 ……………………………… 114

二、贵州省第一次全国地理国情普查工作 ……………………………… 115

三、倾斜摄影融合数据挖掘技术服务社会综合治理 ……………………………… 116

四、机载 LIDAR 技术助推贵州山区 1∶500 比例尺地形测量 ……………………………… 117

五、精准服务，为"大扶贫"提供坚实保障 ……………………………… 118

六、重点平台，大数据行动中彰显价值 ……………………………… 120

七、勇挑重担，为国家工程提供测绘保障 ……………………………… 121

第四节 测绘地理信息与可持续发展 ……………………………… 122

一、测绘地理信息支撑国土资源管理 ……………………………… 122

二、测绘地理信息与贵州省可持续发展 ……………………………… 124

第八章 贵州省国土资源事业可持续发展保障体系 ……………………………… 127

第一节 国土资源事业可持续发展保障体系框架 ……………………………… 127

第二节 国土资源规划保障 ……………………………… 128

一、国土资源规划现状 ……………………………… 128

二、国土资源规划发展战略 ……………………………… 129

第三节 政策与标准保障 ……………………………… 131

一、政策与标准现状 ……………………………… 131

二、政策与标准发展战略 ……………………………… 133

第四节 科技创新与人才保障 ……………………………… 136

一、科技创新与人才现状 ……………………………… 136

二、科技创新与人才发展战略 ……………………………… 139

（中册 各论）

第九章 贵州省土地资源与可持续发展 ……………………………… 143

第一节 贵州省土地利用现状与变化特征 ……………………………… 143

一、土地资源禀赋及利用现状 ……………………………………………… 143

二、省域土地资源禀赋的空间差异 ………………………………………… 145

三、土地利用变化态势与特征 ……………………………………………… 153

第二节　贵州省土地资源需求预测分析 ……………………………………… 155

一、贵州省经济社会发展预测 ……………………………………………… 155

二、基于粮食安全的耕地资源需求分析 …………………………………… 157

三、土地开发强度与建设用地需求分析 …………………………………… 165

第三节　贵州省土地资源可持续利用战略 …………………………………… 182

一、贵州省土地资源可持续利用问题、机遇与挑战 …………………… 182

二、贵州省土地资源可持续利用战略重点 ……………………………… 184

三、贵州省农用地资源可持续利用 ……………………………………… 190

四、贵州省城乡居民点及工矿用地可持续利用战略 …………………… 196

五、贵州省其他土地与可持续发展 ……………………………………… 198

第十章　贵州省矿产资源与可持续发展 ……………………………………… 199

第一节　贵州省矿产资源概况与开发利用 …………………………………… 199

一、贵州省矿产资源与成矿地质背景 …………………………………… 199

二、固体矿产资源禀赋特征 ……………………………………………… 213

三、矿产资源开发利用 …………………………………………………… 215

第二节　贵州省矿产资源需求预测分析 ……………………………………… 216

一、固体矿产资源保障能力分析 ………………………………………… 216

二、固体矿产资源需求预测分析 ………………………………………… 219

第三节　贵州省矿产资源可持续利用战略 …………………………………… 224

一、新时代找矿突破行动计划 …………………………………………… 224

二、贵州省绿色矿山建设 ………………………………………………… 231

三、贵州省矿山城市可持续发展战略 …………………………………… 237

第十一章　贵州省能源矿产与可持续发展 ………………………………… 245

第一节　贵州省能源需求和供给结构优化 …………………………………… 245

一、能源生产与消费及其构成 …………………………………………… 245

二、能源需求及其结构预测 ……………………………………………… 252

三、能源供给侧结构性改革 ……………………………………………… 255

第二节　贵州省煤炭资源与可持续发展 ……………………………………… 256

一、煤炭资源禀赋与分布特征 …………………………………………… 257

二、煤炭资源开发和利用现状 …………………………………………… 258

三、煤炭资源利用存在的问题 …………………………………………… 259

四、煤炭资源可持续利用策略 …………………………………………… 260

第三节　贵州省煤层气资源与可持续发展 …………………………………… 261

一、煤层气资源禀赋与分布特征 ………………………………………… 261

二、煤层气资源的勘查和利用现状 ·· 274
三、煤层气可持续发展目标和原则 ·· 280
四、煤层气重点开发区的布局规划 ·· 281
五、煤层气资源的可持续利用策略 ·· 286
第四节　贵州省页岩气资源与可持续发展 ·· 291
一、页岩气资源的调查评价和勘探 ·· 291
二、页岩气资源的禀赋与分布特征 ·· 297
三、页岩气可持续发展目标和原则 ·· 300
四、页岩气资源的可持续发展规划 ·· 302

第十二章　贵州省地质旅游资源与可持续发展 ·· 311
第一节　贵州省地质旅游资源禀赋特征 ·· 311
一、地质旅游资源类型及禀赋 ·· 311
二、地质旅游资源禀赋特征 ·· 321
三、典型地质旅游资源 ·· 323
第二节　贵州省地质旅游资源开发利用机遇与挑战 ·································· 343
一、贵州省地质旅游资源开发利用的机遇 ··· 343
二、贵州省地质旅游资源开发利用的挑战 ··· 344
第三节　贵州省地质旅游资源可持续利用战略 ······································ 345
一、可持续利用原则 ·· 345
二、发展目标 ·· 346
三、主要任务 ·· 346

第十三章　贵州省地质环境与可持续发展 ·· 349
第一节　贵州省地质环境基本特征 ·· 349
一、贵州省地质环境本底特征 ·· 349
二、贵州省主要环境地质问题 ·· 351
第二节　贵州省地质环境承载力评价 ·· 358
一、地质环境承载力评价方法 ·· 358
二、地质环境承载力评价 ·· 360
三、评价结果 ·· 362
第三节　贵州省地质环境可持续利用战略 ·· 365
一、地质环境发展战略目标 ·· 365
二、贵州省地质环境可持续利用战略重点 ··· 366
三、贵州省地质环境可持续利用战略路径 ··· 367
四、以新思维部署地质环境工作战略任务 ··· 370

第十四章　贵州省地质灾害防治与可持续发展 ·· 373
第一节　贵州省地质灾害基本特征 ·· 373
一、贵州省地质灾害发育概况 ·· 373

二、重大地质灾害隐患地貌分布特征 …………………………………… 373

三、重大地质灾害隐患地层分布特征 …………………………………… 375

第二节　贵州省地质灾害防治问题分析 ………………………………… 376

一、地质灾害防治形势依然严峻 ………………………………………… 376

二、防灾减灾救灾综合体制改革新要求 ………………………………… 376

三、地质灾害防治体系与生态文明建设差距 …………………………… 377

第三节　贵州省地质灾害防治战略 ……………………………………… 377

一、依法行政，健全完善法规和政策制度体系 ………………………… 378

二、加强防治体系建设，提升综合防治工作能力 ……………………… 378

三、完善管理机制，全面加强地质灾害防治工作 ……………………… 379

四、实施地质灾害防治行动计划的工作建议 …………………………… 379

（下册　专论）

第十五章　贵州省国土资源大扶贫战略行动 …………………………… 383

第一节　贵州省国土资源大扶贫战略的时代背景 ……………………… 383

一、可持续发展与反贫困国际背景 ……………………………………… 383

二、消除贫困的中国贡献与目标 ………………………………………… 384

三、贵州省贫困问题现状与脱贫目标 …………………………………… 386

第二节　贵州省国土资源大扶贫战略总体思路 ………………………… 389

第三节　贵州省国土资源大扶贫战略行动 ……………………………… 390

第十六章　贵州省国土资源大数据战略行动 …………………………… 396

第一节　贵州省国土大数据战略背景 …………………………………… 396

一、大数据时代 …………………………………………………………… 396

二、贵州省大数据战略 …………………………………………………… 401

第二节　贵州省国土资源大数据战略总体思路 ………………………… 402

一、贵州省国土资源信息化现状与成效 ………………………………… 402

二、贵州省国土资源大数据行动基本定位 ……………………………… 404

三、贵州省国土资源大数据发展总体思路与架构 ……………………… 405

第三节　贵州省“国土资源云”建设行动 ……………………………… 408

一、贵州省“国土资源云”总体架构 …………………………………… 409

二、贵州省“国土资源云”建设内容 …………………………………… 410

三、贵州省“国土资源云”应用模式 …………………………………… 411

四、贵州省国土资源云安全体系 ………………………………………… 412

第四节　贵州省国土资源大数据中心建设行动 ………………………… 413

一、贵州省国土资源大数据概念模型 …………………………………… 413

二、贵州省国土资源大数据内容 ………………………………………… 415

三、贵州省国土资源大数据整合集成模式 ……………………………… 418

四、贵州省国土资源大数据中心建设 ·· 419

第五节　贵州省国土资源大数据平台建设行动 ·························· 421

一、贵州省国土资源大数据平台总体架构 ····························· 421

二、贵州省国土资源大数据集成管理子平台 ························· 422

三、贵州省国土资源大数据政务交换服务子平台 ················· 423

四、贵州省国土空间基础信息服务子平台 ····························· 424

五、贵州省国土资源大数据社会开放子平台 ························· 425

第六节　贵州省国土资源大数据应用发展行动 ·························· 426

一、贵州省国土资源空间规划服务 ······································· 426

二、贵州省国土资源监测监管服务 ······································· 427

三、贵州省地质灾害应急预警服务 ······································· 427

四、贵州省国土资源行业应用服务 ······································· 428

五、贵州省国土资源社会服务与产业发展 ····························· 429

第十七章　贵州省国土资源大生态战略行动 ······························· 431

第一节　贵州省国土资源大生态战略的背景与挑战 ················· 431

一、贵州省国土资源大生态战略的背景 ································ 431

二、贵州省国土资源"大生态"理论基础 ····························· 433

三、贵州省国土资源"大生态"战略的挑战 ························· 435

第二节　贵州省国土资源生态环境保护实践与成效 ················· 436

一、贵州省国土资源的生态环境状况 ···································· 436

二、贵州省国土资源的生态保护成效 ···································· 438

三、贵州省国土资源大生态战略行动 ···································· 439

第三节　贵州省山水林田湖草共生的国土保护行动 ················· 441

一、维护生态安全屏障 ·· 441

二、保护重要生态资源 ·· 442

三、综合提升耕地资源 ·· 443

四、修复治理退化土地 ·· 445

第四节　贵州省培育绿色循环产业的国土优化行动 ················· 446

一、统筹国土生产空间 ·· 446

二、建设绿色工矿产业 ·· 448

三、培育山地循环农业 ·· 449

四、打造全域生态旅游 ·· 450

第五节　贵州省建设美丽宜居家园的国土整治行动 ················· 451

一、优化城镇结构布局 ·· 451

二、提高城市环境品质 ·· 453

三、重点推进乡村振兴 ·· 454

第六节　创建国家生态文明试验区国土管控行动 ···················· 456

一、完善自然资源产权制度 ……………………………………………………… 456

二、加强国土资源动态监测 ……………………………………………………… 457

三、实现国土资源经济价值 ……………………………………………………… 459

四、健全国土空间用途管制 ……………………………………………………… 460

参考文献 ……………………………………………………………………………… 463

附录：2009～2018 年贵州省国土资源厅工作报告 ……………………………… 468

2009 年：坚定信心　奋发作为　全力保障和促进经济平稳较快发展 …………… 468

2010 年：保障发展　保护资源　全面提升国土资源管理水平和服务能力 ……… 481

2011 年：开创国土资源管理工作新局面　保障和服务经济社会更好更快发展 … 494

2012 年：攻坚克难　开拓奋进　努力提高国土资源保障能力和服务水平 ……… 506

2013 年：深化改革创新　提升服务水平　为贵州实现科学发展后发赶超提供资
源保障 ……………………………………………………………………… 514

2014 年：深化改革　服务大局　进一步提升国土资源保障和管理服务水平 …… 523

2015 年：全面深化改革　建设法治国土　扎实做好新常态下的国土资源管理
工作 ………………………………………………………………………… 533

2016 年：树立新理念　坚定守底线　全面提高国土资源供给质量和效率 ……… 546

2017 年：坚持稳中求进　突出改革创新　奋力推动全省国土资源工作再上新
台阶 ………………………………………………………………………… 554

2018 年：不忘初心　牢记使命　以党的十九大精神指导新时代全省国土资源工作
更加奋发有为 ……………………………………………………………… 565

贵州省国土资源与可持续发展图集 ……………………………………………… 581

第九章 贵州省土地资源与可持续发展

第一节 贵州省土地利用现状与变化特征

一、土地资源禀赋及利用现状

1. 土地利用数量现状

贵州省2015年土地变更调查数据显示，全省土地总面积为1760.99万hm^2，占全国土地总面积的1.83%。

如表9-1所示，贵州省农用地面积为1475.91万hm^2，占全省土地总面积的83.81%（其中，耕地面积为453.74万hm^2，占全省土地总面积的25.77%，园地面积为16.46万hm^2，占全省土地总面积的0.93%，林地面积为893.92万hm^2，占全省土地总面积的50.76%，牧草地面积为7.26万hm^2，占全省土地总面积的0.41%）；建设用地面积为68.12万hm^2，占全省土地总面积的3.87%（其中，城乡建设用地面积为53.47万hm^2，占全省土地总面积的3.04%，交通用地面积为9.49万hm^2，占全省土地总面积的0.54%，水利用地面积为4.13万hm^2，占全省土地总面积的0.23%，其他建设用地面积为1.02万hm^2，占全省土地总面积的0.06%）；未利用土地面积为216.96万hm^2，占全省土地总面积的12.32%（其中，水域面积为16.10万hm^2，占全省土地总面积的0.91%，自然保留地面积为200.87万hm^2，占全省土地总面积的11.41%）。

表9-1 贵州省2015年土地利用结构表

地类		面积（万hm^2）	比例（%）
一级地类	二级地类		
农用地	耕地	453.74	25.77
	园地	16.46	0.93
	林地	893.92	50.76
	牧草地	7.26	0.41
	其他农用地	104.54	5.94
	农用地合计	1475.91	83.81

143

续表

地类		面积（万 hm²）	比例（%）
一级地类	二级地类		
建设用地	城乡建设用地　城镇用地	15.73	0.89
	城乡建设用地　农村居民点用地	34.08	1.94
	城乡建设用地　采矿用地	3.67	0.21
	城乡建设用地　小计	53.47	3.04
	交通用地	9.49	0.54
	水利用地	4.13	0.23
	小计	13.63	0.77
	其他建设用地　风景名胜及特殊用地	1.02	0.06
	其他建设用地　小计	1.02	0.06
	建设用地合计	68.12	3.87
未利用地	水域	16.10	0.91
	自然保留地	200.87	11.41
	未利用地合计	216.97	12.32
土地总面积		1760.99	100.00

2. 土地开发利用程度

（1）土地利用率

土地利用率是已利用土地面积与土地总面积之比。贵州省土地总面积为 1760.99 万 hm²，2015 年已利用土地 1544.02 万 hm²，土地利用率为 87.68%，高于全国平均水平 72.10%，土地利用率较高。

（2）土地垦殖率

土地垦殖率指耕地面积与土地总面积之比。全省平均土地垦殖率为 25.77%，高于平均水平的有贵阳市、六盘水市、遵义市、安顺市、毕节市、铜仁市、黔西南州 7 个地州市，低于平均水平的仅黔东南州和黔南州。

（3）耕地复种指数

耕地复种指数指全年农作物播种总面积与其所占耕地面积之比。2015 年贵州省耕地面积为 453.74 万 hm²，全年农作物播种面积为 554.92 万 hm²，复种指数为 1.22。全省复种指数较高的是遵义市、黔东南州及铜仁市等地区，而六盘水市、安顺市耕地复种指数不到 1，耕地利用效率不高，存在明显的撂荒现象。

（4）林木覆盖率

2015 年贵州省林地面积 893.92 万 hm²，林木覆盖率为 50.76%，远高于全国 26.7% 的水平，是全国林木覆盖率的 1.9 倍。各地州市除安顺市和六盘水市林木覆盖率未能超过 40% 外，其余地州市林木覆盖率均在 40% 以上。对比国际水平，贵州省林木覆盖率大致与瑞典和巴西相当，略低于日本、韩国、挪威等经济发达国家。另外，林木覆盖率超过30%且分布均匀是保障一个地区生态环境可持续发展的基础，从这个视角来看，贵州省各市（州）均具备了良好生态环境的基础。

（5）建设用地率

建设用地率指建设用地面积与土地总面积之比，反映了建设占用土地情况。2015年贵州省建设用地率为3.87%，以贵阳市最高，达到10.51%，远大于其他地区，是贵州省建设用地布局的核心地区，这与贵阳市经济社会地位相一致。各地农村居民点比重大，建设用地结构需要在城镇化过程中进一步调整完善。另外，交通运输用地占比也较高，这与贵州省近年来大力发展交通密不可分；由于贵州省处于喀斯特山区，各种水库及水工建筑也较多，水利设施用地也占有一定比重。

二、省域土地资源禀赋的空间差异

（一）农用地数量结构与空间分布格局

1. 贵州省耕地资源特征

（1）耕地数量

2015年，贵州省耕地面积为453.74万hm^2，占全省土地总面积的25.77%，占农用地面积的30.74%。耕地类型以旱地为主，旱地面积为328.41万hm^2，占耕地面积的72.38%，占土地总面积的18.65%；其次是水田，面积为124.19万hm^2，占耕地面积的27.37%，占土地总面积的7.05%；水浇地是贵州省占比面积最小的类型，仅1.14万hm^2，占耕地面积的0.25%，占土地总面积的0.06%。

全省耕地资源分布极不均衡，约40%分布在毕节市和遵义市，贵阳市、六盘水市及安顺市耕地面积总比例不超过20%。全省耕地破碎，连片平整的土地少，5000亩以上集中连片大坝面积为10.57万hm^2，仅占耕地面积的2.33%。

耕地质量偏低，耕地质量平均等别为11.29等，10等及以下等别耕地占90%以上。各市（州）中，遵义、黔东南、铜仁耕地质量较好，其余市（州）则相对较差（图9-1）。在全国31个省（自治区、直辖市）中，贵州省耕地质量平均等别为11.29等，排在第23位，属于全国耕地质量总体偏低的省份。与云贵高原地区其他省份比较，贵州省耕地质量堪忧。我国西南部的云贵高原地区主要包括云南省、贵州省和广西壮族自治区，耕地质量平均等别为10.09等，其总体耕地质量优于黄土高原、青藏高原及内蒙古高原等其他高原地区，但是略低于全国平均水平。其中，广西壮族自治区耕地质量平均等别为8.49等，排在第13位，云南省耕地质量平均等别为10.5等，排在第18位，贵州省耕地质量平均等别为11.29等，远低于广西壮族自治区与云南省。这种差距最主要地体现在"无优等地"上。在全国的优高等地面积中，贵州省的贡献仅为0.22%，而广西壮族自治区和云南省优高等地占比则分别为5.71%和2.27%，差距明显。

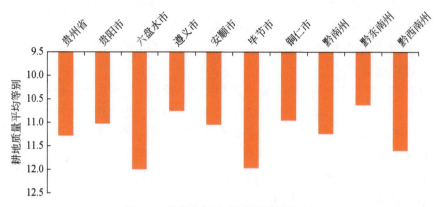

图 9-1　贵州省耕地质量平均等别对比

（2）贵州省大坝耕地保护

贵州省受地形影响，土地利用破碎，耕地资源难以集中利用。因此，集中连片的耕地资源就成为贵州省耕地保护的重点区域。根据国土资源厅土地利用详细调查、无人机监测等现代化技术手段，发现贵州省坡度在 6° 以下，面积大于 1 万亩、集中连片的万亩耕地有 51 处；面积大于五千亩的有 114 处，面积大于 1 千亩的有 651 处。总体来看，贵州省坝区数量少、优质耕地面积小，且地块零碎（图 9-2）。

从面积占比情况看，万亩大坝主要集中在安顺市、毕节市、黔东南州、黔南州、遵义市等地区。万亩及五千亩以上大坝的耕地类型以水田为主，水田面积占耕地面积的79.55%，从各市（州）的类型来看，六盘水市、遵义市、安顺市、铜仁市、黔南州、黔东南州、黔西南州均以水田为主，而毕节市以旱地为主，旱地面积占耕地面积的 71.13%（图 9-2）。

近年来，贵州省积极采取坝区保护政策，累积了不少经验。一是严格制定坝区耕地保护政策，对坝区耕地坚持六个严禁三个不能。六个严禁，即严禁以调整土地利用总体规划为由改变五千亩以上坝区耕地用途；严禁在五千亩以上坝区设立城市新区和各类开发区、园区；严禁地方城市主干道等线性工程通过五千亩以上坝区核心区；严禁在五千亩以上坝区耕地范围批准宅基地；严禁扩大五千亩以上坝区范围内现有建设用地规模；严禁在五千亩以上坝区开展有损农业综合生产能力的活动。三个不能指：不能占用万亩大坝耕地；不能占用五千亩以上大坝集中连片耕地；不能占用千亩坝子核心区耕地。对确有需要占用坝区的大型项目、规划调整等，严格控制审批程序，从严审查。对占用的坝区耕地进行补充，严格执行"占优补优、占水田补水田"的耕地占补平衡措施，预防坝区耕地流失。二是坝区耕地动态巡查制度。贵州省建立坝区耕地动态巡查制度，五千亩以上坝区耕地动态巡查实行周报告；省国土资源厅对万亩以上坝区每年至少巡查一遍，县监管人员月巡查一遍；乡镇每周巡查一遍，每个坝区聘请一名土地协管员每天巡查。目前正在建设视频在线监测监控系统，充分利用航拍等现代科技手段对坝区耕地进行监管，上下联动全方位坝区耕地保护监管格局正在形成。三是高标准基本农田建设与耕地质量提升。贵州省加大坝区高标准基本农田建设力度，重点围绕农田土地生产能力、灌排能力、田间道路通行运输能

图 9-2　贵州省万亩大坝和五千亩大坝空间分布

本图资料来源于 2017 年全省 5000 亩以上耕地坝区数据和统计表格；5000 亩大坝编号规则为：

Q（即代表 5000 亩）+市（州）车牌字母+区（市、县）名称拼音首字母

力等建设内容，加快农业产业结构调整升级，切实保障群众受益；各相关部门一定要进一步提高对做好万亩耕地保护工作重要性和必要性的认识，切实加强对万亩大坝基本农田保护区的保护，落实保护耕地特别是保护基本农田的责任，促进地方经济社会可持续发展。四是省政府印发文件，要求涉及大坝的村庄全部编制村土地利用规划，以规划为引领，协调耕地保护与发展的关系。

2. 贵州省园地资源特征

（1）园地数量

2015 年，贵州省园地面积为 16.46 万 hm^2，占全省土地总面积的 0.93%。

从园地总量来看，黔西南州、黔东南州和黔南州三个自治州园地比重较高，合计占全省园地总量的 58% 以上；最少的为六盘水市，仅为 2.9%。从园地占辖区面积比重看，各

市（州）园地比重均未超过 2.5%，最高的是黔西南州，为 2.4%，全省 88 个县（市、区、特区）中有 59 个园地比重不到 1%。

（2）贵州省园地利用特点

一是资源制约。园地对自然环境要求较高，主要是气候、土壤、水、地形、地貌等必须对应适宜，超过了生存环境，就会对质量和产量带来影响。"橘生淮南则为橘，橘生淮北则为枳"。在农业用地上，园地扩张往往与耕地保护发生矛盾，特别是近年来农业结构调整中园地扩张，一定程度上占用了耕地。

二是市场制约。园地产品受市场变化的制约日益显著，主要原因在于：①受消费水平制约。发达国家每人年均食用水果 80～100kg，而我国每人年均食用水果约 50kg。②出口制约。国际市场不稳定，特别是茶业等产品虽然有价格优势，但缺少知名度和质量保障。③进口的冲击。特别是 WTO 相关规定，各类园地产品优势地区大量涌入，严重冲击了中国市场。

三是社会经济技术条件制约。经济技术发展是自然资源利用的基本保障。但目前我国农业生产水平依然有待提高，相关化肥、农药施用过量，产品质量难以保证等，都已经成为社会经济制约园地利用的短板。

3. 贵州省林地资源特征

（1）林地数量

2015 年，贵州省林地面积为 893.92 万 hm^2，占全省土地总面积的 50.77%。其中，有林地面积为 570.04 万 hm^2，占林地面积的 63.77%，灌木林地面积为 254.24hm^2，占林地面积的 28.44%，其他林地面积为 69.64hm^2，占林地面积的 7.79%。

从林地总量来看，黔东南州、遵义市、黔南州、毕节市及铜仁市等地区林地面积大，合计占全省林地总量的 80% 以上；最少的为安顺市，仅为 3.5%。从林地占辖区面积比重看，全省 88 个县（市、区、特区），林地面积不到 30% 的有 6 个，分别是西秀区、平坝区、六枝特区、兴义市、贞丰县和关岭县，基本集中于贵州省西南部地区，该地区与贵州省石漠化严重，水土流失地区基本吻合；有 44 个县林地面积比重超过 50%；其余 38 个县林地比重在 30%～50%。

从林地二级类分布来看，略有差别。有林地集中分布在黔东南雷公山地区，其次是铜仁的武陵山地区、遵义市及赤水市辖区；灌木林地则集中分布在毕节-遵义一线和黔南地区；其他林地则集中分布在威宁、盘县、习水及黎平等县（图9-3）。

（2）贵州省林地利用特点

一是林地比重总体上稳步提高，但区域之间的分布不均衡。全省林地比重超过 50%，但全省各区域之间的森林覆盖率差别较大，中、西部的毕节市、六盘水市、安顺市、贵阳市、黔西南州等地较低，黔东南州、黔南州、遵义市、铜仁市等地（州）相对较高。林地比重最高的黔东南州，超过最低的安顺 30 个百分点以上。

二是乔木林单位面积蓄积量增长较快，但林地生产力仍然较低。全省乔木林单位面积蓄积平均为 57.54m^3/hm^2，低于全国 84.73m^3/hm^2、世界 114m^3/hm^2 的平均水平，且幼龄林、中龄林面积占 86.45%，林地生产力没有得到充分发挥，森林生态系统自我调节功能

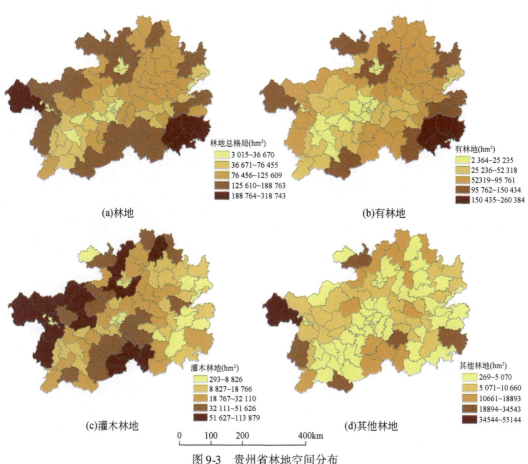

林地总格局(hm²)
3 015~36 670
36 671~76 455
76 456~125 609
125 610~188 763
188 764~318 743

(a)林地

有林地(hm²)
2 364~25 235
25 236~52 318
52319~95 761
95 762~150 434
150 435~260 384

(b)有林地

灌木林地(hm²)
293~8 826
8 827~18 766
18 767~32 110
32 111~51 626
51 627~113 879

(c)灌木林地

其他林地(hm²)
269~5 070
5 071~10 660
10661~18893
18894~34543
34544~55144

(d)其他林地

0　　100　　200　　　　　400km

图9-3　贵州省林地空间分布

弱，抵御各种自然灾害的能力不强。

三是乔木林林分结构单一化现象较为严重，纯林所占比例仍然较大，林龄结构不合理。乔木林分以纯林为主（占78.92%）；树种以马尾松、杉木为主，阔叶树种的比例占全部乔木林面积的42.65%。乔木林以中龄林、幼龄林为主（面积占86.45%、蓄积占77.1%），龄组结构不合理，需在森林经营中进一步进行调整。

四是林地利用率较高，提升空间难度大。一些发达国家的林地利用率一般在80%以上，我国林地利用率仅有43.2%，贵州省林地利用率为70.97%，利用率相对全国较高，不过由于宜林地中石山地、砂石山地较多，立地条件差，可利用率低，营造林难度极大，进一步提升的空间挑战较大。

五是灌木林地，特别是国家特别规定的灌木比例较大，但生态环境脆弱。全省灌木林地占辖区总面积的14.43%，而其中"国特灌"覆盖率占8.11%，特别是安顺市、六盘水市、黔西南州等喀斯特地貌发育的市（州、地），"国特灌"的覆盖率均在10%以上，"国特灌"已成为全省森林资源中重要的组成部分。由于全省生态环境建设力度加强，立地条件较好的林地大部分用于人工造林，现有的灌木林地一般是灌木型经济林或者立地条件差、生态区位重要的林地，且覆盖度以疏、中（占 87.81%）为主，其生态系统非常脆弱。

（二）建设用地数量结构与空间分布格局

1. 建设用地总体格局

建设用地包括商业、工矿、仓储、公用设施、公共建筑、住宅、交通、水利设施、特殊用地等。贵州省 2015 年建设用地面积为 68.12 万 hm^2，占全省土地总面积的 3.87%（其中，城乡建设用地面积为 53.47 万 hm^2，占全省土地总面积的 3.04%，交通用地面积为 9.49 万 hm^2，占全省土地总面积的 0.54%，水利用地面积为 4.13 万 hm^2，占全省土地总面积的 0.23%，其他建设用地面积为 1.02 万 hm^2，占全省土地总面积的 0.06%），低于全国 4.0% 的建设用地比重。各市州建设用地占比差异明显，最高为贵阳市，达到 10.51%，最低为黔东南州，为 2.52%。建设用地占辖区比重由高到低依次为贵阳市、六盘水市、安顺市、黔西南州、遵义市、铜仁市、毕节市、黔南州和黔东南州，总体上与非农经济及城市发展布局基本一致。

建设用地二级类中，各市（州）也存在明显差异，空间分异明显。其中，全省城乡建设用地占比最高，达到 78.50%，超过平均水平的有六盘水市、遵义市、铜仁市、毕节市和黔南州 5 个市（州），其余 4 个市（州）在平均水平以下；交通水利用地占比第二，全省平均水平为 20.01%，超过平均水平的有贵阳市、安顺市、黔西南州和黔东南州 4 个市（州），其余 5 个市（州）交通水利建设占比相对较低；其他建设用地全省平均占比为 1.49%，主要集中在安顺市，占比达到 3.97%，其余市（州）占比大致相当，差距不明显。

2. 贵州省城乡居民点及工矿用地利用特点

（1）不同时期，增长率不同

1996 年以来，贵州全省城乡居民点及工矿用地逐步扩大，2015 年比 1996 年增长了 31%。在不同时期，增速不同。基本上以 2010 年为界限，2010 年以前，贵州省城乡居民点及工矿用地年平均增速不到 1%；2010 年以后，年平均增速均在 2% 以上。

（2）村庄用地占比高，城镇及工矿用地占比小

贵州全省城乡居民点及工矿用地中，村庄用地占比最大，达到 63.74%，城镇用地为 29.41%，采矿用地占比为 6.85%。说明贵州省依然是一个人口聚集于农村地区的省份。

（3）内部结构空间差异显著

从各市（州）城乡居民点及工矿用地内部结构看，差异显著。贵阳市作为省会城市，城镇用地接近 50%，而村庄用地不足 40%；其余市（州）城镇用地规模显著低于贵阳市，且村庄用地均在 50% 以上。采矿用地区域差异明显，矿业较为发达的中西部地区，比例较高；而东北部地区则相对较低。相比较而言，风景名胜及特殊用地比例较为一致，仅安顺市比重显著高于其他地区（表 9-2）。

表 9-2　贵州省各市（州）城乡居民点及工矿用地构成　　（单位:%）

地区	占辖区城乡居民点及工矿用地比重				
	城市	建制镇	村庄	采矿用地	风景名胜及特殊用地
贵州省	9.04	19.15	63.12	6.80	1.89
贵阳市	32.48	16.27	38.47	10.40	2.38
六盘水市	8.88	14.32	63.06	12.27	1.47
遵义市	6.08	22.64	66.84	3.15	1.29
安顺市	12.04	23.14	53.92	5.53	5.37
铜仁市	4.74	19.55	70.46	4.00	1.25
黔西南州	6.05	17.96	65.49	8.91	1.59
毕节市	4.00	15.95	71.97	6.93	1.15
黔东南州	4.40	22.57	65.54	5.10	2.39
黔南州	5.02	19.32	65.36	8.11	2.19

（三）未利用地数量结构与空间分布格局

1. 未利用地现状

贵州省未利用地面积共 216.97 万 hm², 其中水域占 7.42%, 自然保留地占 92.58%。

2. 其他土地分布特征

从未利用地分布特征来看（图 9-4）, 全省各市（州）的自然保留地均占绝大多数, 其中尤以黔南州、黔西南州等地区最多。相比较而言, 贵阳市自然保留地面积较小, 这与贵阳市作为省会城市, 土地利用程度较高有关。水域在各市（州）的未利用地中占比均较低, 在遵义市、黔西南州、毕节市、黔东南州相对较多。

进一步细化可以看出, 全省其他土地集中于毕节–六盘水–黔西南–黔东南一线。从荒草地来看, 主要集中在毕节市、六盘水市、黔西南州、黔南州等地区, 铜仁市和遵义市有一定分布; 从裸地来看, 则主要集中在贵州省西部地区, 并与全省石漠化集中地区相吻合, 可以说裸地是石漠化现象在土地利用上的一种景观呈现（图 9-5）。

3. 其他土地利用特征

（1）可利用的荒草地比重小, 但裸地导致的石漠化严重

根据调查统计, 全省适宜开发的荒草地不到荒草地全部数量的 12%, 主要分布在黔西南州、毕节市和黔南州等地区。而其地处喀斯特地区, 水土流失易发, 导致落地面积较大, 引起的石漠化现象严重。

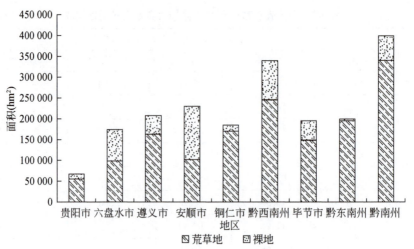

图9-4 贵州省各市（州）其他土地面积

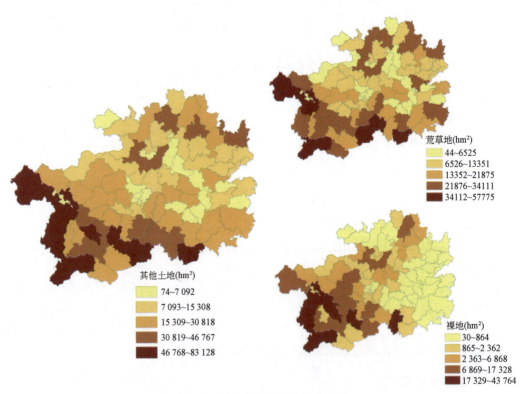

图9-5 贵州省其他土地分布特征

（2）少数民族地区、落后地区未利用地面积多

分析表明，全省黔西南州、黔东南州和黔南州三个民族自治州的未利用地面积超过46%；毕节市、铜仁市和遵义市面积占比超过11%。上述地区是贵州省滇黔桂、乌蒙山和武夷山特困连片地区，未利用地面积合计超过57%。

（3）开发难度大

受贵州省地形影响，其他土地多处于生态脆弱区，存在工程性缺水、水土流失等因素制约，质量较差，宜耕面积少，宜林、宜牧面积多，开发难度大，耗资多。

三、土地利用变化态势与特征

1. 土地利用结构变化趋势

2009～2015 年，贵州省农用地、未利用地呈持续减少趋势，建设用地持续增加。这期间农用地共减少 8.86 万 hm²，年均减少率达 0.6%；建设用地共增加 13.24 万 hm²，增加率达 24.13%；未利用地共减少 4.37 万 hm²，减少率达 1.97%（表9-3）。

表 9-3 贵州省 2009 年、2015 年土地利用结构变化

地类		2009 年（万 hm²）	2015 年（万 hm²）	增减面积（万 hm²）	变化率（%）
农用地	耕地	456.25	453.74	-2.51	-0.55
	园地	15.79	16.46	0.67	4.24
	林地	900.86	893.92	-6.94	-0.77
	牧草地	7.53	7.26	-0.27	-3.59
	其他农用地	104.34	104.59	0.25	0.24
	小计	1484.77	1475.91	-8.86	-0.60
建设用地	城乡建设用地	44.43	53.47	9.04	20.35
	交通水利用地	9.48	13.63	4.15	43.78
	其他建设用地	0.97	1.02	0.05	5.15
	小计	54.88	68.12	13.24	24.13
未利用地	水域	17.29	16.1	-1.19	-6.88
	自然保留地	204.06	200.87	-3.19	-1.56
	小计	221.34	216.97	-4.37	-1.97

农用地中，耕地近 7 年减少 2.51 万 hm²，耕地减少主要是由城乡建设用地扩张造成；林地减少 6.94 万 hm²；园地与其他农用地均略有增加。建设用地中，城乡建设用地近 7 年增加了 13.24 万 hm²，主要由于近年来城镇化与工业化的迅速发展对建设用地需求增加；贵州省近年来公路、铁路建设速度显著加快，基础设施用地需求加剧，导致交通水利用地近 7 年增加了 4.15 万 hm²，增加率达 43.78%。

2. 土地利用空间变化特征

（1）农用地时空变化特征

2009～2015 年，贵州省农用地减少主要集中在贵阳市、遵义市、毕节市、黔东南州四个市（州），这四个市（州）农用地减少量占贵州省农用地减少总量的 73.6%，贵阳市农

用地减少量最大，约占贵州省农用地减少总量的 1/4，主要是贵阳市城市化的快速发展导致农用地迅速减少。黔西南州农用地减少量最小，近 7 年来农用地基本无明显变化。

从农用地减少速率来看，贵阳市年均减少率达 0.52%，远高于其他市（州）；六盘水市、安顺市、毕节市农用地年均减少率均在 0.13% 左右，其他市（州）年均减少率均在 0.1% 以下。

贵州省 2009~2015 年耕地减少量主要集中在贵阳市，7 年间耕地减少共 1.31 万 hm²，占贵州省耕地减少总量的 52.2%，贵阳市近年来城市的迅速扩张导致了耕地的大面积减少。而铜仁市、黔东南州、黔南州通过进行大规模的土地开发、复垦、整理等土地整治活动使得耕地有所增加，铜仁市耕地增加量达 0.88 万 hm²。从耕地减少速率来看，贵阳市耕地年均减少率远高于其他市州，达 0.82%，因此从耕地减少量与减少速率来看，城市的迅速扩张是导致耕地减少的最主要因素。

（2）建设用地时空变化特征

2009~2015 年，贵州省建设用地增加主要集中在贵阳市、遵义市、毕节市，这三个市建设用地的增加量均超过了 2 万 hm²，占贵州全省增加量的近一半，显著高于其他市州，表明这三个市近年来城镇化、工业化发展迅速，建设用地需求旺盛。铜仁市、黔东南州建设用地增加量在 1.4 万 hm² 左右，其他市（州）建设用地增加量均在 1 万 hm² 左右。

贵州省 2009~2015 年，城乡建设用地增加量最大的是贵阳市，7 年间城乡建设用地共增加 1.56 万 hm²，占贵州全省的 17.3%；其次分别是遵义市和毕节市，城乡建设用地分别增加了 1.45 万 hm²、1.28 万 hm²；其他市州建设用地增加量均在 1 万 hm² 以下，六盘水市城乡建设用地增加量最小，为 0.56 万 hm²。从城乡建设用地增加速率来看，贵阳市的城乡建设用地年均增加速率仍然最高，达 4.87%，其次为安顺市 4.51%，其他市州城乡建设用地年均增加速率均在 3% 左右。

同一时期交通水利用地增加量最大的是毕节市，7 年间交通水利用地共增加了 0.75 万 hm²，其次是遵义市，达 0.7 万 hm²，贵阳市的交通水利用地增加量为 0.6 万 hm²，其余各市州增加量均在 0.5 万 hm² 以下。与城乡建设用地的变化特征相比发现，省会贵阳市基础设施已经相对较为完善，主要是工商业居住等用地需求，交通水利等基础设施用地需求相对较小；省会以外的其他市州仍在基础设施加速建设阶段，交通水利用地需求相对较大。从交通水利用地增加速率来看，毕节市的年均交通水利用地增加速率远高于其他市州，达 12.88%，表明毕节市近年来基础设施建设力度相当巨大，未来将具备较好的发展优势；遵义市、铜仁市年均增加率次之，分别为 7.69%、6.91%；黔西南州交通水利用地年均增加率最小，只有 3.61%，该州受地形条件约束，基础设施建设难度较大，未来还需要加强该地区基础设施建设力度。

（3）未利用地时空变化特征

2009~2015 年贵州省其他土地减少量最大的是黔西南州，7 年间未利用地共减少 1.02 万 hm²，主要是大规模的土地整治将其他土地开发为农用地；遵义市、铜仁市次之，其他土地分别减少了 0.83 万 hm²、0.77 万 hm²；其他市（州）未利用地减少量相对较小，均在 0.5 万 hm² 以下。

从其他土地减少速率来看，铜仁市、遵义市其他土地年均减少速率明显高于其他市（州），分别为0.62%、0.58%，表明这两个市近年来其他土地开发速率相对较快。六盘水市、黔南州其他土地减少速率相对较小，只有0.15%、0.06%，其他市（州）其他土地的减少速率在0.3%左右。

第二节　贵州省土地资源需求预测分析

一、贵州省经济社会发展预测

1. 人口与城镇化水平预测

虽然贵州省人口密度为198人/km²，但由于全省多山川沟壑，实际能开发利用的空间较小，人类活动多集中于山间坝子及丘陵地区，因此实际人口密度要远高于这一数值。

从人口出生率看，贵州省1978年以来出生率保持了逐步下降态势。统计资料表明，1978~2000年，贵州省人口出生率保持在20‰以上的水平，2000年以后则逐年下降，2006年以后则基本上保持在13‰~14‰的水平；受此影响，全省人口自然增长率2000年以前保持在10‰以上的水平，但2000年以后开始下降，并基本维持在5‰~7‰的水平，人口增长速率放缓。从目前趋势看，可以基本判断出：今后较长一段时间内，虽然贵州省总人口在不断增长，但由于自然增长率逐渐放缓，人口增长将逐渐放缓。

对城镇化水平的预测，必须充分认识到其受两个主要因素影响：一是区域人口总规模，二是区域经济社会发展水平。从长远看，贵州省较全国平均水平和东部长三角、珠三角地区，城镇化水平都较为落后，与国际发达地区相比差距更是明显（如美国城市化水平为77%，日本为79%，德国为88%），因此贵州省城镇化发展是一个后发追赶的过程，今后较长一段时间，城镇化水平仍然是一个持续上升的过程。

《贵州省城镇体系规划（2015—2030年）》提出，到2030年，全省常住人口将达到4500万人，城镇化率达到60%。本书采用这一目标作为研究基础。

2. 经济发展地区生产总值预测

（1）贵州省宏观经济发展趋势分析

总体上讲，贵州省经济近年来一直保持着较高速度的稳定增长，经济结构得到了一定的调整和优化，经济水平、发展能力都有较大提高，全省已从整体上摆脱了绝对贫困，进入巩固温饱奔小康的新的发展阶段。

国民经济保持了稳定增长的良好态势，经济水平有明显提高。全省2000年以来经济增长率基本保持了两位数增长，到2015年地区生产总值突破万亿元大关，达到10 502.56亿元，其中，第一产业1640.61亿元，第二产业4147.83亿元，第三产业4714.12亿元。在经济稳定增长的基础上，全省经济水平有明显提高，全省从整体上摆脱了绝对贫困。与

2000 年相比，人均地区生产总值由 2759 元增加到 29 847 元，年均增长 17.52%；同期城镇居民可支配收入由 5121.22 元增加到 24 580 元，年均增长 11.17%，恩格尔系数由 0.36 下降到 0.34；农民人均纯收入由 1374.16 元增加到 7387 元，年均增长 11.95%，恩格尔系数由 0.50 下降到 0.39。

土地资源的科学配置，要科学判断、准确把握贵州省经济社会发展由工业化初期向中期转变和进入加快发展时期的新的阶段性特征。进入 21 世纪以后，经过 10 多年的快速发展，贵州省经济社会取得全面进步。主要表现在以下四个方面。

1）经济结构尤其是产业结构进一步改善和优化。非农产业在地区生产总值中份额由 2000 年末的 73.66% 提高到 2015 年的 84.38%，三次产业增加值排序由"二三一"转变为"三二一"，电力、药材、旅游等具有比较优势的产业在国民经济中的地位进一步上升。

2）经济发展能力增强，发展后劲有一定的充实。体现在三个方面：一是社会资金资源大大增加。到 2015 年全省居民储蓄存款余额达到 19 438.64 亿元，比 2000 年的 1106.46 亿元增长 16.56 倍；同时，向银行借贷的能力也大为增强，银行贷款余额 2015 年达 15 051.94 亿元，较 2000 年的 1064.82 亿元增加 13.14 倍。二是地方政府经济发展功能增强。2015 年全省财政总收入达到 2291.82 亿元。三是基础设施得到了一定的完善。从交通运输看，全省铁路和公路 2015 年里程分别达到 2810km 和 186 407km，特别是多条高铁和高速公路的修建，对贵州省落后区位的改变起到积极作用。

3）贵州省经济对国际市场依存度不断提高。贵州省经济对国际经济的依存度不断提高。进出口贸易规模逐渐增大，2015 年达 122.21 亿元（其中，出口额为 99.49 亿美元），而 2000 年仅 6.6 亿美元（其中，出口额为 4.21 亿美元），分别增长 17.51 倍和 22.63 倍。但是，随着产业结构调整，部分出口型或外贸依赖型产业（尤其是国内市场过剩的产品）受出口环境影响较大。从出口结构看：矿产品、化工及相关工业品、贱金属受影响明显；此外，如烤烟白酒类、橡胶产品类、纺织原料及制品类、机电类四类产品也是贵州省重要的出口创汇商品，也不同程度地受到影响。

4）贵州省工业化水平不断提升，但就业结构调整不明显。在经济发展阶段上，大多数专家认为中国已处于工业化中期阶段，贵州省也得到同步发展，虽然与东部沿海地区不在一个发展阶段，但与西部周边省份相比，发展明显。2015 年全国非农产业比重为 89.99%，贵州省为 84.38%，低于全国平均水平；与周边省（市）比较，比云南省（83.83%）高，低于四川省（86.96%）和重庆市（91.97%）。但不可否认的是，虽然工业化水平得到明显提高，但三产就业人口比重依然未能得到较好的调整，2015 年全省非农就业人口比重为 40.33%，而 2000 年为 30.05%，工业化发展对就业结构改变的带动作用尚不明显。

综上所述，贵州省既有后发赶超优势，同时又面临着因为差距而带来的发展限制，特别是随着新常态发展阶段的到来，未来贵州发展势必面临更大挑战。

（2）贵州省地区生产总值预测

考虑到贵州省今后一段时间恰逢"大扶贫、大数据、大生态"三大战略历史关键期，将形成以新兴与传统行业共同发力的快速发展模式。因此采用《贵州省城镇体系规划

(2015—2030 年)》预期作为 2030 年全省地区生产总值变化趋势预测依据，即每年保持 10% 左右的经济增速。基于此，到 2030 年，贵州省地区生产总值约 43 000 亿元。

二、基于粮食安全的耕地资源需求分析

（一）耕地资源需求分析基本思路

首先，根据耕地与经济社会发展相关因素时间序列上的回归关系，测算得到"十三五"期间耕地变化趋势；其次，从粮食需求量测算出发，对粮食安全的基本保障进行预测，并根据贵州省粮食生产能力、复种指数等测算耕地需求量；最后，对耕地变化趋势与粮食安全下的耕地需求量进行供需平衡分析，探讨"十三五"期间耕地保护与利用的途径。

1. 耕地变化趋势分析

城镇化、工业化进程中，耕地减少往往由建设占用造成，因此根据经济社会发展一系列相关表征指标与耕地变化的关系进行分析，并由此得到贵州省耕地变化与经济社会发展关系，并对耕地变化趋势进行预测。

2. 粮食需求量及耕地需求量测算

基于人口变化趋势，在粮食安全的基本需求指引下，测算到 2030 年贵州省粮食的基本需求。在此基础上，基于贵州省耕地利用的潜力、习惯与基本态势，对耕地需求量进行测算。

3. 耕地供需平衡分析

在耕地变化趋势分析与需求量预测基础上，分析计算贵州省今后的耕地保护与利用方式、利用强度等，并根据土地利用总体规划所落实目标，确定耕地保护目标，并提出相关政策建议。

（二）粮食安全下耕地需求分析

1. 粮食需求量预测

（1）2000 年以来贵州省粮食供需情况概述

贵州省粮食以水稻、玉米和薯类为主，三者占全部粮食产量的 90% 以上。从 2000～2015 年贵州省粮食生产基本情况统计来看（表 9-4），全省的粮食总产量和粮食单产一直在一定区间波动，并无显著的变化趋势。例如，粮食总产量 2000 年为 1161.30 万 t，但到 2002 年就降至 1034.20 万 t，而到 2015 年又恢复到 1180.00 万 t；而粮食单产则一直在 1900～2590kg/hm² 范围波动。另外，从复种指数也呈现明显波动变化，2000～2015 年呈

现先升高后降低再升高的过程，这说明粮食生产过程中对耕地的利用与管护并不持续，目前耕地利用节约集约水平不高，利用效率有待进一步提高。

表9-4　2000～2015年贵州省粮食生产基本情况

年份	耕地面积（万 hm²）	农作物总播种面积（10³ hm²）	复种指数	粮食总产量（万 t）	粮食单产（kg/hm²）
2000	477.04	4696.70	0.985	1161.30	2434
2001	476.16	4650.70	0.977	1100.30	2311
2002	471.74	4645.42	0.985	1034.20	2192
2003	456.79	4634.19	1.015	1104.30	2418
2004	451.44	4692.28	1.039	1149.58	2546
2005	450.50	4804.10	1.066	1152.06	2557
2006	449.393	4449.43	0.990	1038.00	2310
2007	448.7455	4464.53	0.995	1100.86	2453
2008	448.5297	4619.43	1.030	1158.00	2582
2009	456.2518	4780.69	1.048	1168.27	2561
2010	456.6251	4889.30	1.071	1112.30	2436
2011	456.0053	5021.22	1.101	876.90	1923
2012	455.44	5182.86	1.138	1079.50	2370
2013	454.8358	5390.11	1.185	1029.99	2265
2014	454.01	5516.46	1.220	1138.50	2508
2015	454.10	5542.17	1.220	1180.00	2129

（2）"十三五"期间贵州省粮食需求总量预测

A. 贵州省粮食消费形势分析

随着城乡居民收入水平提高，贵州省食物消费质量也得到提高。城镇和农村居民的恩格尔系数分别从2000年的0.36和0.50下降至2014年的0.34和0.39，生活富裕程度不断提高。依据城镇和农村居民家庭平均每人主要消费品消费量可知，近年来贵州省食品结构不断得到优化（表9-5，表9-6）。

表9-5　贵州省城镇居民家庭平均每人主要消费品消费量　　　　　（单位：kg）

指标	2008年	2009年	2010年	2011年	2012年	2013年	2014年	2015年
粮食	59.33	51.92	70.69	78.88	68.13	82.82	70.45	92.64
食用植物油	9.96	9.16	8.70	9.91	8.40	11.81	9.74	11.30
猪肉	24.80	26.41	25.66	27.89	24.93	28.37	24.98	28.72
牛肉	1.72	1.71	1.88	2.15	1.82	2.27	1.88	2.19
禽类	7.24	7.66	8.64	9.41	8.61	7.36	5.36	7.56

续表

指标	2008 年	2009 年	2010 年	2011 年	2012 年	2013 年	2014 年	2015 年
鲜菜	102.58	98.69	93.57	106.12	92.88	92.95	79.32	87.43
糖类	39.74	42.55	43.48	53.33	61.01	43.03	39.28	41.02
糕点类	2.65	3.20	3.08	3.34	2.90	3.23	2.53	3.04
干鲜瓜果类	39.45	43.89	41.94	44.08	38.70	36.31	34.44	38.20

表9-6　贵州省农村居民家庭平均每人主要消费品消费量　　（单位：kg）

指标	2008 年	2009 年	2010 年	2011 年	2012 年	2013 年	2014 年	2015 年
粮食	186.38	173.17	164.63	162.62	149.10	151.57	166.53	152.65
食油	3.36	3.21	3.01	4.34	4.80	5.98	8.33	7.06
猪肉	25.01	25.93	25.21	23.04	20.98	24.58	33.17	31.61
禽类	2.25	2.04	1.98	2.10	2.05	2.43	3.43	3.63
蔬菜	133.36	126.10	116.74	110.42	97.43	95.49	99.40	92.29
糖类	0.89	0.93	0.78	0.68	0.70	0.74	0.96	0.95
干鲜瓜果类	8.63	9.11	8.93	10.33	12.39	10.88	17.83	20.46

　　国际上常用每人每天应获取的蛋白质、脂肪和热量来衡量食物水平或营养标准。《中国中长期食物发展战略》提出了各类食物营养换算标准，可以对食物摄取量进行营养换算。为衡量全世界温饱问题，FAO 提出了维持正常生活的最低标准。根据换算结果与 FAO 标准对照，可以发现贵州省已经基本解决温饱问题，但食物结构应进一步优化，增加蛋白质类食物的摄取（表9-7，表9-8）。

表9-7　粮食营养标准换算

项目	热量（×4.18kJ/kg）	蛋白质（g/kg）	脂肪（g/kg）
粮食	3590	92	23.8
食油	9000	0	1000
猪肉	5278	86.5	544.2
禽类	627	113.8	17.6
鲜菜	180	11.4	1.6
糖类	3776	4.6	0
鲜瓜果及制品	162	125	0.4
水果	436	6.2	2.4

表 9-8 2015 年贵州省人均能量摄取量

项目	热量（×4.18kJ/kg）	蛋白质（g/kg）	脂肪（g/kg）
贵州省	10 012. 11	55. 23	84. 87
FAO 标准	9 978. 8	75	65

B. 贵州省粮食需求预测

1）生活消费用粮需求。根据《中国中长期食物发展战略》，东方素食型的营养优化食物消费结构是：口粮消费为 175kg/（a·人），人均粮食需求确保 402kg/a。2014 年贵州省人均粮食产量为 324kg，按 2030 年 4500 万人口、400kg/（a·人）为目标，则需要粮食 1800 万 t。

2）白酒用粮需求。白酒是贵州省的重要产业，对全省经济贡献率为 19.4%，白酒产业工业增加值占全省工业增加值的 13.6%，是全省"五张名片"之一，也是全国乃至世界而言，都具有地理标志的品牌产品。"十一五"以来，全省白酒行业生产一直呈持续增长趋势（图 9-6）。

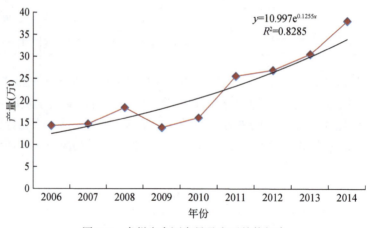

图 9-6 贵州省白酒产量及发展趋势拟合

可以看出，贵州省近 10 年以来白酒生产一直呈持续增长趋势，并符合指数变化趋势。根据拟合公式预测，贵州省到 2020 年白酒产量将达到 72 万 t 左右。2016 年 10 月，贵州省出台了《省人民政府办公厅印发关于贵州省推动白酒行业供给侧结构性改革促进产业转型升级的实施意见》，指出到 2020 年，全省白酒产量达到 80 万千升（约 80 万 t），也与预测结果基本一致。由于到 2030 年，尚无明确的白酒发展规划，按 80 万 t 预估 2030 年白酒酿造粮食需求。按 60° 原酒出酒率为 40% 测算，到 2030 年白酒生产需粮食 200 万 t。

3）种子用粮需求。种子用粮随着播种面积变化而变化。根据 2000～2014 年播种面积预测 2030 年播种面积，并由此测算种子用粮需求约 70 万 t。

4）粮食需求总量预测。基于生活消费需求、白酒用粮需求和种子用粮需求，到 2030 年贵州省粮食需求总量约为 2070 万 t。

2. 耕地需求量预测

（1）粮食生产能力

2000～2015 年贵州省粮食单产能力见表9-9。

表9-9 2000～2015年贵州省粮食单产能力

年份	粮食单产能力（kg/hm²）	五年移动平均粮食单产（kg/hm²）	五年移动平均变化率（%）
2000	2434	—	—
2001	2311	—	—
2002	2192	—	—
2003	2418	—	—
2004	2546	2380	—
2005	2557	2405	1.03
2006	2310	2405	−0.01
2007	2453	2457	2.17
2008	2582	2490	1.34
2009	2561	2493	0.12
2010	2436	2468	−0.97
2011	1923	2391	−3.14
2012	2370	2374	−0.69
2013	2265	2311	−2.67
2014	2508	2300	−0.46
2015	2129	2239	−2.65

可以看出，2000 年以来，贵州省耕地生产能力一直保持在 1900～2600kg/hm²。由于贵州省绝大多数耕地是坡地，且耕地质量属于中低等别，耕地生产能力受到一定制约；另外，农业生产存在生产上限，即受制于自然条件约束，即时投入再多人力物力，农业产量也是一定的。因此本研究认为"十三五"期间，贵州省粮食单产能力应保持在 2300～2500kg/hm²，取 2400kg/hm² 为今后耕地产量数值。

（2）耕地需求量预测

依据贵州省粮食需求量及粮食单产潜力，到 2030 年贵州省耕地需求量为 860 万 hm²。

（三）耕地供需平衡分析

1. 贵州省耕地供需平衡情况

贵州省一直是粮食调入省份，根据贵州省粮食局《贵州省粮食行业发展"十三五"规划纲要》，"十一五"期间共调入粮食 979 万 t，"十二五"期间增加到 1992 万 t。分别将"十一五"和"十二五"调入粮食平均到各年份，得到贵州省当年的耕地实际需求，详见表9-10。

表9-10 贵州省2006～2015年耕地供需关系

年份	实际耕地面积（万 hm²）	粮食总产量（万 t）	粮食调入量（万 t）	实际粮食消耗（万 t）	粮食单产（kg/hm²）	实际耕地需求（万 hm²）	耕地缺口（万 hm²）
2006	449.39	1038	195	1233	2310	533.77	-84.37
2007	448.75	1101	195	1296	2453	528.28	-79.53
2008	448.53	1158	195	1353	2582	524.01	-75.48
2009	456.25	1168	195	1363	2561	532.32	-76.07
2010	456.63	1112	195	1307	2436	536.66	-80.03
2011	456.01	877	398	1275	1923	662.97	-206.97
2012	455.44	1080	398	1478	2370	623.42	-167.98
2013	454.84	1030	398	1428	2265	630.46	-175.62
2014	454.01	1139	398	1537	2508	612.64	-158.63
2015	454.10	1180	398	1578	2129	741.19	-287.09

贵州省一直处于粮食供需不平衡状态，每年粮食调入量成增长态势。从2006年以来的数据可以发现，要实现贵州省粮食需求的供需平衡，必须从外省调入大量粮食，并且这一趋势日益增强。把调入粮食生产一并考虑的话，贵州省事实上存在一定数量的耕地需求缺口，需要通过市场交易，从全国范围内得以平衡。

2. 贵州省耕地供需平衡分析

（1）至2030年耕地供需平衡关系

本书的研究发现，贵州省到2030年粮食需求量在2070万t，现阶段贵州省粮食生产能力平均在1100万t/a，粮食缺口在1000万t左右，耕地需求为860万 hm²。根据国土资源部发布的《贵州省国土规划（2016—2030年）》的指标数值，按到2030年全省耕地保有量为419万 hm²测算，到2030年耕地缺口为441万 hm²，应通过多种手段确保粮食安全，实现耕地供需平衡。

（2）提升耕地复种指数

贵州省2010年以后粮食单产能力下降明显，是因为随着经济利益驱使，近年来更倾向于其他经济作物。对比2008年以来农业、林业、畜牧业和渔业增加值增速可以发现，农业增速比较优势并不明显，甚至会低于经济类农业生产方式，这成为促使粮食单产下降的一个重要因素（图9-7）。

贵州省2000年以来复种指数一直在1左右，在2012年后才提升到1.2左右。对比周边重庆市、四川省等自然条件相似地区，其复种指数均在1.4以上。如果全省提升复种指数到1.4，则相当于增加约87万 hm²的耕地，可有效地缓解耕地供需矛盾。

（3）重点保护优质耕地

贵州省受地形影响，土地利用破碎，耕地资源难以集中利用。因此，集中连片的耕地

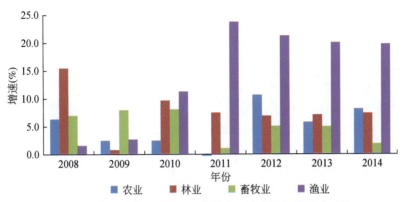

图 9-7 贵州省农业、林业、畜牧业、渔业增加值增速对比

资源成为贵州省耕地保护的重点区域。根据省国土资源厅土地利用详细调查、无人机监测等现代化技术手段，发现贵州省坡度在 6° 以下，面积大于 1 万亩、集中连片的万亩耕地有51 处；面积大于 5 千亩的有 114 处。

从面积占比情况看，万亩大坝主要集中在安顺市、毕节市、黔东南州、黔南州、遵义市等地区，万亩大坝占比均超过 10%，合计超过 82%，主要位于贵州省西南部地区；五千亩大坝则主要集中在黔南州、安顺市、黔西南州、黔东南州、遵义市等地区，占比也均超过 10%，合计超过 79%。贵州省万亩大坝和五千亩大坝主要集中在西南部地区和北部的遵义市，这些区域是今后贵州省耕地保护的重点地区。

（4）提升耕地质量

贵州省耕地质量普遍偏低，11 等以下的中低等耕地占 74.24%。贵州省各市（州）耕地质量平均等比如图 9-8 所示。

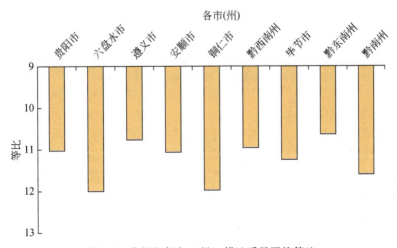

图 9-8 贵州省各市（州）耕地质量平均等比

今后应大力增强耕地质量提升工作，针对不同地区耕地质量短板，有所侧重地进行施

工，特别是要重点考虑喀斯特岩溶地区地理环境特征，增强保水保土的工作。结合第三章分析，可以将耕地质量提升重点放在低等比耕地较多的毕节市、六盘水市、铜仁市、黔南州等地区。

（5）耕地后备资源合理开发

受地形条件制约，贵州省耕地后备资源较为稀缺，全省耕地后备资源调查结果显示，全省共有 21.83 万 hm² 的土地可以开垦成耕地，主要为其他草地和裸地，分别占后备资源总量的 79.80% 和 17.30%。从空间分布来看，黔西南州、黔南州、毕节市等地区是耕地后备资源集中分布地区，也是今后开垦需要重点考虑的地区，相对而言，铜仁市则较为稀少，其他地区后备资源总量大致相当（图9-9）。在"十三五"及今后时间内，应该充分考虑耕地后备资源的开发工作，确保贵州省耕地能得到有效的补充。

图9-9　贵州省后备耕地资源类型及分布

（6）市场调节粮食供给

在目前耕地保有量条件下，贵州省充分依托市场实现粮食供需平衡。根据《贵州省粮食行业发展"十三五"规划》，到"十三五"期末，全省应建成管理科学、保障有力的粮食宏观调控体系，运转顺畅、市场活跃的粮食流通体系，结构优化、品牌突出的粮食产业化体系和技术领先、设施先进的粮食质量检验监测体系，使全省粮食流通发展现代化水平得到显著提升，确保粮食供给得以平衡，弥补全省耕地缺口。因此到 2030 年，省内耕地可以确保农村人口自给自足，城镇人口粮食在省内供给基础上，通过全国的粮食生产能力，解决贵州省粮食短缺的问题。

三、土地开发强度与建设用地需求分析

（一）土地开发强度国内外对比

土地开发强度是衡量土地承载能力的一项重要指标。借鉴相关国家、地区及国内相关省（市）建设用地开发的实践，为贵州省土地开发强度研究及调控提供决策参考①。

1. 与典型国家和地区的比较

选择地形条件、人地关系与贵州省类似的日本、韩国及中国台湾地区的建设用地状况进行对比分析。

（1）日本、中国台湾地区土地开发强度概况

日本土地总面积为 3780 万 hm²，约为中国贵州省的 2.1 倍。2002 年，日本建设用地总面积为 310 万 hm²，土地开发强度为 8.2%；其中，东京、名古屋和大阪三大都市圈土地总面积为 540 万 hm²，其中，建设用地规模为 90 万 hm²，土地开发强度为 16.7%；其他地区土地总面积 3240 万 hm²，其中，建设用地规模为 220 万 hm²，土地开发强度为 6.8%②（图 9-10）。

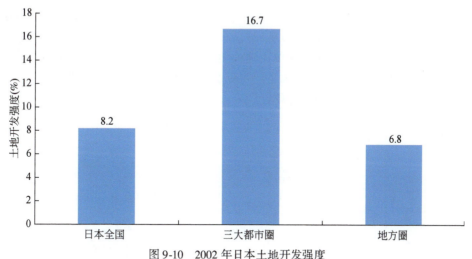

图 9-10　2002 年日本土地开发强度

资料来源：日本国土交通省《国土数值情报》（2002 年）

---

① 国内部分数据不含香港、澳门、台湾地区。

② 采用日本国土交通省的分类系统，其中一级分类有 8 个类型，包括农用地、森林、原野、水面（河川、水路）、道路、宅地和其他。本研究中的建设用地包含其道路、宅地两种类型。

中国台湾地区土地利用采用三级分类，其中一级分类有 9 个类型，包括农业使用土地、森林使用土地、交通使用土地、水利使用土地、建筑使用土地、公共使用土地、游憩使用土地、矿盐使用土地和其他使用土地。本研究中的建设用地包含其交通使用土地、水利使用土地、建筑使用土地、公共使用土地、游憩使用土地和矿盐使用土地。

中国台湾地区土地总面积为 362 万 hm²，约为贵州省的 1/5。根据中国台湾地区第 2 次土地调查计划，2006 年土地开发强度为 12.7%（图 9-11）。

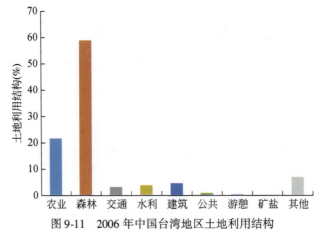

图 9-11　2006 年中国台湾地区土地利用结构
资料来源：中国台湾地区第 2 次土地利用调查计划执行工作报告（2012 年 10 月）

（2）与中国台湾地区、日本的建设用地效益对比

对比分析 2006 年中国台湾地区、2002 年日本和 2015 年中国贵州省单位建设用地地区生产总值，中国台湾地区 2006 年约为贵州省 2015 年的 4.5 倍，而日本 2002 年单位建设用地效益约为贵州省 2015 年的 9 倍（图 9-12）。根据日本与中国台湾地区历年来的建设用地效益变化情况，中国贵州省当前的建设用地效益仅相当日本 20 世纪 70 年代中期的水平，相当于中国台湾地区 80 年代中期的水平。可见，中国贵州省建设用地效益提升依然具有较大的空间，土地节约集约利用潜力较大。

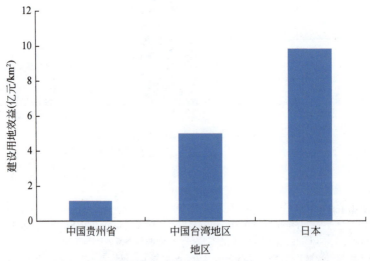

图 9-12　中国贵州省与中国台湾地区、日本建设用地效益比较
此处数据年份为：日本 2002 年，中国台湾地区 2006 年，中国贵州省 2015 年

（3）日本、韩国土地开发边际效益分析

分别对日本 1964～2002 年和韩国 1981～2012 年建设用地边际效益进行分析，发现两个国家的建设用地边际效益变化过程基本相似（图 9-13、图 9-14）。经济发展早期，建设用地投入的边际效益快速增长；经济发展中期，建设用地投入的边际效益变化趋缓；经济发展后期，建设用地投入的边际效益逐渐降低。当经济发展到一定阶段，经济增长对建设用地增长的依赖逐渐变小，不再简单依靠资源的大量消耗和投入，而依靠资本和技术促进效率提高才是发展的根本。

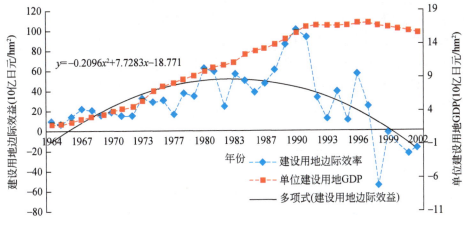

图 9-13　1964～2002 年日本建设用地边际效益

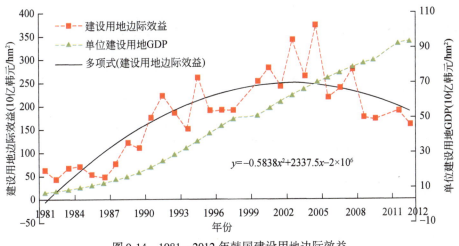

图 9-14　1981～2012 年韩国建设用地边际效益

2. 与国内相关省（市）的比较

2015 年，贵州省以 68.12 万 hm² 的建设用地承载了 3529.50 万人口，创造了 10 502.56 亿元地区生产总值和 2291.82 亿元税收，虽然近年来一直取得两位数的发展速率，但与相邻省市的四川、重庆、云南等比较，贵州省土地开发强度和建设用地产出效益仍存在一定的差距。

（1）相关省（市）土地利用结构

根据各省（市）国土资源公报数据，2015 年省贵州省和重庆市的耕地占比超过 25%，其土地垦殖率很高；相比较而言，四川省和云南省的耕地占比不到 17%，相差了 8 个百分点；林地均是各省（市）占比最高的用地类型，特别是贵州省和云南省，已经超过 50%，其他省（市）也接近这一水平；相比较而言，贵州省的园地草地占比很低，仅 1.35%，而其他省（市）超过了 7%，四川省甚至达到 27%，说明贵州省与其他省（市）相比，用于经济类作物和畜牧业的用地较少。建设用地比重除重庆市较高外，其余省份均未超过 4%，贵州及其周边省（市）大多位于我国地形的第二级阶梯上，多为喀斯特地区，地形复杂，平原较少，制约了建设用地拓展；另外西南地区经济社会发展相对落后，也成为建设用地比重较低的原因之一。其他土地比重差别不大，在 9% ~ 12.5%（表 9-11）。

表 9-11　贵州省、重庆市、四川省和云南省土地利用结构　　　　　（单位:%）

土地利用类型	贵州省	重庆市	四川省	云南省
耕地	25.78	29.82	14	16.23
林地	50.76	45.90	45	58.55
园地草地	1.35	7.40	27	11.88
建设用地	3.83	7.73	3.59	2.59

资料来源：各省（市）国土资源公报

（2）总体经济社会发展状况比较

从经济总量看，2015 年贵州省地区生产总值位列四省（市）第四位，1.83% 的土地面积和 2.57% 的人口创造了占全国 1.41% 的地区生产总值；人均地区生产总值方面，由高到低依次为重庆市、四川省、贵州省、云南省（表 9-12）。综合各项经济社会发展数据可以发现，贵州省 2015 年在西南四省依然处于后发赶超的位置。

表 9-12　贵州省、重庆市、四川省和云南省 2015 年经济社会发展比较

地区	土地面积比重（%）	地区生产总值（亿元）	地区生产总值比重（%）	人均地区生产总值（万元）	总人口（万人）	总人口比重（%）
贵州省	1.83	10 502.56	1.41	29 847	3 508	2.57
重庆市	0.86	14 262.60	2.22	52 330	2 991	2.18
四川省	5.04	28 536.66	4.62	36 836	8 140	5.96
云南省	4.10	12 814.59	2.06	29 015	4 714	3.44

资料来源：《中国统计年鉴 2015》

（3）建设用地效益比较

从土地开发强度来看，2015 年重庆市在四省（市）中最高，为 7.73%；贵州省和四川省次之，分别为 3.77% 和 3.59%；云南省最低，仅为 2.59%。但相比同为山地的日本、

中国台湾等国家和地区，现阶段的土地开发强度依然偏低，与我国东部地区相比，差距更是明显。

从土地开发效益（用地均 GDP 表示）来看，2015 年重庆市单位建设用地地区生产总值最高，为 1.99 亿元/km²；四川省次之，为 1.50 亿元/km²；贵州省位列第三，为 1.39 亿元/km²；云南省最低，为 1.18 亿元/km²。可见贵州省的土地开发强度及土地开发效益均偏低（图 9-15）。

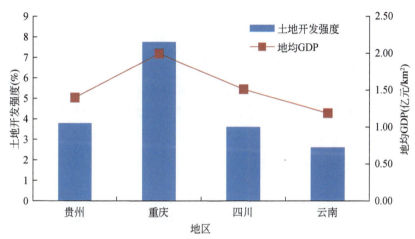

图 9-15　贵州省与重庆市、四川省、云南省土地开发强度及土地开发效益比较

从人均建设用地面积比较来看，贵州省 2015 年人均建设用地面积为 189m²，同期重庆市为 214m²，四川省为 215 m²，云南省为 211m²，可见贵州省在四省（市）中，人均占用建设用地面积最小。

通过上述分析比较，贵州省在土地开发强度、土地开发效益、人均建设用地面积等方面在西南地区均为相对靠后的省份。目前贵州省正着手进行后发赶超大发展计划，经济增长对土地资源的依赖仍然较强，未来经济转型发展过程中，土地集约利用潜力较大。但是，受制于土地利用总体规划、地形、粮食安全等一系列因素，今后如何确定发展规模，促进区域协同发展成为贵州省未来发展所面临的重要任务。

3. 对比分析的结论与借鉴

（1）建设用地边际效益存在先增后减的过程

通过对日本和韩国建设用地边际效益的分析，可以看出建设用地边际效益呈现先增后减的趋势。据此判断，在经济发展到一定水平时，相对合理的土地开发强度是存在的，此时，单位建设用地边际效益达到最优，土地开发利用较为集约。目前，贵州省总体仍然处于建设用地边际效益提高的阶段，但随着建设用地规模的不断扩大，建设用地边际效益增长速度将逐步放缓，甚至出现日韩等国家建设用地边际效益递减的现象。

（2）随着经济的转型升级对土地资源消耗的依赖逐步减弱

美国经济学家迈克尔·波特的研究显示，经济发展可以分成四个阶段，即生产要素驱动、投资驱动、创新驱动和财富驱动阶段，前两者由一定的土地资源消耗来支撑。相关研究表明，日本、韩国和中国台湾等均已进入创新驱动阶段，对资源等要素投入依赖逐渐降低。虽然贵州省在"十三五"期间紧紧围绕"大数据"和"大生态"建设，着力于工业强省发展道路，但要想进入创新驱动阶段，依然需要大量要素基础投入，目前贵州省处于经济起步阶段的性质并没有改变，技术要素投入对经济增长的带动作用还未能完全体现，创新驱动的潜力有待进一步挖掘。

（3）贵州省土地利用效益总体偏低，具有巨大的提升潜力

贵州省 2015 年单位建设用地产出与日本、中国台湾地区及浙江省、广东省等省份相比，仍有较大的差距，与周边省份相比也有追赶空间；与此同时，土地开发强度也明显偏低，经济发展与土地开发均处于较低水平，存在巨大的提升潜力。因此，贵州省未来的发展应该走外延扩张与内涵挖潜并重的道路，一方面既要积极拓展建设用地空间，另一方面则要不断优化土地利用结构，挖掘存量，用好增量，着力强化土地集约利用，以较少的土地资源投入承载更多的经济社会产出，建立具有贵州省山地特色的土地开发利用之路。

（二）土地开发强度上限测算

合理的土地开发强度受资源禀赋、环境约束、经济发展需求等多方面综合影响。因此，首先需要确定关键要素制约下土地开发强度可能存在的上限值，其次预测未来土地开发强度方案，最后通过方案比选综合推荐土地开发强度合理值。

（1）土地开发的理论过程

随着城镇化与工业化推进，土地资源可开发空间增长的实质是建设用地增长及土地城镇化过程。随着城镇化推进及人口、资源、产业在城镇的集聚，建设用地结构与布局理应逐渐趋于合理，城镇建设用地合理扩大，农村居民点用地逐步退出。基于人口城镇化的思路，土地城镇化可通过城镇建设用地占城乡建设用地的比重表征：

$$L = \frac{LU_u}{LU_u + LU_r} \tag{9-1}$$

式中，L 为土地城镇化率；LU_u 为城镇建设用地；LU_r 为农村居民点用地。若将土地城镇化与人均用地标准相结合，就可将其与人口城镇化过程联系起来，并与城镇化 Northman 曲线进行联立，推导出理想状态下的土地城镇化过程。

$$L = \frac{LU_u}{LU_u + LU_r} = \frac{uPU}{uPU + rP(1-U)} = \frac{1}{1 + r(1/U - 1)/u}$$

$$= \frac{x_m}{x_m\left(1 - \frac{r}{u}\right) + \frac{r}{u}\left(1 + \left(\frac{x_m}{x_0} - 1\right)\right)e^{-kt}}$$

$$= \left[\frac{1}{x_m + \left(1 - \frac{x_m}{x_0}\right)\frac{r}{u}}\right] \cdot \left[\frac{x_m}{1 + \left(\frac{\frac{r}{u}}{x_m + \left(1 - \frac{x_m}{x_0}\right)\frac{r}{u}}\right)\left(\frac{x_m}{x_0} - 1\right)e^{-kt}}\right] \tag{9-2}$$

式中，P 为总人口；U 为人口城镇化率；u 为城镇人均用地标准；r 为农村人均用地标准；x_0 为初始城镇化率；x_m 为目标城镇化率；k 为城乡人口增长率之差；t 为时间。从式（9-2）结构可知，土地城镇化过程是一条 Logistic 曲线，即土地可开发空间的增长是一条 Logistic 曲线过程。

理论上，土地可开发空间的增长应与城镇化同步，但我国实际城镇化过程中，受户籍制度、工业化进程、土地财政等诸多因素影响，土地城镇化速度太快并大大快于人口城镇化；同时在资源禀赋的前提条件下，建设用地不可能无限制扩张，土地开发强度存在上限值。因此，在考虑各种资源条件制约下，土地最大可能开发空间如图 9-16 所示。

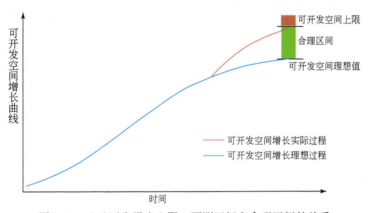

图 9-16　土地开发强度上限、预测区间和合理区间的关系

土地开发强度上限：不同要素约束下，在特定时期内一个区域允许开发的最大建设用地面积占土地总面积比值，即土地开发强度极限值。

土地开发强度预测区间：在未来的某个发展阶段内，根据土地利用开发强度的变化趋势及社会经济发展目标，预测不同情景下的土地开发强度，表征未来土地开发强度可能的变化区间。

土地开发强度合理区间：在特定时期内，在土地开发强度上限的约束下，能支撑社会经济转型发展的合理需求，土地开发与社会经济、生态环境达到较佳匹配状态下，所确定的土地开发强度管理的控制值和理想值。控制值和理想值之间的范围为土地开发强度合理区间。

（2）贵州省土地开发强度上限

本研究基于资源约束条件，考虑耕地、林地、水域保护需求，在地形限制条件下，进一步扣除难以利用的高山草地和石漠化地区，从而得到政策约束下的土地最大可能开发空间。

$$LDI = Ta - Cl - Fl - Wa - Gl - Sl - (Al - Ra) \tag{9-3}$$

式中，LDI 为最大可开发空间；Ta 为国土总面积；Cl 为土地利用总体规划确定的耕地保护目标；Fl 为土地利用总体规划确定的林地面积；Wa 为水域面积；Gl 为高山草地面积；Sl 为石漠化面积；Al 为坡度大于 15° 的难以利用区域面积；Ra 为坡度大于 15° 的区域与其他地类重复面积。

　　将所有数据转化为 90m×90m 栅格数据并进行栅格影像叠加计算。各限制因素层中，限制地区设置为 0，非限制地区设置为 1，通过栅格计算即可得到最大可开发空间。贵州省不可建设的空间包括《贵州省土地利用总体规划（2006—2020 年）》所确定的耕地、林地、水域，以及高山草地、石漠化地区、地形限制地区等。特别的，考虑到贵州省"工业梯田、向山要地"的发展战略，将坡度小于 15° 空间作为可以开发的区域，坡度大于 15° 则作为难以利用的区域。到 2020 年确定有不少于 419.07 万 hm²，即 23.79% 的土地面积必须作为耕地用于保障粮食安全；贵州省森林资源丰富，按照"绿水青山就是金山银山"的科学发展观，以及贵州公园省的发展方向，这部分用地需要大力保留，占全省总面积的 46.56%；同时贵州省水域也需要进一步加强保留，提高生态环境质量，因此需要保留 0.99% 的用地用于水体。贵州省多高山草地和石漠化地区，在现有科技水平下亦是难以利用地区，因此必须扣除，占国土面积的 7.33%。上述用地与坡度大于 15° 的地区存在重复计算，因此扣除重复计算的面积部分，最终贵州省可开发最大空间占土地总面积的 14.31%，可开发面积为 251.85 万 hm²。各影响因素及最终可开发空间见图 9-17。

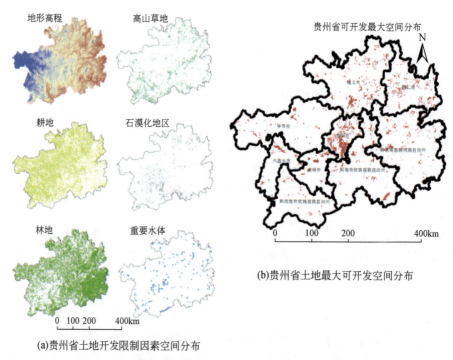

(a)贵州省土地开发限制因素空间分布

(b)贵州省土地最大可开发空间分布

图 9-17　贵州省土地最大可开发空间及其限制因素空间分布

　　各市（州）最大可开发空间中，最大占比为黔东南州（20.56%），最小占比为安顺市（6.61%）。低于全省平均值的有贵阳市、黔西南州、六盘水、毕节市、安顺市等地区，高于平均值的有黔东南州、遵义市、黔南州、铜仁市等地区；贵阳市最大可开发空间为 11.29%，较为发达的六盘水市、安顺市等地区亦不高，分别为 10.55% 和 6.61%；遵义市、黔南州、黔东南州较高，最大可开发空间超过15%。从各类限制因素可以看出，除需要确保粮食安全的耕地和具有贵州特色的林地资源占有较高比重外，大于15°的地形是制约贵州省发展的核心因素。横向对比各地州市可以看出，除贵阳市受地形限制相对较小外，其余市（州）地形限制比重均超过35%，全省平均值达到44.04%，山地众多是贵州省土地资源利用的重要特征。贵州省各地区土地开发最大开发强度见表9-13。

表9-13　贵州省各地区土地最大开发强度

地区	耕地比重（%）	林地比重（%）	不可建设水域比重（%）	高山草地石漠化（%）	地形限制比重（%）	重复计算比重（%）	最大可开发空间（%）	最大开发面积（万 hm²）
贵阳市	32.99	35.81	1.04	7.68	23.11	11.92	11.29	9.07
六盘水市	31.16	23.03	0.73	7.55	46.53	19.55	10.55	9.83
遵义市	27.49	63.49	0.83	3.88	45.56	59.06	17.81	56.85
安顺市	32.15	48.18	0.8	16.44	39.07	43.25	6.61	11.86
铜仁市	26.99	41.26	0.92	6.91	48.01	39.27	15.18	40.67
黔西南州	26.41	39.14	1.4	14.06	50.16	40.29	9.12	9.09
毕节市	37.05	49.01	0.82	3.55	37.28	36.29	8.58	22.34
黔东南州	14.06	49.95	1.25	4.12	51.52	41.46	20.56	59.92
黔南州	18.36	34.04	0.98	11.48	41.11	25.15	19.18	32.22
贵州省	23.79	46.56	0.99	7.33	44.04	41.09	14.31	251.85

进一步将土地最大可开发空间与2015年各地区已开发空间进行对比（表9-14），可以看到今后全省建设用地布局的总体格局。

表9-14　贵州省各地区最大可开发空间与已开发空间对比　　　（单位:%）

地区	最大可开发空间	已开发空间	开发空间盈余
贵阳市	11.29	10.15	1.14
六盘水市	10.55	5.45	5.1
遵义市	17.81	3.79	14.02
安顺市	6.61	4.43	2.18
铜仁市	15.18	3.78	11.4
黔西南州	9.12	3.88	5.24
毕节市	8.58	3.40	5.18
黔东南州	20.56	2.47	18.09
黔南州	19.18	2.69	16.49
贵州省	14.31	3.77	10.54

结果表明，全省最大可开发空间为 14.31%，目前仅开发了 3.77%，潜力巨大。但从各市（州）的开发空间盈余来看，由于贵阳市是贵州省核心增长极，近年来建设用地增长迅速，开发空间盈余仅为 1.14%；其余地区如安顺市、六盘水市、毕节市、黔西南州等地区受地形及石漠化影响，其开发空间盈余也不是太高。相比较而言，遵义市、铜仁市、黔东南州等地区的开发空间盈余较高。从结果分析，要想进一步扩大贵阳市发展空间，提升其增长极作用，就必须在省域范围内进行适当的用地结构调整，让经济相对落后、开发空间较大的地区承担一定的耕地保护职能，实现差别化发展。当然，也必须考虑区域协同发展，同步实现全面小康的历史任务，可以考虑在区域间进行用地指标交易，通过市场进行土地资源的优化配置，现阶段贵州省大力推进的城乡建设用地增减挂钩结余指标和新增耕地指标流转就已经有了很好的示范作用。

（3）可开发土地空间格局特征

土地利用除受数量约束外，其空间分布格局是另一项重要的限制性条件。土地资源可开发空间分布特征，决定了土地资源的利用方式与空间分布特征。为此，选取斑块密度、最大斑块占景观面积比重、景观分离度、聚合度四项指标综合反映贵州省可开发土地空间分布格局特征（图 9-18）。

斑块密度结果表明，贵阳市、六盘水市单位面积内斑块数量较少，其次是遵义市和安顺市，其余地区相对较高，这说明上述 4 个地区可开发空间分布相对集中，破碎度较低，适宜城镇化的集中开发 ［图 9-18（a）］。最大斑块占景观面积比重结果表明，贵阳市、六盘水市、遵义市、安顺市 4 个地区的指标数值均超过了 20%，说明这 4 个地区最大可利用的连续空间占辖区全部可利用空间比重较大，适宜较大规模的城镇化集中连片开发，而其余地区可以利用的连续空间则相对较小 ［图 9-18（b）］。景观分离度表明，六盘水市和贵阳市数值最小，遵义市和安顺市其次，这 4 个地区可利用土地空间距离相对较近 ［图 9-18（c）］。

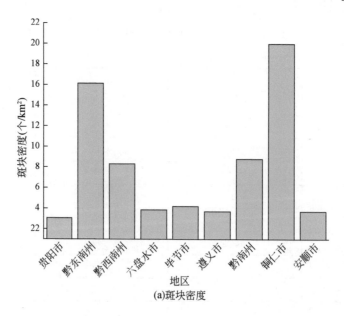

(a)斑块密度

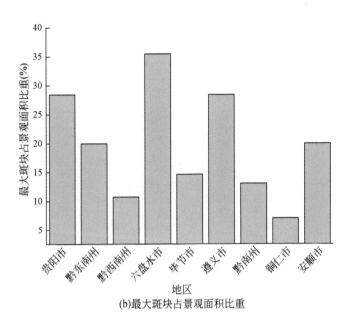

(b)最大斑块占景观面积比重

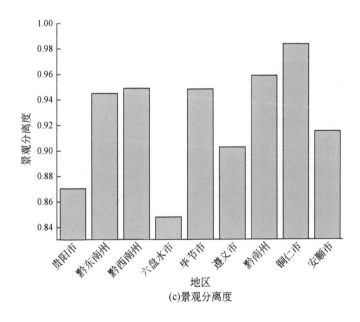

(c)景观分离度

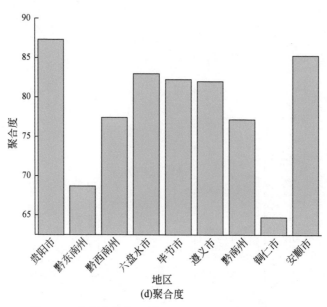

图9-18 贵州省各市（州）可开发土地空间格局特征

聚合度结果表明，贵阳市和安顺市可利用土地在空间上最为聚集，六盘水市、遵义市和毕节市其次，说明上述5个地区可开发利用的土地空间分布集聚，其余铜仁市、黔东南州、黔西南州和黔南州的可开发利用土地在空间分布上则相对分散［图9-18（d）］。景观分离度和聚合度指标表明，在贵阳市、安顺市、遵义市、六盘水市地区，通过交通措施可以较容易构建起空间联系，提高土地利用效率，其余地区则因为可利用土地空间分布离散程度较高，土地集中连片利用较为困难。

（三）贵州省建设用地需求预测

建设用地规模受多种因素影响，人口增长、城镇化水平提高、经济社会发展、国家土地政策、市场发育情况等都会对建设用地规模产生影响。近年来中国建设用地总量与经济社会总量同步增长的事实表明，在快速工业化发展阶段，作为生产的基本要素之一，建设用地对经济社会发展的贡献不容忽视，经济社会发展必然需要一定建设用地来支撑。

1. 建设用地与经济社会发展定性关系

（1）人口规模及城镇化水平

建设用地是以空间来满足人们需求，人类对空间的追求，直接表现为对土地资源的追求，因此人口的增长势必带来更大的土地需求。城镇化水平提高、人口和大部分生活、生产要素不断向城镇集聚，加大了对建设用地的需求，推动建设用地规模持续扩张。人类对土地的欲望和追求大致可分为五个层次：一是维持生命机体最基本的生活空间欲望，即生理空间欲望；二是满足安全感的居住空间欲望，即安全空间欲望，并由此产生了居住和住房建筑用地需求；三是满足各种社交活动空间欲望，即社会空间欲望，并由此产生了客厅、会议室、广场、交通等用地需求；四是以占有空间为标识的社会地位，即空间欲望；五是为追逐利润和实现价值的生产经营空间欲望，即价值空间欲望。这五个层次逐层递增，对土地需求也有所不同，随着欲望的增强，对建设用地数量和质量的追求不断提高。

（2）人民生活水平

随着生活水平提高，居民的生活方式、价值观念也在发生变化，追求物质财富的同时对居住环境、居住空间的要求也日益提高。这表现在：农村地区建房数量增加，规模不断增大；而城镇居民则对环境、户型、功能等要求不断提高，并由此对医疗、教育、交通、服务等一系列配套用地的需求增长。随着现代化交流方式、交通方式的出现，家庭机动车数量增加，对通勤用地需求又得到进一步释放，道路数量、宽度、停车场等需求不断激增。城市环境要求也不断提高，作为城市的开放空间，广场不仅调整了城市布局，加大了生活空间，同时也改善了环境质量；越来越多商业广场甚至成为城市地标……一系列的改变都说明随着人民生活水平的提高，对建设用地的需求都在不断增强。

（3）经济发展水平

经济社会发展水平高低对建设用地规模有着重要影响。随着区域经济水平提升，市场也将越来越繁荣，各类工商业为了追逐利润，其空间集聚效应也日趋明显，而这种集聚并由此产生的规模效应对建设用地数量、基础设施配套能力、服务水平等需求也日益增大，进而刺激了建设用地规模增加。

（4）国家相关法规政策

国家对土地管控最直接、最明显的就是土地管制制度。随着人地矛盾日益突出，国家制定了一系列相关法律法规来保护耕地和基本农田，旨在提高建设用地节约集约利用水平。严格控制建设用地规模，通过一系列政策的约束与引导，调整用地方式和空间布局，是国家相关政策对建设用地最直接的影响。

2. 建设用地与经济社会发展定量关系

（1）建设用地规模与人口关系

图 9-19 反映了贵州省 2000 年以来人口规模与建设用地规模关系，随着人口规模不断扩大，建设用地也成不断增长态势，这一阶段两者关系表现为强烈的一元二次增长方式，

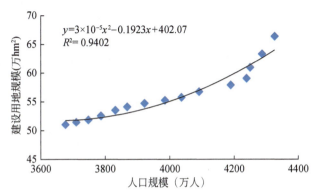

$y=3\times10^{-5}x^2-0.1923x+402.07$
$R^2=0.9402$

图 9-19 贵州省 2000 年以来人口与建设用地规模关系人口采用户籍人口

这与前面的定性分析结果相一致。

进一步对建设用地、总人口、城镇人口规模关系进行分析（表9-15）。

表9-15 2000年以来贵州省用地与人口规模关系

因子	建设用地	总人口	城镇人口
建设用地	1		
总人口	0.9588 **	1	
城镇人口	0.9848 **	0.9356 **	1

** 表示在0.01水平下显著。下同

从相关关系看，建设用地与总人口和城镇人口的相关性都达到了极高相关程度，并且通过0.01的显著性检验，说明建设用地与人口间存在明显相关性，2000年以来随着贵州省人口增加，建设用地规模不断增大。

（2）建设用地规模与城镇化率关系

上述分析发现总人口及城镇人口与建设用地规模都存在明显相关性，而城镇化率是城镇人口与总人口的比值，因此城镇化率与建设用地规模也应存在一定相关性。图9-20表明了这种关系，贵州省2000年以来城镇化率与建设用地规模间成明显的对数变化（$R^2 = 0.9534$），随着城镇化率提高，建设用地规模逐渐增大，但有增速逐渐放缓的趋势。究其原因，一方面是因为城镇化提升需要一定的建设用地保障，另一方面则是因为土地利用节约集约水平不断提高，城镇化发展对建设用地的依赖不断下降。

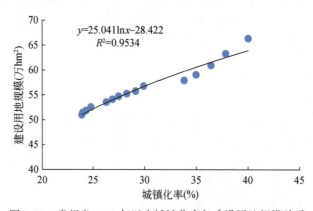

图9-20 贵州省2000年以来城镇化率与建设用地规模关系

根据拟合公式计算可知，2000年以来，城镇化率每提高1个百分点，要相应增加6000~8000hm²的建设用地，随着节约集约水平提高，按此发展方式，今后十余年内城镇化率每提高1个百分点，建设用地需求将下降至4000~6000hm²。

（3）建设用地规模与经济发展水平关系

由于建设用地具有相对较高的级差地租，随着建设用地规模扩大，地区经济也会随之发展。反过来，随着经济发展水平提高，市场也势必日益繁荣，因此各类工商业为了追求更大利润，也会向经济发达地区聚集。聚集的结果就带来对各种基础设施、服务用地等的用地需求，从而刺激建设用地规模增加。经济发展可以从经济总量、人均占有量等直接反映出来，因此为了研究建设用地规模与经济发展水平关系，本研究选取地区生产总值和人均地区生产总值来反映经济发展水平，并通过相关手段分析建设用地规模与经济发展水平关系。贵州省2000年以来建设用地规模与经济发展水平见表9-16。

表9-16　贵州省2000年以来建设用地规模与经济发展水平

年份	建设用地规模（万 hm²）	地区生产总值（亿元）	人均地区生产总值（元）
2000	50.95	1 029.92	2759
2001	51.39	1 133.27	3 000
2002	51.81	1 243.43	3 257
2003	52.51	1 426.34	3 701
2004	53.49	1 677.80	4 317
2005	54.06	2 005.42	5 394
2006	54.67	2 338.98	6 305
2007	55.18	2 884.11	7 878
2008	55.71	3 561.56	9 855
2009	56.70	3 912.68	10 971
2010	57.85	4 602.16	13 119
2011	59.00	5 701.84	16 413
2012	60.91	6 852.20	19 710
2013	63.26	8 086.86	23 151
2014	66.32	9 266.39	26 437
2015	68.12	10 502.56	29 847

基于表9-16计算建设用地规模与各指标的相关性。结果表明，建设用地规模与地区生产总值和人均地区生产总值均表现出强烈的正相关关系，且达到0.01显著水平，说明经济发展水平强烈影响着贵州省建设用地规模，也就是随着经济发展水平增加，建设用地规模也不断增大（表9-17）。但是从因素之间关系看，地区生产总值和人均地区生产总值之间同样存在着强烈的自相关，说明因子间也存在着强烈影响。一般而言，地区生产总值是我国最能反映地区发展的一项重要指标，因此选取地区生产总值作为变量分析经济发展与建设用地规模的关系。

$$y = 0.0016x + 50.167 \tag{9-4}$$

式中，x为地区生产总值；y为建设用地规模，$R^2 = 0.9821$。结果表明，地区生产总值与建设用地间存在强烈线性关系，贵州省每增加1亿元地区生产总值，建设用地将增加约50.167hm²。由此可见2000～2015年贵州省的经济发展对土地资源消耗的强度。

表 9-17　贵州省 2000 年以来建设用地规模与经济发展水平相关系数

因子	建设用地规模	地区生产总值	人均地区生产总值
建设用地规模	1		
地区生产总值	0.9909 **	1	
人均地区生产总值	0.9891 **	0.9998 **	1

** 代表在 0.01 水平显著

3. 建设用地需求预测

根据上述分析可以发现，贵州省建设用地规模与总人口、城镇化率、地区生产总值间存在强烈的相关性。根据 2000 年以来贵州省各项经济社会发展数据与建设用地规模，回归得到建设用地多元线性方程。

$$y = 0.002x_1 + 0.307x_2 + 0.001x_3 + 48.288 \qquad (9\text{-}5)$$

式中，x_1 为人口规模；x_2 为城镇化率；x_3 为地区生产总值；y 为建设用地规模。根据各项指标预测，可以得到 2030 年贵州省建设用地需求为 100.42 万 hm^2。根据《贵州省土地利用总体规划（2006—2020 年）》和国土资源部 2016 年调整方案，到 2020 年全省建设用地规模为 71.44 万 hm^2，根据《贵州省国土规划（2016—2030 年）》，到 2030 年，全省建设用地规模控制在 85.34 万 hm^2 以内，因此在 2020～2030 年，全省建设用地总量尚缺 15.08 万 hm^2。

（四）建设用地供需平衡

1. 土地实际开发强度

根据本章"土地开发强度上限"一节分析可知，在确保粮食安全、生态保护等一系列指标基础上，贵州全省土地最大开发强度为 14.31%，理论上可作为建设用地的土地有 251.85 万 hm^2。而 2015 年全省实际建设用地面积为 68.12 万 hm^2，仅为理论值的 27.05%，可见贵州省尚有可以进一步开发的空间。但必须认识到，土地利用具有鲜明的空间特征，区位因素影响明显。贵州省的山地特色，使得贵州省难以形成集中连片的适宜开发空间，虽然开发空间理论上较大，但其空间分布破碎，难以满足建设用地集中开发的需求。

为此，贵州省的建设用地利用与布局应按照《贵州省城镇体系规划（2015—2030 年）》及山地特色新型城镇化发展目标，遵循"看得见山、望得见水、记得住乡愁"的理念，坚持"以人为本、道法自然"的原则，凸显贵州省城镇化的"山地特色"。人的城镇化坚持"就地就近"为主，推动就地就近与有序转移相结合；城镇空间按照组团式、点状式、串珠式布局，不摊大饼、蒸小笼，推动山水田园城和谐相融；土地利用坚持集约节约、紧凑高效，推动垂直利用；交通组织突出外引内联、互联互通；产业业态布局遵循"靠山吃山"、"靠水吃水"，推动产业发展与资源条件深度契合；生态环境因势利导，推动绿水青山与绿色发展相生相融；文化传承彰显和谐多元，推动多民族多地域文化交相辉映、共生共荣；

建筑形态依山顺水、错落有致、和而不同，推动"各美其美、美人之美，美美与共"。

2. 实际新增建设用地分析

贵州省存量建设用地的集约水平还不高，人均建设用地规模虽然小于周边省份，但依然较高，在今后的发展中应该注重用地结构的调整，走"外延扩张+内涵挖潜"的发展道路，避免盲目地占地用地，达到土地的高效集约利用。因此，建设用地需求应在充分挖掘存量建设用地潜力，尤其是农村居民点潜力的基础上，确定规划期内实际新增建设用地需求量。

（1）增量建设用地供给

根据《贵州省国土规划（2016—2030 年）》规划目标，全省到 2030 年建设用地开发规模在 85.34 万 hm² 内，而 2020 年全省建设用地总规模 71.44 万 hm²，因此在 2020～2030 年全省建设用地增量为 13.9 万 hm²，与预测需求相比，相差 15.08 万 hm²，需要进一步通过盘活存量用地来保障用地。

（2）存量建设用地供给

A. 低效用地

存量建设用地供给主要来源于城镇闲置低效土地及空闲土地，以及随着城市化水平提高及农村居民点用地集约化水平提高而节约出来的农村居民点用地。贵州省国土资源厅调研发现，全省可盘活低效建设用地供给潜力约为 2 万 hm²。

B. 农村居民点用地

"十三五"期间是全国脱贫攻坚的重要阶段，贵州省有 493 万人口需要脱贫，是全国脱贫任务最重的省份，其中易地扶贫搬迁 130 万人，数量居全国第一。为了做好这项工作，2016 年，贵州省依据国土资源部出台的《关于用好用活增减挂钩政策积极支持扶贫开发及易地扶贫搬迁工作的通知》，积极出台《关于用好用活增减挂钩政策积极支持易地扶贫搬迁的实施意见》，到 2020 年将累积实施增减挂钩 20 万亩（1.33 万 hm²）以上，为脱贫人口谋求建设用地空间和资金。另外，2015 年全省常住人口 3500 余万人，城镇化率为 42.01%，到 2020 年常住人口约 4500 万人，城镇化率为 60%，即约 1300 万人口将进入城镇。根据 2015 年农村人均用地面积为 93m² 的现状测算，1300 万人进城后将可以盘活 12.09 万 hm² 的农村建设用地。

3. 建设用地供需平衡分析

根据以上分析，通过规划供给、盘活低效用地、城乡建设用地增减挂钩及城镇化过程中的农村建设用地盘活，以及建设用地利用效率提升，到 2030 年贵州省建设用地可基本保持供需平衡（表9-18）。

表 9-18　贵州省建设用地供需平衡　　　　　　　　　（单位：万 hm²）

建设用地供给					建设用地需求
规划供给	盘活低效用地	增减挂钩	农村建设用地盘活	小计	
13.9	2.0	1.33	12.09	29.32	29.03

第三节　贵州省土地资源可持续利用战略

一、贵州省土地资源可持续利用问题、机遇与挑战

1. 存在的问题

（1）土地利用受地形影响显著

贵州省处于云贵高原向湘西丘陵过渡的斜坡地带，山地占全省面积的61.7%，丘陵占30.8%，山间盆地（平坝区）仅占7.5%。山峦起伏，山谷纵横，地形切割剧烈，地面崎岖。受地形影响，坡度在2°以下的耕地仅占4.79%，绝大多数为耕地梯田和坡地，其中，梯田占24.82%，坡地占70.39%。同时，连续平坦地区少，对建设用地开发、提升土地的规模效应同样带来影响，使得城镇建设只能集中在山间坝区，并且成连珠状分布，而大力发展交通，破解地形障碍则成为贵州省发展的先决条件。

（2）土地利用以林地利用为主，垦殖率高，但耕地利用质量低

贵州省有超50%的土地为林地，林地是贵州省主要的土地利用类型，加之地形复杂多变，为贵州省实现"公园省"发展目标，践行"绿水青山就是金山银山"理念奠定了土地利用基础。与此同时，全省耕地面积占25.77%，垦殖率高于全国平均水平，但全省耕地有74.24%位于11等以下的中低等，耕地质量较低。贵州省经济落后，大量劳动力从农村进入城镇谋求发展，使得耕地利用水平低下，全省耕地复种指数仅为1.22，黔东南州、六盘水市等地区更是在1以下，说明目前耕地没有得到充分的利用，精耕细作水平低，部分耕地撂荒现象较为明显。

（3）土地利用区域差异明显，极化发展趋势显著

贵州省土地利用区域差异明显，贵阳市作为贵州省的政治文化经济中心，无论是土地利用结构合理程度、土地利用水平还是土地利用效益都明显高于其他地区，其建设用地占比达到10.51%，远超其他市（州）；城乡建设用地内部结构中，城镇建设用地达到50.34%以上，超过了农村居民点用地和采矿用地规模；土地利用效率和集约利用水平都高于其他地区。可以说贵州省以贵阳市为核心的极化发展趋势十分显著，而铜仁市、黔西南州、黔南州、黔东南州等东部和南部地区，在发展上要明显滞后于其他地区，且这几个地区自然保留地资源丰富，是今后耕地补充的重要地区。

（4）农村居民点用地比重高，土地集约水平需进一步提高

随近年来贵州省经济社会快速发展，建设用地得到快速增加，2009年以来建设用地从56.70万 hm² 增长到2015年的68.12万 hm²，增长了20.14%，为经济社会发展提供必要物质基础的同时，其内部结构并未得到有效优化。大量城乡流动人口候鸟式地流动，使得城镇化快速发展的红利部分返还至农村，对农村地区居住条件改善起到积极推动作用的同时，也推动农村居民点用地大量增长，形成城镇建设用地与农村居民点用地同步提升的局

面。2015 年全省农村居民点用地比重为 50.03%，城镇建设用地比重仅为 23.09%，且除贵阳市外，其余市（州）农村居民点在建设用地中都占据最重要部分，大量低效的建设用地广泛分布于农村地区。随着贵州省工业化快速推进及城镇化发展，城镇建设用地将进一步得到扩张。在土地资源有限的前提下，以城乡一体化为发展思路，推进城镇建设用地增量化与农村居民点用地减量化就成为今后土地利用的重要发展方式，目前的农村居民点用地是贵州省今后城乡一体化发展的重要后备资源。

2. 面临的机遇

面向未来，贵州省正处于可以大有作为的重要战略机遇期，处于摆脱贫困的攻坚期、改革开放的窗口期、生态文明建设的发力期，同步小康的关键期。

1）世界多极化深入发展，经济全球化势不可挡，新一轮科技革命和产业变革方兴未艾，为贵州省调整结构、加快转型提供了难得的契机。从国际看，和平与发展仍然是时代主题，新一轮科技革命和产业变革蓄势待发，发展中国家群体力量继续增强，国际力量对比逐步趋向平衡；在今后 10~15 年，中国崛起，从大国向强国的转变已成不可逆的趋势，这为贵州省转型发展提供了难得的契机。

2）我国经济发展长期向好的基本面没有改变，引领经济发展新常态的一系列重大政策相继出台，供给侧结构性改革强力推进，为贵州省大开发大发展创造了良好的环境。从国内看，由于全球经济贸易增长乏力，外部环境中不稳定不确定等因素，推动了国内市场的巨大发展。全国物质基础雄厚、人力资本丰富、市场空间广阔、发展潜力巨大，经济发展方式正在加快转变，新的增长动力正在孕育形成，经济长期向好的基本面没有改变，同时也进入以速度变化、结构优化、动力转换为主要特点的新常态阶段。一系列新的政策出台，供给侧结构性改革强力推进，为贵州省大开发大发展创造了良好环境。

3）贵州省发展面临绝佳的历史机遇叠加期。贵州省既面临"一带一路"倡议及长江经济带发展、乡村振兴、新一轮西部大开发等国家战略叠加的历史性机遇，又面临中央深入推进脱贫攻坚、支持贵州省建设国家大数据综合试验区、生态文明试验区、内陆开放型经济试验区等政策性机遇，所有这些将更好地汇聚起贵州省发展征程中赶超跨越的强大势能。

4）党的十九大召开，为贵州省发展开启新的时代。2017 年 10 月，中国共产党第十九次全国代表大会的召开，标志着中国进入了新的时代，为贵州省发展开启了新的历史机遇。特别是贵州省近年来高速、高铁的大力建设，大数据时代的开启，全域旅游概念的提出，以及生态文明试验区的建立等，都为贵州省今后可持续发展提供了新的历史舞台，让贵州省站在了一个新的历史起点。

3. 主要挑战

今后一个时期，贵州省贫困落后是主要矛盾、加快发展是根本任务的基本省情没有变，既要"赶"又要"转"的双重任务没有变，快于全国快于西部的发展态势没有变，可以大有作为，也必须奋发有为。随着"大扶贫、大数据、大生态"三大战略的深入实施及新型工业化、城镇化、信息化和农业现代化"四化"同步发展的加快推进，贵州省已经进入努力实现后发赶超和与全国同步全面建成小康社会的关键时期，必须深刻认识和全面把握国土空间开发的趋势，妥善应对面临的挑战。

1）工业化城镇化快速发展，满足工业发展和城市建设的空间需求面临挑战。贵州省正处于工业化城镇化加快发展的新阶段，随着山地特色新型城镇化战略的实施和脱贫攻坚工作的展开，工业发展和城镇建设将进一步提速，优势产业规模将不断壮大，城镇集聚人口将显著增加，这必然要求国土空间形成工业化和城镇化相匹配的用地结构并进行布局调整，优化工业发展布局和城乡空间结构面临许多新的课题。

2）人民生活水平日益提高，"三生"空间合理布局面临挑战。贵州省处于人口总量持续增加和居民消费结构快速升级的阶段，人民生活水平的日益提高，特别是大数据产业、全域旅游等新兴发展模式，对生产、生活和生态空间提出了新的要求，既要满足经济社会发展对空间的需求，又必须安排好合理的生活空间，还要切实保护好绿水青山的生态空间，对全省国土如何优化布局、合理利用、科学管控提出了新的要求。

3）基础设施不断完善，满足基础设施建设的空间需求面临挑战。贵州省铁路、公路、水利、能源等基础设施的新建，一定程度上改变了贵州省发展的基本格局，为西南地区打通南向通道，实现"一带"与"一路"的联通奠定了基础。但贵州省是一个受地形影响明显的省份，基础设施总体落后仍然是制约经济社会发展的薄弱环节，加强基础设施建设，仍是今后一个时期的重大战略任务。加强基础设施建设，必然继续占用国土空间，甚至不可避免地占用耕地和绿色生态空间。如何在建设用地总量控制下何合理布局、科学建设，是今后土地资源可持续利用的新的难题。

4）资源环境约束的影响不断加大，保护和扩大绿色生态空间面临挑战。贵州省属于西部欠发达地区，位于中国南方喀斯特中心地区，生态环境脆弱，承载能力较低。随着经济社会发展水平不断提高，对资源开发的依赖性强将日益增强，在传统产业向新兴产业过渡的过程中，产业发展方式比较粗放，环境污染较为突出的问题依然会在一段时间内困扰贵州省发展。随着贵州省资源开发的力度加大，对资源环境的压力也将不断增大。这需要在加快发展中转变发展方式，切实提高资源开发利用水平，走绿色可持续发展道路。如何在土地资源利用上切实落实发展方式的转变，将"绿水青山"切实转换为"金山银山"，以及保护和扩大绿色生态空间等一系列工作面临新的挑战。

二、贵州省土地资源可持续利用战略重点

1. 切实落实生态文明制度建设的国家意志

（1）守好发展和生态两条底线是贵州省国土资源工作的根本遵循

在新的时代，贵州省要进一步处理好发展和生态环境保护的关系，守住经济增长、人民收入、贫困人口脱贫、社会安全四条发展底线，守好山青、天蓝、水清、地洁四条生态底线，坚定不移走百姓富、生态美两者有机统一的发展新路。国土资源是经济社会发展的基本要素，是建设美丽中国的核心元素，是生态文明建设的重要领域，是生态产品生长的

源头，是人民生活之基、财富之源，支撑各行各业，关系千家万户，影响千秋万代。国土资源工作就是守好发展和生态两条底线，为贵州省经济社会发展和生态文明建设提供有力保障和优质服务。

（2）保障科学发展是贵州省国土资源工作的第一要务

国土资源是科学发展的物质基础、空间载体、能量来源和构成要素，国土资源工作承担着为科学发展提供保障和服务的重要任务。打赢脱贫攻坚战，是贵州省全面建成小康社会的底线任务，是当前贵州省国土资源工作的首要任务。深化供给侧结构性改革，不断提高国土资源供给质量和效益，是促进传统产业转型升级，支持战略性新兴产业发展的基础。完善相关用地政策，支持全面深化改革各个领域科学用地是基本保障。全面开展村土地利用规划、推动旅游资源普查成果广泛应用，加快地质公园建设步伐、推动煤炭等行业化解过剩产能，关闭退出煤矿、支持城镇老工业区开展低效用地再开发和搬迁企业工矿废弃地复垦等政策的落地与创新是贵州省国土科技创新的目标。扎实推进国土资源大数据战略行动，不断提高国土资源信息化建设能力和水平，是落实贵州省"大数据"战略，实现国土管理科技化、数据化、智能化的根本方向。

（3）保护生态环境是贵州省国土资源工作的首要职责

国土是生态文明建设的空间载体。国土资源包括土地、矿产、海洋等资源，具有经济、社会、生态等多重属性和功能，是生态文明建设的物质基础和空间载体。贵州省地处长江、珠江上游重要生态屏障区，是国家生态文明建设试验区。贵州省国土资源工作的首要职责就是认真学习、深入贯彻"两山"理论，落实像对待生命一样对待生态环境、山水林田湖草是一个生命共同体、实行最严格的生态环境保护制度等生态文明理念，保护好贵州省生态环境。严格保护耕地，节约集约利用国土资源，不断加强地质灾害防治等各项工作，让生态环境保护成为国土资源工作的首要职责。

2. 协调有序，优化土地利用结构与空间布局

1）优化土地利用结构。贵州省应紧紧抓住新时代新的发展机遇，后发赶超，转型升级。土地资源利用要以主体功能区、国土规划等重大战略布局性规划为依托，在"一带一路"倡议及乡村振兴、长江经济带建设等国家战略框架内，立足贵州省资源禀赋特征，构建符合贵州省发展需求的土地资源支撑体系，确保"大扶贫、大数据、大生态"核心战略能够顺利落地。推动形成"一核、一群、两圈、六组、多点"贵州省山地特色城镇体系；统筹考虑"山水林田湖草"生命共同体，确保生态安全和谐稳定；全力支持各类基础设施顺利建成。最终形成高效规范、充满活力、永续利用的土地利用格局。

2）建立生态优先的土地利用格局。以"山水林田湖草"的统筹综合治理为切入点，稳步提高与生态环境建设密切相关的林地、园地、湿地、牧草地等用地总面积；高质量实施石漠化治理、天然林保护、长江和珠江防护林等生态工程；坚持保护优先，开发有序，严格控制生态脆弱地区的自然资源开发；严格保护主体功能区和生态红线划定的重要生态功能区。统筹安排生产、生活和生态空间，并制定相应的管控措施。重点在西部实施石漠化治理工程、在中心城市周围开展森林等生态资源管护、在东部发展速生丰产林基地。加强自然保护区、风景名胜区、重要生态功能区的生态保护；加强矿产资源开发区、土地整治区的生态修复与维护，促进自然生态的恢复。增创生态环境新优势，努力构建长江、珠江上游生态屏障，把保持良好的生态环境作为贵州省最突出的竞争优势之一。

3）优化土地开发利用布局。构建以黔中城市群为主体、贵阳市和贵安新区为极核、市州政府所在地城市为中心、小城市和县城为节点、小城镇为基础的城镇空间发展格局。因地制宜安排各领域用地，促进生产、生活、生态用地合理布局。加强产业发展与用地配置的空间协同，通过规划引导和市场配置，实现新增用地、调整用地、转型用地统筹优化配置。优先供应战略性新兴产业及现代服务业等发展用地。完善与区域发展战略相适应、与人口城镇化相匹配、与节约集约相协调的土地政策体系，促进区域、城乡用地布局优化。

3. 量质并举，实施耕地数量–质量–生态三维管护

1）切实保护耕地，特别是优质大坝耕地。提高耕地的持续生产能力，最大限度地满足未来贵州省人口增长和战略发展对耕地的需要，实现粮食安全、经济发展和社会稳定的目标。坚持建设占用与补充的耕地数量与质量并重，加强基本农田保护和建设，有计划地进行土地整理复垦和开发，改良中低产田土，兴修水利，实施坡改梯工程，培肥地力，最大限度地提高耕地的生产能力。为了确保贵州省人口和社会经济发展对农产品的需求，保证粮食安全，必须严格执行基本农田保护制度。编制村土地利用规划，合理统筹耕地保护与发展的关系，优先将816处1000亩以上大坝耕地划入基本农田进行严格保护，土地整理复垦开发出的新增优质耕地也应优先补充调整划为基本农田。

2）严格永久基本农田划定与保护。完善永久基本农田特殊保护政策措施，全面完成永久基本农田划定，将永久基本农田划定作为土地利用总体规划的规定内容，在规划批准前先行核定并上图入库、落地到户，并与农村土地承包经营权确权登记相结合，将永久基本农田记载到农村土地承包经营权证书上。按照数量质量生态"三位一体"保护要求，确保基本农田数量不减少、质量有提高。研究制定城市周边、千亩以上"坝区"永久基本农田划定管理办法，全面划定永久基本农田，将永久基本农田保护任务落地到户、上图入库，实行全天候监测。永久基本农田一经划定，任何单位和个人不得擅自占用或改变用途。强化永久基本农田对各类建设布局的约束，各地区各有关部门在编制城乡建设、基础设施、生态建设等相关规划，推进多规合一过程中，应当与永久基本农田布局充分衔接，原则上不得突破永久基本农田边界。一般建设项目不得占用永久基本农田，重大建设项目选址确实难以避让永久基本农田的，在可行性研究阶段，必须对占用的必要性、合理性和补划方案的可行性进行严格论证，通过国土资源部用地预审；农用地转用和土地征收依法依规报国务院批准。严禁通过擅自调整县乡土地利用总体规划，规避占用永久基本农田的审批。

3）建立和完善耕地保护的共同责任机制。各级政府自上而下层层订立目标责任，地方政府主要负责人作为责任人并接受考核；严格考核措施，完善各级政府特别是以省级政府为主的耕地保护考核责任制度；加强部门联动机制，齐抓共管，按照责权利对等原则，调动各部门的主观能动性，建立起相互配合、社会参与的利益调节机制；探索实施耕地保护一票否决机制，县（市、区）年度耕地保有量、基本农田保护任务、耕地占补平衡有任

意一项不达标的，当年评价考核不参加评优。

4）建立和完善耕地保护激励机制。立足乡村振兴战略，坚持改革创新，把握好经济发展与耕地保护的关系。通过市场机制激励耕地保护行为，约束耕地流失。激发广大农民和集体经济组织主动保护耕地的积极性，让农民和集体也成为耕地保护的责任主体，从而形成一种自下而上的保护要求，形成耕地保护的内生动力。对全省各地进行耕地保护绩效评价，省财政每年投入耕地保护奖励基金，对全省耕地保护工作成效突出的乡（镇）人民政府给予资金奖励，并规定将一定比例的奖励资金用于辖区内耕地保护工作成效突出的村级集体经济组织。另外，应逐步建立起与工业化、城镇化及农业现代化水平相适应的对耕地保护的反馈机制，逐步加大工业对农业的支持和反哺力度，引导和利用建设用地收益补偿耕地，激励农民的耕地保护行为。

5）完善耕地占补平衡制度。坚持占用耕地补偿制度的基本原则，建立以数量为基础、产能为核心的占补新机制，通过"算大账"的方式，落实占一补一、占优补优、占水田补水田，促进耕地数量、质量和生态三位一体保护。

6）坚持绿色发展理念补充耕地。转变补充耕地方式，着力通过土地整治建设高标准农田补充耕地，严格控制成片未利用地开发，切实保护生态环境。以高标准农田建设为重点，以补充耕地数量和提高耕地质量为主要任务，有条件的地区还要注重改造水田，确定土地整治重点区域。对历史形成的未纳入耕地保护范围的园地、残次林地等适宜开发的农用地，经县级人民政府组织可行性评估论证、省级国土资源主管部门组织复核认定后可统筹纳入土地整治范围，新增耕地用于占补平衡。

7）扩大补充耕地途径。对耕地开垦费、各级政府财政投入及社会资本、金融资本等各类资金投入所补充和改造的耕地，国土资源主管部门组织实施的土地整治、高标准农田建设和其他部门组织实施的高标准农田建设所补充和改造的耕地，以及经省级国土资源主管部门组织认定的城乡建设用地增减挂钩和历史遗留工矿废弃地复垦形成的新增耕地节余部分，均可纳入补充耕地管理，用于耕地占补平衡。

8）建立补充耕地储备库，实行指标分类管理；采取指标核销方式，落实耕地占补平衡。以纳入农村土地整治监测监管系统的各类项目为基础，根据项目验收确认的新增耕地数量、新增水田和新增粮食产能，以县（市、区）为单位建立3类指标储备库，实行分类管理、分别使用。改进建设用地项目与补充耕地项目逐一挂钩的做法，按照补改结合的原则，实行耕地数量、粮食产能和水田面积3类指标核销制，落实占补平衡。市、县申报单独选址建设项目用地与城市、村庄和集镇建设用地时，应明确建设拟占用耕地的数量、粮食产能和水田面积，按照占补平衡的要求，应用耕地占补平衡动态监管系统分类分别从本县、市储备库指标中予以核销，核销信息随同用地一并报批。

9）完善管理机制，规范省域内指标调剂。耕地占补平衡坚持以县域平衡为主，因省域内经济发展水平和耕地后备资源分布不均衡，难以在本县域内补充耕地的，可跨县域调剂补充耕地指标。省级国土资源主管部门建立补充耕地指标调剂平台并进行指标调剂。耕地调剂的价格在省级国土资源主管部门指导下，综合考虑新增耕地平均成本、资源保护补偿和管护费用等因素制定。特别的，对贫困地区有资源条件产生补充耕地指标的，优先纳入调剂平台，以耕地为切入点帮助农村贫困人口获得经济收益、加快脱贫致富。

10）大力推进土地整治和高标准农田建设。进一步加大土地整治力度和高标准农田建设。实施土地整治重大工程，鼓励社会资金投入，实施耕地质量保护与提升行动，大力开展高标准农田建设，加强高标准农田建后管护，将整治后的耕地划为基本农田，纳入国土资源综合监管平台。通过土地整治实现坡改梯、旱改水，重点是对安顺市、毕节市、黔南州、黔西南州等耕地集中、后备资源丰富的地区推进实施土地整理，并且在全省积极实施耕作层剥离，逐步改善贵州省耕地破碎，质量低下的局面，缓解人地矛盾。全面推进建设占用耕地耕作层剥离再利用，将建设占用耕地特别是基本农田的耕作层用于补充耕地的质量建设。

4. 节约集约，统筹推进城乡一体化发展

1）统筹城乡用地，优化城乡发展格局。加强城镇建设用地管控，优化城镇用地结构和布局，提高城镇化质量。统筹各业各类用地，通过土地利用总体规划调整完善，保障新型城镇化建设空间需求，优先保障新型城镇化建设中基础设施、民生项目、新产业新业态用地。引导城镇化建设向资源环境承载能力较强区域集聚，按组团式、串联式、卫星城市发展。用地计划向中小城市和特色小城镇倾斜，向发展潜力大、吸纳人口多的县城和重点镇倾斜。建立城镇建设用地增加规模同吸纳农业转移人口落户数量挂钩机制，保障农村转移进城落户人员的用地需求。共同维护进城落户农民土地承包权、宅基地使用权、集体收益分配权，支持引导依法自愿有偿转让。

2）严控城镇规模，提高土地利用效率。要严格按照土地利用总体规划确定的城镇用地标准和建设占用耕地指标控制城镇发展规模。城镇发展要以提高用地效率、减轻对耕地的压力为核心，盘活存量土地，充分利用闲置土地，加大旧城改造力度，提高土地容积率。严格控制特大城市（如贵阳市）规模外延；大中城市（如遵义市、安顺市等）要以内部挖潜为主，规模的合理扩大尽量利用劣等地，不占耕地；在存量或闲置土地多的城镇建成区，原则上不批准新城建设占用耕地；小城镇发展要以旧城改造为主，旧城区未改造或改造尚未完成的城镇，一般不安排审批新的城镇用地；有条件的地区要坚持拆旧建新的原则，促进农村居民点和乡镇企业向城镇集中；凡未经国务院或省人民政府批准的各类开发区要一律撤销，闲置土地要限期复垦还耕。

3）盘活存量用地，提高土地利用效益。实行建设用地总量控制和减量化管理，提高存量建设用地供地比重。严格核定各类城镇新增用地，有效管控新城新区和开发区无序扩张。严格控制农村集体建设用地规模，盘活农村闲置建设用地。研究出台城镇低效用地再开发激励政策，采取灵活的处置方式和开发模式，鼓励原土地使用权人自主开发、合作开发，合理分配土地收益。大力推进工矿废弃地复垦，稳妥推进低丘缓坡等未利用土地综合开发。制定工业用地等各类存量用地回购和转让政策，降低工业用地比例。明确闲置土地认定标准和程序，加快闲置土地处置，严厉打击浪费和囤积土地行为。

4）加强考核评价，健全节约集约用地控制标准。建立规划节地评价制度，开展单位地区生产总值建设用地使用面积下降目标评价考核，落实建设用地强度控制目标，建立建设项目节地评价制度。严格制定完善区域节约集约用地控制标准，加快建立土地承载能力

评价技术体系，探索开展区域土地开发利用强度和效益考核。严格执行各行业建设项目用地标准，明确控制性要求，加强监督检查。鼓励各地制定地方节约集约用地标准。

5. 脱贫攻坚，全力支持大扶贫战略行动

1）落实目标任务，支持易地扶贫搬迁。用好用活增减挂钩政策积极支持易地扶贫搬迁，到2020年，累计实施增减挂钩20万亩以上，为易地扶贫搬迁筹集资金200亿元以上，新增耕地10万亩以上，确保增减挂钩项目区建设用地总量有减少、布局更合理，耕地面积有增加、质量有提高，实现以城带乡、以工补农，城乡统筹发展。

2）拓展和完善城乡建设用地增减挂钩政策，探索省域流动可行性。加大贫困地区城乡建设用地增减挂钩政策支持力度，增减挂钩指标向贫困地区倾斜。对集中连片特困地区和国家扶贫开发工作重点县以及贫困老区，允许增减挂钩结余指标在省域范围内使用，增加的土地收益全部用于易地扶贫搬迁。在乌蒙山特困连片地区，探索与对口帮扶的省份及城市实现增减挂钩指标跨省流动的路径与办法。

3）改革项目安排方式，支持就地脱贫。以省级高标准农田建设项目为基础，重点布局在集中连片坝区；以县级小项目为主，优先安排在建档立卡的贫困人口相对集中区域。项目以"村民自建"方式实施，增强村民参与度，让贫困人口得到更多的劳动务工收入，增强获得感。项目资金向贫困地区倾斜。坚持管总量不管结构、管任务不管项目、管监督不管实施"等相关要求。

4）切实推进"每人整治1亩优质农田"。到2020年，通过高标准农田建设为50万就地脱贫人口"每人整治1亩优质农田"，为20个极贫乡贫困人口整治耕地16.68万亩，有效助推精准扶贫、精准脱贫。

5）开展极贫乡地质灾害防治工程。对全省20个极贫困乡的所有地质灾害隐患点，不分大小、不按规模，该治理的治理、该搬迁的搬迁，一次性全部实施。

6. 创新改革，优化土地管理体制机制

1）构建国土资源规划体系，推进多规融合。优化资源利用空间布局，整合土地利用总体规划、城乡建设规划、生态保护规划；在《贵州省土地利用总体规划（2006—2020年)》、《贵州省"十三五"土地整治规划》和《贵州省矿产资源总体规划（2016—2020年)》等"一总九专"规划体系基础上，推进多规合一，提高资源利用宏观调控的整体性和协调性。以主体功能区规划为基础，以土地利用总体规划为底盘，以资源环境承载力、建设用地总量强度"双控"和耕地保护红线、生态保护红线、城市开发边界"三线"为基本约束，建设"多规融合"信息化平台，制定"多规融合"信息化平台数据入库标准。推动实现一个市县一本规划、一张蓝图。

2）加强土地管理法制建设。积极贯彻落实《中共中央关于全面推进依法治国若干重大问题的决定》和《中共贵州省委关于贯彻落实〈中共中央关于全面推进依法治国若干重大问题的决定〉的意见》，从依法全面履行国土资源管理职能、完善国土资源法治体系、健全依法科学民主决策机制、坚持严格规范公正文明执法、加强对行政权力的制约和监

督、深入推进政务公开、依法防范和化解社会矛盾、完善法治国土建设保障机制等各个方面进一步明确依法行政的指导思想、工作原则和方式方法。深入推进简政放权、放管结合、优化服务，精简审批事项，减少审批环节，完善审批程序，提高审批效能。

3）创建城乡土地"双储双调"机制。城镇建设用地与耕地保护之间存在着密切的互动关系。一方面由于土地资源总量有限，城市建设用地与耕地之间存在着此消彼长的矛盾；另一方面，城市集约、高效用地以缩减新增建设用地需求，可促进耕地保护；通过开发复垦、整理农村土地，增加耕地有效面积，又有利于协调城镇建设用地与耕地之间的矛盾和冲突。建立城乡土地"双储双调"机制，使政府通过建设用地储备和耕地储备控制城市建设存量用地和增量用地，高度垄断土地一级市场，并据建设用地计划以及市场需求，适时、适量地将比例合理的存量土地、增量土地投入市场，在保证建设用地需求得到满足，促进建设按城市建设规划和土地利用总体规划实施的同时，能够提高土地利用效率，切实保护耕地资源。

4）创新土地规划计划管理。调整完善土地利用总体规划，合理确定规划规模、布局、结构和时序，部署开展新一轮土地利用总体规划修编。理顺规划、计划关系，保持规划控制和计划管理协调统一。统筹确定土地利用计划总量，实行三年滚动编制，分年度下达，按年考核调整，提高计划科学性，发挥地方自主性。改进计划分解下达办法，推行标准化、规范化，确保公开公平公正。

5）稳妥推进农村土地制度改革。总结湄潭县农村集体经营性土地入市改革试点经验，推动相关法律法规修订，在全国复制推广。完善土地征收制度，缩小征收范围，规范征收程序，公开征收信息，健全对被征地农民合理、规范、多元补偿保障机制。规范农村集体经营性建设用地产权管理，明确入市主体、范围和途径。在符合规划和用途管制前提下，允许农村集体经营性建设用地出让、租赁、入股，建立与国有土地同等入市、同权同价、流转顺畅、收益共享的入市机制。

三、贵州省农用地资源可持续利用

1. 贵州省耕地可持续利用对策

（1）切实落实耕地数量、质量和生态三位一体保护战略

在绿色发展理念指引下，以及党和国家、国土资源部关于加强及改进耕地占补平衡管理方式的政策为指引，结合贵州省实际落实占一补一、占优补优、占水田补水田，促进耕地数量、质量和生态三位一体保护。坚持绿色发展理念，以高标准农田建设为重点，合理扩大补充耕地途径，建立补充耕地储备库，实行耕地数量、粮食产能和水田面积 3 类指标核销制，落实占补平衡；严格落实耕地占补平衡责任，大力实施土地整治，落实补充耕地任务；完善管理机制，规范省域内指标调剂。

（2）建立动态监督机制和耕地预警制度

利用先进的科学技术手段，对现有农田环境、基础设施、土壤肥力与利用方式进行监

测和管理，维护耕地功能完整性，实现耕地可持续利用，采用计算机辅助及 3S（RS、GIS、GNSS）及其集成等技术途径实现区域耕地数量、质量、农田环境与利用状况的实时调控和管理，加快推进耕地动态管理的科技创新和信息化步伐。按照农业区划和土地利用总体规划的要求，管好用好各类土地，运用现代信息和遥感技术完善土地调查统计制度和土地利用动态监测体系，不断提高调查统计成果质量，逐步扩大监测范围并提高精度，提高对土地利用和耕地变化情况的监测能力，并在此基础上建立耕地预警系统。

（3）构建耕地肥力质量–环境质量–生态质量保护体系

通过土地整治的推进，提高耕地（土壤）肥力质量，提升耕地的生产能力；依托区域地球化学调查成果开展的耕地环境质量评价，可以合理调整由自然成因引起的有益、有害元素异常的耕地种植结构，也可以为人为污染造成的耕地恢复治理提供重要依据。耕地质量不仅包括耕地的生产能力，还包括耕地的生态健康状况；不仅包括土壤的质量状况，还包括水、大气与作物等各组成部分的质量状况。耕地质量生态管护的内涵就是，要保障组成土地质量的各个要素之间的健康运行。耕地质量管理与评价在综合考虑土壤健康、地表特性、气候条件、农田工程和环境质量等田块层次要素的基础上，还应着重考虑耕地的生态服务功能。为实现耕地质量提升和有效管理，应从耕地生态系统健康的角度，在耕地监测中加强耕地有机指标（有机质、土壤微生物、动物等）的监测；在土地整治过程中加强污染、退化和废弃耕地的生态修复与改造，生物生境修复，生物多样性保护，土壤生物关系与健康重建。此外，土地整治不仅要重视新增耕地数量评价、综合质量和功能的评价，而且要重视整治后耕地生态系统整体性的综合评价，以提高耕地综合生产能力、生态景观服务能力。

（4）以"大扶贫"战略行动部署为统领，加强土地整治力度与制度创新

以"大扶贫"战略行动部署为统领，结合贵州省土地资源开发利用现状及后备土地资源潜力情况以及"就地脱贫"的分布情况，编制作战图，有针对性布局和安排土地整治项目，充分发挥土地整治在助推精准扶贫有效脱贫中的重要作用，为项目区 50 万贫困人口"每人整治 1 亩优质良田"，让贫困人口"三得"（得优质耕地、得固定资产、得劳务收入），实现就地脱贫。重点考虑贵州省三大集中连片特困地区，即乌蒙山区、武陵山区及滇桂黔石漠化区。以大规模土地整治为平台，以高标准农田建设为手段，以重大工程为引领，着力推动三大集中连片特困地区的区域发展与扶贫攻坚。土地整治要注重与农业产业发展相结合、与小城镇建设相结合、与美丽乡村建设相结合、与生态移民工程相结合，走出一条具有贵州特色的土地整治新路子。以土地整治项目为平台，充分发挥支农惠农政策的引导和支持作用，推动土地整治从以补充耕地数量为主向增加耕地数量、提高耕地质量、改善生态环境并重转变；进一步完善农田基础设施，推动农业产业结构调整。以绿色土地整治为突破点，加大耕地质量提升、退化土地治理、荒废土地利用、土地生态修复等土地整治工程技术研究，推动小流域土地整治、贫困地村民自建、美丽乡村、农旅一体化等不同整治形式及机制的研究，加快土地整治相关地方标准和图集的出台与实施，引入卫星遥感、航拍、互联网、大数据、移动终端等新技术对土地整治项目的监测监管，进行土地整治云建设。

（5）严格用地审查，全面落实耕地占补平衡

耕地占补平衡是严守耕地红线、确保耕地面积稳定的重要措施，是地方政府的重要职

责，也是各级国土资源部门的重要任务。贵州省储备的新增耕地指标耕地质量总体水平低、水田指标少，耕地占补平衡任务更加艰巨。各级国土资源部门要加强用地预审和报批的耕地占补平衡审查，确保全面落实耕地占补平衡。用地预审时，要积极引导建设项目合理选址，尽量不占或少占耕地，原则上不占水田等优质耕地；确需占用耕地的，应充分说明占用耕地的质量、数量，占用水田、水浇地的数量与占用耕地的比例，按占补平衡要求预先安排已报部备案的补充耕地项目，并对占用耕地与补充耕地质量做出评价。

（6）建立完善的"省–市–县–镇–村"逐级耕地保护激励机制

按照"谁保护，谁受益"的要求，对耕地保护进行经济补偿，让农村集体经济组织和农户从保护耕地中获得长期的、稳定的经济收益，落实耕地保护共同责任机制。一是与推进农业补贴制度改革相结合，以调整完善农业补贴政策为契机，国土资源、农业、财政三部门共同落实中央有关要求，建立耕地保护补偿机制。二是明确省、市、县各级耕地保护补偿资金筹措渠道，其中省财政补贴给农户的补贴资金，主要从中央下达给省的农业支持保护补贴资金中统筹安排，确保了资金有渠道、可持续。三是建立了"以奖代补""以补促建"的激励约束机制。村级集体经济组织保护耕地的以奖代补资金向永久基本农田示范区倾斜，并与耕地保护责任落实、土地卫片执法检查结果、农业"两区"管护等相挂钩。四是体现耕地数量质量并重保护要求。农村集体经济组织保护耕地的以奖代补资金主要用于农田基础设施修缮、地力培养、耕地保护管理等；补贴资金通过"一卡通"直接发放给农民，提高地力，保护种粮积极性。

2. 贵州省园地可持续利用对策

（1）重视市场的引导

充分依托贵州省大数据战略，通过信息化建设提升对市场的分析和把握能力，实现以技术为支撑的市场体制改革深化和细化。以资源为基础，以效益为中心，建立开放型市场体系，不断提升园地相关产业市场化程度。

（2）科技兴园，加大科技支撑力度，促进园地可持续利用

先进适用的技术推广，不但可以增加产量，还可以提升农户素质，加快增长方式转变。除了园地利用的科技水平提升外，还可以进一步增加园地产业的加工链和产品链，通过农地流转，实现生产的规模化和产业化，以创新为驱动，引领产业绿色化，逐步形成科研、开发、生产、推广密切联系的园地产业化体系。另外，园地能够可持续利用，农户意识、科技水平极为重要。要通过各种体系、方式、类型的教育提升农户素质，增强接受园艺科技成果的能力。

（3）集约经营

切实抓住贵州省"三变"改革契机和土地流转的改革风口，通过市场化运作以及相关金融衍生工具的帮助，推动园地向生产能手和种植大户手中集中。通过新兴生产模式，推动园地向集约化、规模化方向发展。同时对流转和入股的农户，又可以职业园农的方式聘用，并进行集中培训，提升农户的素质。

（4）优化果园开发

果园是贵州省的重要园地类型，应结合贵州省山地特色，走特色农业发展模式。除此

以外，还应该：①由粗放经营向集约经营发展。2015 年全省水果单产为 7.4t/hm²，不到墨西哥的 3/5，仅为美国的 3/10。因此要加强对全省果园种植的规划和指导，依据山地特色，按照比较优势优化水果业结构布局。②开发利用荒山荒坡，不占耕地，特别是基本农田。根据 2014 年初步统计，全省各类可作为园地开发的裸地有 3.7 万 hm²，这部分地区可以积极开发利用起来。要积极根据国家农业区划和国家农产品规划，以及全省主体功能区规划，合理划定园地生产用地，采取适地适树的原则，适度开发后备园地。③采取生态开发模式。可以考虑果禽混养、果牧混养、果菜混养等方式，提升对园地的综合开发和生态利用。

（5）优化茶园利用

贵州省，特别是黔北地区，历来就是茶业生产的优良地区，全省茶园面积占园地的 28%，是农户重要的经济来源之一。茶园的可持续利用可以采取以下对策：①实施生态栽培，保持茶园生物多样性。因地制宜地利用光、温、水、气、养等要素，提升资源利用效率，提高物质循环和能量循环，可以采取茶禽共养、茶药共养等方式，提高对茶园的利用效率。②采取生态防治，控制茶叶农药残留。对病虫害防治，应取代化学农药防治，转为综合生态防治网络，具体可以采取农业防治（如分批分次采摘、茶园修剪、茶园喷灌等）、生物防治（如实施生物农药）、物理机械防治（如灯光诱杀等），从而确保茶园环境和管理符合生态农业要求。

3. 贵州省林地可持续利用对策

（1）依托主体功能区战略和《贵州省国土规划（2016—2030 年)》，在贵州省实施形成"六屏七带十区"林地生态稳定保护格局。

"六屏"：由贵州省境内长江流域的三屏和珠江流域的三屏共同构成长江、珠江上游六大生态屏障。

长江流域自西向东的三大生态屏障分别为韭菜坪-新寨大山水源涵养与石漠化防治生态屏障、白马山-娄山关水源涵养与水土保持生态屏障、梵净山-佛顶山生物多样性与水土保持生态屏障。珠江流域自西向东的三大生态屏障分别为牛棚梁子-龙头大山水源涵养与石漠化防治生态屏障、冗林大坡-斗篷山水源涵养与水土保持生态屏障、雷公山-月亮山生物多样性与水土保持生态屏障。

"七带"：由贵州省境内长江流域的五带和珠江流域的两带共同构成长江、珠江上游七大生态保护带。

长江流域自西向东的五带分别为牛栏江生态保护带、赤水河-綦江生态保护带、乌江生态保护带、沅江流域上游生态保护带、芙蓉江生态保护带。珠江流域自西向东的两带分别为南北盘江-红水河生态保护带、都柳江生态保护带。重点加强水土流失防治和水污染治理，加强石漠化综合治理和水环境综合治理，保护长江、珠江上游重要河段和湖泊等重要湿地，增强水体功能。在国土生态服务、自然与人文景观保护相对集中区域，按照自然地理单元和物种自然分布特征，建立生态功能区，增强生态脆弱地区的维护。

（2）全省重点从水源涵养、水土流失治理、石漠化防治及生物多样性保护工作四个方面划定十大重点生态功能区，积极推进林地建设。

1）水源涵养区。在乌江、南北盘江、沅江上游等流域地带重点水源涵养区，严格管制各类开发活动，推进天然林草保护，封山育林育草、退耕还林还草，治理水土流失，维护和重建湿地、森林、草地等生态系统。严格保护具有水源涵养功能的自然植被，禁止过度放牧、无序采矿、毁林开荒等行为。加大河流源头及上游地区的小流域治理，减少面源污染。

2）水土保持区。在沿河–石阡、册亨–望谟南北盘江下游河谷、三都丘陵谷地、雷山–锦屏中低山丘陵等土壤侵蚀性高、水土流失严重的区域，大力发展节水灌溉和雨水积蓄利用，限制陡坡开垦和超载放牧，加大公益林建设和退耕还林还草力度，加强小流域综合治理，恢复退化植被，最大限度地减少人为因素造成新的水土流失。

3）石漠化防治区。在威宁–赫章、关岭–镇宁、罗甸–平塘、黄平–施秉等石漠化面积比重大且严重的地区实行封山育林育草、植树造林、退耕还林还草和种草养畜，推进石漠化防治工程和小流域综合治理，恢复退化植被，实行生态移民，改变耕作方式。

4）生物多样性保护区。在沿河–石阡、黄平–施秉、荔波茂兰、雷山–锦屏、赤水等濒危珍稀植物分布集中，具有典型代表性生态系统的地区，禁止滥捕滥采野生动植物资源，保持并恢复野生动植物物种和种群的平衡，实现野生动植物资源的良性循环和永续利用。加强防御外来物种入侵，保护自然生态系统与重要物种栖息地，防止生态建设导致生境的改变（表9-19）。

表9-19 贵州省重点生态功能区及林地开发保护方向

	区域	类型	现状情况	开发保护方向
国家重点生态功能区	威宁–赫章高原分水岭石漠化防治与水源涵养区	石漠化防治与水源涵养	保存了完整的喀斯特高原面，是乌江、北盘江、牛栏江、横江水系发源地，拥有特殊高原湿地生态系统，是全省重要的水源涵养地。目前，石漠化与水土流失较严重，湿地生态系统退化	封山育林育草，推进石漠化防治，加强水土流失治理，保护和恢复植被、湿地
	关岭–镇宁高原峡谷石漠化防治区	石漠化防治与水土保持	喀斯特发育强烈，生态系统脆弱，喀斯特旅游资源丰富。目前，生态环境遭到破坏，生态系统退化，水土流失严重，石漠化有扩大趋势	加强石漠化防治和水土流失治理，实行生态移民，改变耕作方式
	册亨–望谟南、北盘江下游河谷石漠化防治与水土保持区	石漠化防治与水土保持	喀斯特地貌与非喀斯特地貌相间分布，生态系统脆弱，对南、北盘江下游生态安全具有重要影响。目前，石漠化与水土流失较严重，生态系统退化	推进防护林建设，加强水土流失治理和石漠化防治，防止草地退化
	罗甸–平塘高原槽谷石漠化防治区	石漠化防治与水土保持	喀斯特发育强烈，生态环境脆弱，土壤一旦流失，生态恢复难度极大。目前山地生态系统退化，水土流失严重，石漠化有扩大趋势	加强石漠化防治和水土流失治理，恢复植被和生态系统，实行生态移民

续表

区域	类型	现状情况	开发保护方向
沿河-石阡武陵山区生物多样性与水土保持区	生物多样性保护与水土保持	森林覆盖率较高，亚热带常绿阔叶林生态系统典型，山地垂直地带性突出，是珙桐、黔金丝猴、黑叶猴等重要物种的保护地，目前森林遭到不同程度的破坏，水土流失严重，生物多样性受到威胁	加强水土流失治理，保护典型生态系统和濒危动植物
黄平-施秉低山丘陵石漠化防治与生物多样性保护区	石漠化防治与生物多样性保护	喀斯特发育强烈，生态系统良好，生物多样性丰富。但生态环境脆弱，目前石漠化有一定扩大趋势，生态系统与生物多样性受到威胁，一旦破坏将无法恢复	加强石漠化防治，保护生态系统，切实推进区域可持续发展
荔波茂兰石漠化防治与生物多样性保护区	石漠化防治与生物多样性保护	喀斯特发育强烈，生态系统良好，生物多样性丰富，是世界自然遗产地。但生态环境脆弱，目前石漠化有一定扩大趋势，生态系统与生物多样性受到威胁，一旦破坏无法恢复	加强石漠化防治，保护世界自然遗产，切实推进区域可持续发展
三都丘陵谷地石漠化防治与水土保持区	石漠化防治与水土保持	喀斯特生态环境脆弱，水土流失和石漠化较严重，生态系统受到一定威胁	加强石漠化防治与水土保持，保护生态系统
雷山-锦屏中低山丘陵水土保持与生物多样性保护区	石漠化防治与生物多样性保护	森林覆盖率较高，是西江水系重要的发源地之一，亚热带喀斯特森林生态系统典型，生物多样性丰富。目前森林系统遭到破坏，生物多样性受到威胁	加强石漠化防治，保护自然生态系统和野生动植物栖息环境，加强水土流失治理
赤水生物多样性与水土保持区	生物多样性保护与水土保持	森林覆盖率较高，是贵州省典型的丹霞地貌地区，亚热带森林生态系统典型，生物多样性丰富	加强林地保护与建设，保护自然生态系统和野生动植物栖息环境，加强水土流失治理

（省级重点生态功能区）

（3）稳步推进退耕还林工程

退耕还林是涉及面最广、政策性最强、群众参与程度最高的关键工程，是两江上游生态屏障稳定、贵州绿水青山得以保护的一项根本性工程。在今后 10～15 年，应根据国家新一轮退耕还林还草的安排，合理测算全省 25°以上耕地规模，结合经济社会发展、林业规划、易地扶贫搬迁、农业结构调整、水土保持等有序开展、稳步推进退耕还林工程。

（4）推行复合经营的可持续利用模式

在全省石漠化严重地区，由于缺水少土，难以进行大面积乔木种植，可以采取"乔灌草结合"模式，植被恢复以灌木为主，采取灌草结合、乔草结合的模式。而对洼地底部和山坡下部地区，可以种植经济类作物稳固水土；山峰地段则多以封山育林、发展水源林为主；对石漠化地区的石旮旯，重点以藤、灌为主；山麓地区则可以考虑以果树、药材为主。

四、贵州省城乡居民点及工矿用地可持续利用战略

1. 以节约集约为基本内涵的用地总方针

贵州省城镇化建设面临可利用的土地资源需求的客观现实，在城镇化发展对土地刚性需求及自然资源环境约束的共同作用下，城乡居民点及工矿用地必须走"外延式扩张+内涵式发展"的土地利用综合道路。具体而言，既要在存量建设用地内部不断挖潜，提高土地利用效率与利用方式，又要基于贵州省自然环境特色，走独特的山地特色新型城镇化发展道路；既要考虑合理的建设规模，还应重视开发建设的时序问题。贵州省建设用地的节地模式归纳为3种，即立体及山地开发型、平面（坝区）节地型和时间节地型。

2. 城镇用地可持续利用战略

一是协调与控制城镇规模。城镇土地不能无限制扩大，而应走内涵挖潜、节约集约道路，积极推进城镇低效用地再开发。城镇发展应以提高生产力和效益为主，而不再是只从规模上考虑。二是充分利用城镇空间，提高容积率。对贵州省这样一个多山省份而言，适宜开发的土地十分珍惜，因此一方面要合理提高容积率，提升土地利用效率，另一方面要积极向地下空间发展，提升土地利用水平。三是加强规划管控和引导，合理调整城镇布局。大中小城市和城镇协同发展，全省形成"一核、一群、两圈、六组、多点"贵州省山地特色城镇空间格局。增强贵阳市核心带动能力，依托区域优势，培育黔中城市群，建设"贵阳–安顺"和遵义两大都市圈，着力构建六盘水、毕节、铜仁、凯里、都匀、兴义六大城市组群，形成以多个县（市）为区域发展节点的协同发展格局。

3. 村庄用地可持续利用战略

一是加强和推进农村土地制度改革。随着我国农村土地制度改革的深化和推进，宅基地和集体经营性建设用地将分别成为城乡统筹发展的重要用地资源。要在贵州省的农村土地制度改革中，不断提炼总结深化，提出可复制可推广的制度经验。二是积极开展村土地利用规划。不断完善村土地利用规划的试点和推广工作，补齐村庄发展中规划缺位的问题，让农村地区土地利用科学化、合理化。三是加强村庄用地管理。在规划的引导下，通过增减挂钩、村庄整治等工程手段，对村庄内部低效、闲置、废弃的建设用地进行整治，优化建设用地时空分布。四是切实推进"1+N"镇村联动。通过核心镇对周边村庄的带动，引导村庄用地集中布局，实现给排水、电力、垃圾处理等基础设施的合理集中布局，减少对耕地占用。四是积极推进村土地利用规划，在乡村振兴战略下统筹协调各类用地。

4. 采矿用地可持续利用战略

一是综合利用，生态复垦。采矿用地除了推进绿色开发利用外，更重要的是在废弃后

的处置上。可以结合贵州省特色进行综合利用，如进行复垦、也可以学习万山汞矿处置方式，进行"工业"旅游开发，让废弃地成为旅游资源，还可以学习上海松江国家风景区的做法，对废弃的矿坑进行旅游酒店开发。总之就是充分发挥地区自然资源优势，进行综合利用。另外，在复垦上要充分考虑生态保护，特别是如何阻止水土流失和重金属下渗污染等问题。因此在复垦时要充分考量覆土的选择和植物种的选择。二是动员社会力量参与治理。工矿企业由于自身人力、物力、财力限制，往往难以独立承担土地整治工作。为了加快工矿废弃地治理，应本着"谁治理、谁受益"原则，将工矿企业的闲地、荒地、废弃地依法出租、承包乃至转让，调动各方积极性，加大治理力度。三是加强对中小型工矿企业的管理。随着我国进入新时代，贵州省发展既要"赶"又要"转"，因此对工艺技术落后、环境破坏严重、生产水平低下的企业要逐步清理淘汰。非经允许的小矿山、小煤窑、小造纸厂等要坚决取缔，依法保护耕地和国家矿产资源不受侵害。

5. 可持续利用政策措施体系

除了单个地类管理及节约集约制度的建立，还需要构建一套行之有效的政策措施体系保障城乡居民点及工矿用地的可持续利用，可以从五个维度，即"法律制度规范、政府监管引导、经济杠杆撬动、社会舆论监督、技术服务扶持"5方面构建激励政策措施体系，科学地推进贵州省城乡居民点及工矿用地为经济社会的可持续发展战略服务（表9-20）。

表9-20 贵州省城乡居民点及工矿用地可持续利用政策措施体系

目标层	体系层	措施层
贵州省城乡居民点及工矿用地可持续利用	法律制度规范	进一步完善土地节约利用法律制度
		严格实施土地用途管制制度，进行用地扩展边界控制
	政府监管引导	认真组织、科学编制土地利用规划，"多规合一"，使节地有纲可循
		建立土地节约利用动态巡查制度，加大行政执法力度
		严格实行土地利用规划许可制度，推动用地指标与节约集约水平相挂钩
		建立节地型土地利用目标的行政首长任期目标责任制
	经济杠杆撬动	积极发挥政府经济支持作用，通过税收政策和财政补贴支持节地
		建立土地节约利用公益基金，使节地可持续发展
		充分发挥市场机制作用的同时合理规范土地价格
		在省域内部及我国东西部地区间流转建设用地增减挂钩指标
	社会舆论监督	积极宣传城市节地观念，强化大众的节地意识
		实行节地型土地利用规划公示制度
		建立节地型土地利用规划管理公开制度
	技术服务扶持	利用遥感技术进行土地节约利用动态监测
		建立土地节约利用管理信息系统
		积极开发创新节地工程化技术
		建设节地型土地利用规划与管理队伍建设

五、贵州省其他土地与可持续发展

1. 荒草地合理开发对策

自中华人民共和国成立，特别是改革开放以来，荒草地开发对贵州省农业优化、缓解人多地少矛盾、发展农林牧业生产都发挥了积极作用。但可开发荒草地后备资源日渐稀少，加之生态文明建设的落实和长江、珠江上游的保护任务实施，使得对荒草地的开发应日趋合理，以协调好土地开发和生态保护的关系。

（1）加强对荒草地的开发管理，制止乱占乱用

绝大多数荒草地归属国有，应纳入全民自然资源管理范畴。为保障荒草地合理开发，必须认真执行《中华人民共和国土地管理法》相关规定，严禁乱占滥用。对申请开发荒草地的企业（个人），依据土地利用总体规划确定的开发用途和范围，经过审查批准后方可进行开发。应确定荒草地的地价体系，逐步完善荒草地有偿使用制度和使用监管制度。

（2）坚持科学开发，提高开发质量

应在土地利用调查基础上，对荒草地开发适宜性做出合理评价，并据此做好荒草地开发相关规划，并按步骤有序实施。如不具备开发条件的，应纳入全民自然资源管理体系，保护好荒草地的自然属性，避免不适宜的开发而引起的生态退化和水土流失。土地利用主管部门要会同相关部门对荒草地开发利用规划进行审查，并在实施过程中加强监管检查，及时纠正不合理开发行为，确保荒草地开发质量。

2. 裸地合理开发对策

（1）积极开展石漠化治理

裸地是石漠化在土地利用上的表现，因此治理石漠化，是裸地合理利用的一个重要方向。石漠化防治是一个集社会、经济与科学技术为一体的综合研究体系。一是查明石漠化区石漠化的"环境岩组层"的平面分布，对土壤形成、地下水资源的形成、赋存、植被生存条件有着明显作用和差异的岩性组合体开展调查。二是查明不同"环境岩组层"的地球化学背景，包括水、土、岩表层的地球化学特征、主要及特殊化学元素的分布及丰度。三是调查不同石漠化区的水文地质条件、包括地下水的埋藏、分布和可有效开发利用潜力、开发方式、方向。四是综合利用"3S"技术结合地面实际调查，进一步查清石漠化的分布、规模和程度及石漠化的演化趋势，并开展对石漠化的动态监测。五是开展石漠化区农业地质研究，结合地质条件及地球化学背景，研究植物、名特优产品对地质环境的适宜性。六是通过对石漠化的地质调查研究，指出石漠化防治的合理方向、程序和方式。根据不同的地球化学背景和水文地质条件、资源承载能力，建立先进的生态农业模式，提出合理的产业结构调整意见。

（2）裸地旅游开发

从自然属性上而言，裸地往往难以开发，但可以通过对其旅游资源价值的开发，实现对裸地的合理开发，如昆明的石林、贵阳的喀斯特公园等都是在喀斯特地区进行裸地旅游开发的成功例子。

第十章　贵州省矿产资源与可持续发展

第一节　贵州省矿产资源概况与开发利用

一、贵州省矿产资源与成矿地质背景

贵州省地质构造背景独特，既不同于东部，也不同于西部其他省份。一方面，全境均是以海拔 200～3000m 的山岭与山间谷地、山间盆地构成的山清水秀、环境优美、气候宜人的独特山地地貌，素有"山地公园省"之美誉；另一方面，其是全球罕见的能矿资源王国、沉积岩王国和古生物王国，蕴藏着多种世界级规模的沉积矿产和独特的中低温热液矿产，成为全国主要的能源资源基地和资源深加工基地。

（一）大地构造背景独特

贵州省位于华南板块，跨越扬子地块和江南隆起带两个次级构造单元（图 10-1）。从距今 8 亿多年前的新元古界至最新的第四系都有出露，海相地层层序连续。新元古界地层主要分布在黔东及黔东南，下古生界地层主要分布在黔北，上古生界及中生界的三叠系地层主要分布在黔南及黔西南，中生界的侏罗系及白垩系地层多见于黔北。新生界的古近系、

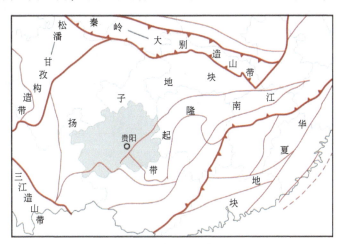

图 10-1　贵州省与邻区大地构造位置略图

资料来源：张国伟，2013；杨坤光修订

《贵州省矿产地质志》年代地层与岩石地层对照表（2017）

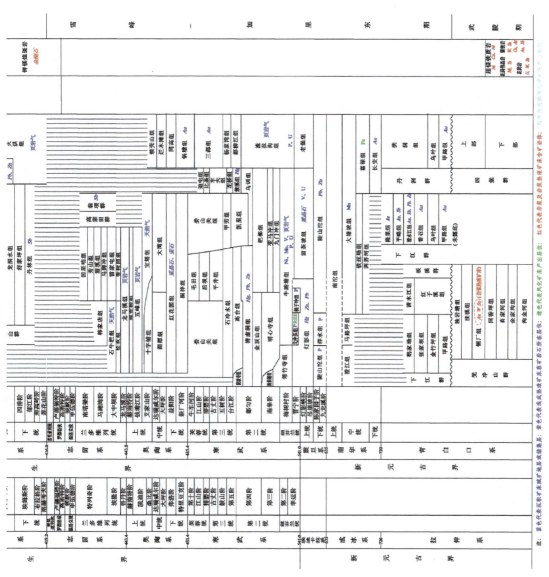

图 10-2　贵州省地层划分与主要矿产分布

新近系和第四系地层零星发育。

在 8 亿多年的漫长而复杂的地质演化过程中，贵州省经历了多次地壳运动和成矿作用，造就了独特的地质地貌和优越的成矿地质条件。新元古–早古生代主要受江南造山带演化控制，晚古生代–第四纪则受东部环太平洋成矿域与西部的特提斯两大成矿域构造域共同控制和作用。经历了洋陆转换阶段的武陵构造旋回期（新元古代）和加里东构造旋回期（新元古代–早古生代）及板内活动阶段的海西–印支–燕山构造旋回期（晚古生代–早白垩世）和喜马拉雅构造旋回期（晚白垩世–第四纪）四个构造旋回期的演化。以师宗–松桃–慈利–九江及绍兴–萍乡–北海断裂带为界，北西为扬子地块，南东为华夏地块，其间为江南造山带，铸就了极为独特的以北东、北西向挤压型、直扭型和旋扭型为主的构造形迹，浅表以侏罗山式隔槽式褶皱为典型，发育多层次滑脱体系。

贵州省独特的大地构造背景和演化历史，使其成为全国矿产资源大省，其中煤矿位居全国第五位，超过江南 12 个省（自治区、直辖市）煤矿资源量总和，国家战略紧缺矿产资源锰位居全国（也是亚洲）第一位，粮食矿产——磷矿位居全国第三位（其中富磷矿资源量世界第一）、铝土矿位居全国第四位，金、锑、页岩（煤层）气、重晶石（全国第一位）、汞（全国第一位）等矿产资源均位居全国前列。贵州省地层划分与主要矿产分布如图 10-2 所示。

（二）横跨三个全国重要成矿区带

根据全国新一轮重点成矿区带划分方案，贵州省横跨上扬子东缘成矿带、上扬子西缘成矿带和南盘江–右江成矿带三个全国重要成矿区带（图 10-3），成矿地质背景十分有利。

1. 上扬子东缘成矿带

跨贵州省、湖南省、湖北省和重庆市等地区，地理坐标为 105°E ~ 111°E、25°N ~ 33°N。覆盖贵州省铜仁市和贵阳市全境、遵义市大部分、黔南州北部、黔东南州北部等地区。

上扬子东缘成矿带矿产资源十分丰富，主要为锰、铝、磷、汞、铅锌、重晶石矿等。特别贵州近年来（2008 ~ 2018 年）在该成矿带新发现了一大批超大型、大型矿床，如松桃普觉（西溪堡）、道坨、桃子坪、高地等系列隐伏超大型锰矿床，遵义深溪大型锰矿床，务川大竹园、正安旦坪超大型铝土矿床，瓮安白岩、福泉大湾等大型–超大型磷矿床及普定–织金五指山大型铅锌矿床等。

根据《全国矿产资源规划（2016—2020 年）》，该成矿带规划建设黔东–湘西国家大型锰矿资源基地、黔中北国家大型铝土矿资源基地、开阳–瓮福国家大型磷矿资源基地。

2. 上扬子西缘成矿带

跨四川、云南、贵州等省，地理坐标为 101°E ~ 109°E、25°N ~ 33°N。覆盖贵州省六盘水市西部、毕节市西部等地区。

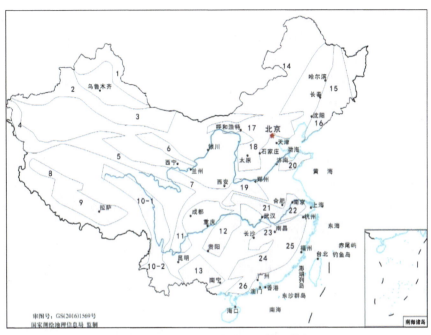

图 10-3　全国重点成矿区（带）分布

1-阿尔泰—准噶尔北缘成矿带；2-天山西段；3-东天山—北山成矿带；4-西昆仑—阿尔金成矿带；5-东昆仑成矿带；6-祁连成矿带；7-秦岭成矿带；8-班公湖—怒江成矿带；9-冈底斯—藏南成矿带；10-西南三江成矿带；11-上扬子西缘成矿带；12-上扬子东缘成矿带；13-南盘江—右江成矿带；14-大兴安岭成矿带；15-吉黑东部成矿带；16-辽东—吉南成矿带；17-华北陆块北缘成矿带；18-辽东太行成矿带；19-豫西成矿带；20-胶东成矿带；21-桐柏—大别成矿带；22-长江中下游成矿带；23-江南陆块南缘成矿带；24-南岭成矿带；25-武夷山成矿带；26-桂东—粤西成矿带

上扬子西缘成矿带具有良好的成矿条件，矿产资源丰富，主要为煤及煤层气、"三稀"、铁、铅、锌、银等矿产。近年来煤及煤层气找矿不断取得新进展，特别是赫章猪拱塘隐伏超大型铅锌矿的发现，结束了贵州省无超大型铅锌矿床的历史。同时，在猫猫厂-渣子厂、长坪子、云贵桥等地铅锌（银）矿和威宁、赫章地区"三稀"地质找矿也有重要进展。

根据《全国矿产资源规划（2016—2020 年）》，该成矿带规划建设云贵国家大型能源基地。

3. 南盘江–右江成矿区

该成矿区位于桂西、黔西南及滇东交接部位，地理坐标为 102°20′E ～ 109°10′E、21°50′N ～ 26°35′N。覆盖黔西南州全境、六盘水市和安顺市南部及黔南州西部等地区。

大地构造上位于特提斯构造带东端，地处特提斯与滨太平洋构造域交汇部位，其北紧邻扬子地块。南盘江-右江成矿区北界为水城-紫云-南丹-宜州-永福断裂，东界为凭祥-邕宁、武宣-永福断裂，西界为红河-弥勒-盘县断裂，南接国界。

南盘江-右江成矿区主要出露晚古生代和三叠纪地层及少量早古生代和第四纪地层。晚古生代-三叠纪火山岩发育，主要分布于桂西、黔西南、滇东南及黔南地区，具有分布零星、层位多、厚度小、岩性复杂等特点。从早至晚有泥盆纪火山岩、石炭-二叠纪火山岩、三叠纪火山岩。该成矿区西部岩浆活动比较强烈，依照岩浆活动强度可以划分为个旧岩浆岩和富宁-桂西岩浆岩。该区地处华南陆块西部，与上扬子古陆块邻接，又与"三江"造山系的哀牢山断块毗邻，其沉积建造、岩浆活动、变质作用等方面都具有明显的过渡性质。晚古生代以来沉积相发生明显分异，岩浆活动极为频繁，矿产复杂多样。自早古生界至新生代先后产出了许多重要矿产。目前，该成矿区已发现有色、黑色、贵金属和稀有金属矿产地达872余处。主要为金、铝、铅锌、锑-萤石、汞（铊）、锰、钨锡、重晶石和煤等大中型矿床，其次为硫铁矿、铁等中小型矿床，零星分布有石膏、铜、水晶、冰洲石、钼-铀和砷等小型矿床或矿点。

黔西南州晴隆县、普安县、兴仁市、贞丰县、册亨县、望谟县，六盘水市六枝特区和盘县，黔南州紫云苗族布依族自治县、罗甸县及安顺市的关岭苗族布依族自治县、镇宁苗族布依族自治县等县区属于南盘江-右江成矿区范围，约占贵州省15%的土地面积。

南盘江-右江成矿区在贵州省境内主要有金、锑-萤石、汞、铅锌、重晶石、煤和宝玉石矿等，其中最为著名的是贞丰水银洞超大型金矿床、贞丰烂泥沟超大型金矿床及2014~2016年新发现的普安泥堡大型-超大型金矿床等，黔西南州金矿资源储量占贵州的95%以上。根据《全国矿产资源规划（2016—2020年）》，该成矿带规划建设贞丰-普安国家大型金矿资源基地。

4. 乌蒙山扶贫攻坚区

乌蒙山区指由东北向西南横亘在四川东部、贵州西北部、重庆西南部、云南东北部的长达500~600km的巨大山脉，土地总面积为10.7万km²。位于云贵高原与四川盆地结合部的乌蒙山片区，山高谷深，地势陡峻，为典型的高原山地构造地形，是少数民族聚集多、贫困人口分布广的连片特困地区，也是国家重要的能源基地、面向西南开放的重要通道和民族团结进步示范区，是国务院确定的14个集中连片特殊困难地区之一，是国家新一轮扶贫开发攻坚主战场之一，由国土资源部负责联系。乌蒙山扶贫攻坚区跨四川、贵州、云南三省，包括38个县（市、区），面积为10.7万km²，地理坐标为东经103°30′~107°00′、北纬25°00′~29°30′。

贵州省境内乌蒙山片区主要位于西北部，即毕节市和遵义市境内，包括毕节市的七星关区、大方县、黔西县、织金县、纳雍县、赫章县、威宁彝族回族苗族自治县，遵义市的赤水市、习水县、桐梓县和六盘水市钟山区的大湾镇，共10个县（市、区）和1个镇，总面积为32 443.77km²，占整个乌蒙山片区面积的30.3%（图10-4）。贵州省境内的乌蒙山片区是整个乌蒙山片区中的重点贫困片区，贫困面广量大，贫困程度深，贫困形势十分严峻。

乌蒙山区煤炭、煤层气、铅锌、铜、铁、磷等能源及矿产资源丰富。《乌蒙山区区域发展与扶贫攻坚规划（2011—2020年）》明确矿产资源开发与深加工。依托能源工业，充分发挥资源组合优势，按照"基地化、规模化、多联产、一体化"的要求，合理开发利用矿产资源，以煤化工、磷化工为重点，按照"煤电磷、煤电铝、煤电钢、煤

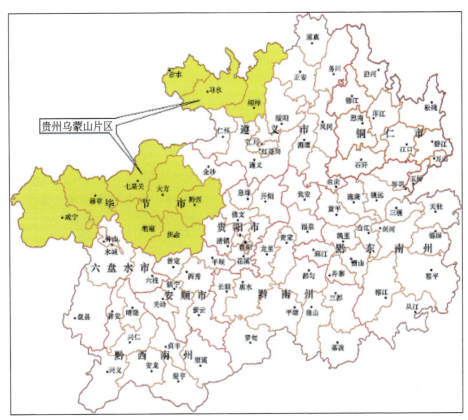

图 10-4　贵州乌蒙山片区在全省中位置示意图

资料来源：据国务院扶贫开发领导小组办公室等，2012，摘贵州部分

电化"四个一体化发展战略，大力发展优势原材料精深加工，延长产业链，基本建成全国重要磷化工和南方重要的煤化工生产基地。加快推进七星关、桐梓、习水循环经济型煤化工基地、织金"煤-磷-电-化"一体化等基地建设，建设黔西-织金煤电铝、煤电化循环经济示范基地，大力发展以甲醇、烯烃、醇醚、醋酸、高效复合肥、煤制天然气、煤制油为重点产品的煤磷化工业的发展。建设毕节煤制烯烃示范项目、打造以"力帆骏马"为首的毕节装备制造业基地。推进生铁冶炼和铸造，适度发展铅锌冶炼业，积极推动稀土开发。积极承接东部陶瓷产业转移，利用现代技术和工艺，发展工业陶瓷，开发民用陶瓷，加快陶瓷城建设。鼓励粉煤灰、煤矸石等工业固体废弃物综合利用，大力发展具有轻质、保温、节能、隔音、装饰等功能的新型墙体材料。大力发展单晶硅、多晶硅和太阳能电池及风电等新能源产业。但生态环境脆弱，基础地质、农业地质、水文地质和环境地质程度不高，完成扶贫攻坚目标的任务艰巨。按照《找矿突破战略行动纲要（2011—2020 年）》，依据乌蒙山区自然经济地理及资源禀赋条件，乌蒙山区地质矿产综合调查点开展基础地质调查、矿产调查评价、水文地质环境地质调查、灾害地质调查、特色农业区土地质量地球化学调查和科技支撑 6 个方面的工作。2012 年 12 月，中国地质调查局组织完成了《乌蒙山片区地质调查规划》（2013—2020 年），中国地质

调查局成都地质调查中心及中国地质科学院岩溶地质研究所完成了《乌蒙山区地质矿产综合调查实施方案》。

（三）能源资源基地与规划区、重点勘查区、整装勘查区

1. 国家能源资源基地

《全国矿产资源规划（2016—2020 年）》中划定了 103 个国家能源资源基地。其中，在贵州省建设云贵煤炭、黔东-湘西锰矿、黔中北铝土矿、贵州贞丰-普安金矿、贵州开阳-瓮福磷矿 5 个国家能源资源基地。国家能源资源基地作为保障国家资源安全供应的战略核心区域，纳入国民经济和社会发展规划及相关行业发展规划中统筹安排和重点建设，要求在生产力布局、基础设施建设、资源配置、重大项目安排及相关产业政策方面给予重点支持和保障，大力推进资源规模开发和产业集聚发展。

2. 国家规划矿区

《全国矿产资源规划（2016—2020 年）》划定了 267 个国家规划矿区。其中，贵州省占 9 个，分别是六枝黑塘矿区煤炭、普兴矿区煤炭、黔北矿区煤炭、织纳矿区煤炭、水城矿区煤炭、发耳矿区煤炭、盘江矿区煤炭、贵州盘县矿区煤层气、贵州织金县和纳雍县煤层气。要求打造新型现代化资源高效开发利用示范区，实行统一规划，优化布局，提高门槛，优化资源配置，推动优质资源的规模开发集约利用，支撑国家能源资源基地建设。要求保护性开采的、特定矿种等实行总量调控矿种的矿业权投放及开采指标，优先向国家规划矿区配置。

3. 国家重点勘查区

《全国矿产资源规划（2016—2020 年）》划定了 297 个重点勘查区。其中，贵州省占 11 个，分别为铜仁松桃锰矿、遵义锰矿、长兴-万山锰矿、务正道铝土矿、清镇-修文铝土矿、普定那雍枝铅锌矿、都匀牛角塘-南寨铅锌矿、贞丰烂泥沟-册亨丫他金矿、贞丰-普安金矿、开阳磷矿和瓮安-福泉磷矿。重点勘查区内注重引导各类资金投入，加大找矿力度，发现一批可供开发利用的矿产地。优先安排成矿地质条件有利、找矿潜力大和市场需求量大的危机矿山接替资源勘查，加快矿山密集区和老矿山外围的勘查进程。

4. 国家整装勘查区

按照国家找矿突破战略行动总体部署，国土资源部先后于 2011 年 3 月、2012 年 9 月、2013 年 11 月公告发布了 109 片国家整装勘查区。其中，贵州省占 5 片，分别是贵州省务（川）-正（安）-道（真）铝土矿（第一批）、贵州省贞丰-普安金矿（第二批）、贵州省铜仁松桃锰矿（第二批）、贵州省遵义锰矿（第三批）、贵州省开阳以东磷矿（第三批）整装勘查区。

（1）贵州省务（川）–正（安）–道（真）铝土矿整装勘查区

A. 勘查区位置及自然地理交通概况

该整装勘查区位于贵州省北部的正安、道真、务川县境内，处于上扬子东缘国家重要成矿带中的黔中–渝南铝土矿成矿带的北段。面积约为 3251km² 。

B. 地质工作程度

整装勘查区内 1∶20 万正安幅（H-48-36）和南川幅（H-48-30）区域地质、矿产、重砂、化探和放射性伽马测量等工作已覆盖全区。截至 2013 年整装勘查区内及外围 1∶5 万区域地质调查和 1∶5 万矿产远景调查工作已基本覆盖。

整装勘查区内的铝土矿发现于 20 世纪 60 年代，曾有多个地勘单位对黔北各地进行铝土矿调查，在安场、平木、大塘、新模等向斜发现有少量铝土矿点。

1983～1990 年，贵州省地矿局科研所对黔北铝土矿成矿条件和远景分析专题调研，编写有《贵州省遵义地区北部铝土矿调查及远景找矿报告》。

1991～1995 年，贵州省地矿局 106 地质大队对务川、凤岗地区进行了务川–凤岗铝土矿远景调查工作，完成了《务川–凤岗铝土矿远景调查报告》，估算 E+F 级储量 6209.53 万 t，并运用"矿床模型体积法"对其中的大竹园预测区、大尖山预测区、桃源预测区进行了资源总量预测，为 28 740.83 万 t。

2006～2007 年，贵州省有色金属和核工业地质勘查局地质矿产勘查院承担了国土资源大调查项目"黔北铝土矿资源调查评价"，根据铝土矿的成矿特征和向斜构造控矿特征，对区内发育有含铝岩系地层的桃源向斜、道真向斜、农桥向斜、浣溪向斜、平木山向斜、安场向斜及农场向斜进行了路线地质调查，初步了解各向斜的构造特征及含铝岩系的分布特征；初步了解了各向斜含铝岩系的含矿性。

2008～2009 年，贵州省地质调查院开展了贵州省务（川）–正（安）–道（真）地区典型示范区铝土矿资源潜力评价。采用综合信息地质单元法、综合信息网格单元法进行了预测区资源量估算。综合信息地质单元法共划分 22 个预测单元，估算铝土矿资源量 14.85 亿 t（矿石量）；综合信息网格单元法共划分 616 个预测单元，估算铝土矿资源量 23.99 亿 t 和 4.63 亿 t（后者剔除了次生富集成矿边界之下矿石量）。通过分析论证，综合信息网格单元法划分的预测单元小，利用的综合信息多，预测精度达到矿体级。

2010 年以来，该整装勘查区具体对 8 个重点勘查区块开展整装勘查工作，分别为大塘向斜、栗园–鹿池向斜、新模向斜、桃源向斜、安场向斜、浣溪向斜、道真向斜和张家院向斜。并以预测资源量达大型矿床规模的大塘向斜、栗园–鹿池向斜、新模向斜和安场向斜勘查区为重点，开展整装勘查工作。

C. 资源潜力及找矿方向

矿产潜力评价研究成果显示，整装勘查预测区内采用综合信息地质单元法、综合信息网格单元法进行了预测区资源量估算。通过分析论证，综合信息网格单元法划分的预测单元小，利用的综合信息多，预测精度达到矿体级。具体预测结果如下。

1）大塘向斜铝土矿整装勘查区：主体控制构造为大塘向斜，近南北向延伸，南起梁垭子，经大塘至磨盘石尖灭，全长约为 28km，面积为 383km²。预测铝土矿总资源量为 19 372.51 万 t。

2）栗园-鹿池向斜铝土矿整装勘查区：主体控制构造为濯水向斜，面积为 114km²。预测铝土矿总资源量为 10 492.06 万 t。

3）新模向斜铝土矿整装勘查区：主体控制构造为北北东向延伸的桃源向斜。南起熊家坪，经朝阳至双河，全长约为 35.5km，面积为 347km²。预测铝土矿总资源量为 2677.31 万 t。

4）桃源向斜铝土矿整装勘查区：主体控制构造为北北东向延伸的桃源向斜，南起水东岩，经桃园至坟天口消失，全长约为 53km，面积为 127km²。预测铝土矿总资源量为 1690.62 万 t。

5）安场向斜铝土矿整装勘查区：主体控制构造为安场向斜，沿北东向延伸，长约为 22km，面积为 232km²。预测铝土矿总资源量为 2909.70 万 t。

6）浣溪向斜铝土矿整装勘查区：主体控制构造为浣溪向斜，北东向延伸，长约为 15km，面积为 99km²。预测铝土矿总资源量为 4848.77 万 t。

7）道真向斜铝土矿整装勘查区：主体控制构造为道真向斜，呈北东向延伸，长约为 50km，面积为 552km²。预测铝土矿总资源量为 2409.65 万 t。

8）张家院向斜铝土矿整装勘查区：主体控制构造为张家院向斜，呈北北东向延伸。南起和平，北至马河，长约为 25km，面积为 122km²。预测铝土矿总资源量为 2677.31 万 t。

（2）贵州省贞丰-普安金矿整装勘查区

A. 勘查区位置及自然地理交通概况

整装勘查区位于贵州省西南部金矿聚集核心部位，行政区划隶属黔西南州普安县、兴义市、兴仁县、安龙县和贞丰县。分布总面积约为 984km²。

B. 地质工作程度

整装勘查区内 1∶20 万盘县、兴仁、罗平、安龙、乐业幅区域地质矿产、重砂、放射性珈玛测量、化探等工作已覆盖全区。整装勘查区内及外围已完成 1∶5 万区域地质调查图幅 26 幅。部分地区开展了 1∶5 万矿产远景调查工作。

自贵州省地质矿产勘查开发局（简称贵州省地矿局）1978 年发现板其金矿以来，黔西南地区已经成为我国重要的金矿产地之一。截至 2010 年，整装勘查区查明金资源量 192t，矿产潜力评价研究结果显示，区内金资源量查明程度仅为 34.16%，金矿找矿潜力巨大。

C. 资源潜力及找矿方向

整装勘查区主要包括灰家堡勘查区、泥堡勘查区、戈塘勘查区、苞谷地远景勘查区、纳省远景勘查区 5 个重点勘查区。矿产潜力评价研究成果显示，区内具有良好的找矿前景，资源潜力巨大。共确定 20 个最小预测区，预测 1000m 以浅金金属资源量为 562t，其中已查明金资源 192t，未查明的金资源潜力约为 370t。

D. 重点找矿靶区

以区内灰家堡、泥堡、戈塘、苞谷地、纳省地区为重点找矿靶区。

E. 取得主要成果

通过整装勘查，区内新增（332）＋（333）＋（334）类金属量 128.00t，其中（332）＋（333）类金属量为 81.55t，查明新增大型规模产地 2 处。

（3）贵州省铜仁松桃锰矿整装勘查区

A. 勘查区位置及自然地理交通概况

整装勘查区位于贵州省东北部，行政区划隶属铜仁市的松桃县，部分延伸到印江县、江口县，是黔湘渝锰三角的核心区域，分布总面积约为 1072km²。

B. 地质工作程度

整装勘查区内 1∶20 万区域地质矿产调查、化探等工作已覆盖全区。整装勘查区内及外围 1∶5 万区域地质调查图幅已基本覆盖全区。

2008～2012 年，重点开展了松桃西溪堡、松桃普觉、松桃太平、松桃下院子、乌罗、李家湾、金盆、道坨锰矿等勘查区预查、普查及详查工作，进一步实现锰矿找矿的重大进展，展示了良好的找矿前景。

C. 资源潜力及找矿方向

整装勘查区地处上扬子东缘成矿带，区内锰矿资源丰富，找矿潜力巨大。根据贵州省地矿局 103 地质大队"贵州省锰矿勘查科技创新人才团队"预测，区内锰矿资源潜力达 12 亿 t，是中国锰矿资源潜力最大的区域。

D. 重点找矿靶区

以区内李家湾–乌罗、道坨–冷水、西溪堡锰矿及其外围、大屋锰矿深部及外围、黑水溪–高地、大路–坪南、寨英–普觉等地区为重点找矿靶区。

E. 取得主要成果

截至 2017 年底，整装勘查区内新发现 4 个隐伏世界级超大型锰矿床，约占全球超大型锰矿床总数（13 个）的 1/3，探获（332）＋（333）类锰矿石资源量突破 6 亿 t，改变了国家锰矿资源勘查开发格局，实现了我国锰矿地质找矿有史以来的最大突破，位居国家实施找矿突破战略行动计划以来十大地质找矿成果前列。

（4）贵州省遵义锰矿整装勘查区

A. 勘查区位置及自然地理交通概况

整装勘查区位于贵州省遵义市南东 120°方向，直距为 10～30km，辖属遵义市红花岗区忠庄，播州区龙坑镇、三岔镇、龙坪镇、西坪镇、喇叭镇、虾子镇和三渡镇，新蒲新区。分布总面积约为 975km²。

B. 地质工作程度

整装勘查区内 1∶20 万区域地质矿产调查、化探等工作已覆盖全区。整装勘查区内及外围 1∶5 万区域地质调查图幅已覆盖全区。贵州省地矿局自 1956 年以来在该区开展了锰矿地质找矿工作，已发现锰矿床（点）数十处。

C. 资源潜力及找矿方向

整装勘查区锰矿产于二叠系茅口组顶部，锰矿的沉积、分布及特征等受黔北裂谷盆地控制。根据区域地质、矿产勘查等成果，结合典型矿床成矿模式、找矿方向及控矿因素分析认为，遵义式沉积型锰矿，严格受地层层位和岩性控制，矿体呈层状或似层状产于含矿岩系中，围绕黔北裂谷盆地中的Ⅲ级、Ⅳ级地堑盆地，具有较好的锰矿找矿潜力，是本区锰矿找矿的远景区。整装勘查区内划分为4个锰矿找矿工作区，即深溪-龙坪找矿工作区、毛家山找矿工作区、新浦-虾子找矿工作区、三岔找矿工作区，预测区锰矿资源量2.08亿t，具有较好的锰矿找矿潜力。

D. 重点找矿靶区

以区内深溪-龙坪、毛家山、新蒲-虾子、三岔等地区为重点找矿靶区。

E. 取得主要成果

通过整装勘查，区内新探获（333）+（334）类锰矿石资源量1.18亿t，其中，（333）类锰矿石资源量为0.71亿t。

（5）贵州省开阳以东磷矿整装勘查区

A. 勘查区位置及自然地理交通概况

整装勘查区位于贵州省中部，行政区划隶属贵州省开阳县、息烽县。北起开阳县龙水乡，南至开阳县双流镇新关山；西至息烽县小寨坝镇，东至开阳县中平镇。分布总面积为723 km²。

B. 地质工作程度

整装勘查区内1∶20万区域地质矿产调查、物探、化探等工作已覆盖全区。整装勘查区内及外围1∶5万区域地质调查图幅已基本覆盖全区。

2014～2016年，贵州省地质调查院开展该区1∶5万开阳县、花梨镇、瓮安县、羊昌镇、龙岗、牛场镇6幅图的区域地质调查工作。

2016～2017年，贵州省地质矿产勘查开发局一零五地质大队开展1∶5万养龙司幅、冯三幅矿产地质调查。

2013～2016年，重点开展了永温、冯三、新寨、白泥坝、翁昭等勘查区预查、普查、详查及勘探工作，进一步实现磷矿找矿的重大进展，展示了良好的找矿前景。

C. 资源潜力及找矿方向

整装勘查区位于上扬子东缘国家重要成矿带。区内磷矿资源丰富，找矿潜力巨大。矿产潜力评价研究结果显示，区内磷矿资源潜力达20亿t，查明程度仅为60%，具有良好的找矿前景。

D. 重点找矿靶区

以区内永温乡、冯三镇、新寨乡为重点找矿靶区，白泥坝村、瓮昭为一般找矿靶区。

E. 取得主要成果

通过整装勘查，区内新探获（333）+（334）类磷矿石资源量4.32亿t，其中，（333）类磷矿石资源量为9975万t。

5. 省级整装勘查区

为提高贵州省矿产资源保障能力，加快推进地质找矿新机制建设，努力实现地质找矿重大突破，省国土资源厅根据找矿突破战略行动总体部署，先后于2012年2月21日、

2013年2月6日、2014年9月5日公告发布了第一批（12个）、第二批（30个）和第三批（15个）整装勘查项目，合计57个，其中，煤炭17个、地热8个、铝土矿6个、铅锌矿6个、磷矿4个、金矿3个、锑矿3个、锰矿3个、铀矿2个、重晶石矿1个、铁（稀土）矿1个、石材1个、金刚石1个、软玉1个，具体见表10-1。

表10-1 贵州省整装勘查项目统计

批次	序号	项目名称		主攻矿种	面积（km²）
第一批	1	贵州省务（川）正（安）道（真）地区铝土矿整装勘查区		铝土矿	3251
	2	贵州省黔东南凯里-黄平地区铝土矿整装勘查区		铝土矿	562
	3	贵州省黔东地区南华系锰矿整装勘查区		锰矿	7326
	4	贵州省瓮安县白岩背斜磷矿整装勘查区		磷矿	133
	5	贵州省毕节地区可乐向斜煤炭整装勘查区		煤炭	1677
	6	贵州省威宁县龙街向斜煤炭整装勘查区		煤炭	817
	7	贵州省习水县桑木场背斜煤炭整装勘查区		煤炭	389
	8	贵州省瓮安-龙里地区铝土矿整装勘查区	瓮安复向斜勘查区	铝土矿	1316
			天文向斜勘查区		240
			五台山向斜勘查区		300
			平寨复向斜北段勘查区		246
			平寨复向斜南段勘查区		2170
	9	贵州省遵义地区锰矿整装勘查区		锰矿	622
	10	贵州省贞丰-普安地区金矿整装勘查区		金矿	6825
	11	贵州省遵义地区中部地热资源整装勘查区		地热	4115
	12	贵州省贵阳地区地热资源整装勘查区（包括四个勘查区）		地热	1785
第二批	13	贵州省纳雍县金盆-以支塘向斜煤炭整装勘查	姑开勘查区	煤炭	73
			官寨勘查区		31
			龙场勘查区		106
			永明勘查区		105
			治沟勘查区		80
	14	贵州省金沙县官田坝向斜煤炭整装勘查		煤炭	393
	15	贵州省黔西县定新煤炭整装勘查		煤炭	211
	16	贵州省织金县西部煤炭整装勘查		煤炭	264
	17	贵州省盘县保田煤炭整装勘查		煤炭	236
	18	贵州省仁怀长岗向斜煤炭整装勘查		煤炭	259
	19	贵州省威宁县阳关寨背斜煤炭整装勘查		煤炭	215
	20	贵州省清镇-织金地区铝土矿整装勘查		铝土矿	1994
	21	贵州省湄潭-凤岗地区铝土矿整装勘查		铝土矿	1293
	22	贵州省织金地区磷（稀土）矿整装勘查		磷矿	333

续表

批次	序号	项目名称		主攻矿种	面积（km²）
	23	贵州省开阳地区磷矿整装勘查	永温勘查区	磷矿	146
			白泥坝勘查区		20
			翁昭勘查区		33
			新寨勘查区		85
	24	贵州省天柱–锦屏地区金矿整装勘查		金矿	3137
	25	贵州省从江–黎平地区锰多金属矿整装勘查		锰矿	2633
	26	贵州省晴隆地区锑矿整装勘查		锑矿	1147
	27	贵州省独山箱状背斜锑矿整装勘查		锑矿	580
	28	贵州省八蒙地区锑矿整装勘查		锑矿	695
	29	贵州省天柱县贡溪向斜重晶石矿整装勘查		重晶石	203
	30	贵州省罗甸–望谟地区软玉矿整装勘查		软玉	1610
	31	贵州省镇远马坪～麻江隆昌金刚石原生矿整装勘查	镇远马坪重点评价区	金刚石	136
			麻江隆昌重点评价区		183
第二批			黄平东坡–镇远魏家屯一般调查区		534
			剑河岑松一般调查区		52
	32	贵州省黔西北威水背斜铅锌矿整装勘查		铅锌矿	700
	33	贵州省松桃–万山铅锌矿整装勘查		铅锌矿	1574
	34	贵州省凯里–都匀地区铅锌矿整装勘查		铅锌矿	846
	35	贵州省赫章县垭都–蟒洞铅锌矿整装勘查		铅锌矿	962
	36	贵州省普安罐子窑–水城布坑底铅锌矿整装勘查		铅锌矿	1215
	37	贵州省织金五指山地区铅锌矿整装勘查		铅锌矿	155
	38	贵州省威宁–水城地区铁多金属矿整装勘查		铁（稀土）矿	3112
	39	贵州省息烽–开阳地区铀矿整装勘查		铀矿	643
	40	贵州省湄潭县永兴–风岗县永和地区铀矿整装勘查		铀矿	1563
	41	贵州省铜仁地区地热资源整装勘查	沿河背斜勘查区	地热	98
			鹦鹉溪背斜勘查区		581
			思南断裂勘查区		689
			石阡背斜勘查区		826
	42	贵州省贵定–昌明地区地热资源整装勘查		地热	259
	43	贵州省普定县化处煤炭整装勘查		煤炭	80
	44	贵州省金沙县禹漠煤炭整装勘查		煤炭	259
第三批	45	贵州省织金县三塘向斜北西翼煤炭整装勘查		煤炭	196
	46	贵州省福泉市牛场向斜煤炭整装勘查		煤炭	205
	47	贵州省纳雍县比德向斜北西翼煤炭整装勘查		煤炭	117

续表

批次	序号	项目名称	主攻矿种	面积（km²）
第三批	48	贵州省仁怀市吴家寨煤炭整装勘查	煤炭	132
	49	贵州省黔西县绿化煤炭整装勘查	煤炭	50
	50	贵州省大方–金沙铝土矿整装勘查	铝土矿	2373
	51	贵州省息烽田兴磷矿整装勘查	磷矿	71
	52	贵州省黔西南赖子山背斜西翼金矿整装勘查	金矿	252
	53	贵州省平塘–罗甸石材资源整装勘查	石材	1545
	54	贵州省贵安新区地下热水资源整装勘查	地热	1446
	55	贵州省毕节市中东部地热水资源整装勘查	地热	11529
	56	贵州省黔东南地区地热资源整装勘查	地热	6718
	57	贵州安顺地热水资源整装勘查	地热	3961

二、固体矿产资源禀赋特征

贵州省是矿产资源大省。截至 2016 年底，全省已发现各类矿产 137 种，占全国 172 种的 79.65%；查明有资源储量的矿产 89 种，占全国 162 种的 53.70%；列入储量表有 54 种位居全国总量的前十位，其中 24 种排前三位，其中 10 种排第四至第五位。2016 年贵州省主要矿产保有资源储量见表 10-2。其中，煤炭保有资源储量为 713.32 亿 t，居全国第 5 位；锰矿保有资源储量为 4.98 亿 t，居全国第 1 位；铝土矿保有资源储量为 9.55 亿 t，居全国第 4 位；磷矿保有资源储量为 43.71 亿 t，居全国第 3 位；金矿保有资源储量（金属量）为 493.54 t，居全国第 8 位；锑矿保有资源储量（金属量）为 32.30 万 t，居全国第 4 位；重晶石矿保有资源储量为 11 292.65 万 t，居全国第 1 位；水泥用灰岩保有资源储量为 20.51 亿 t，居全国第 24 位。

表 10-2　2016 年贵州省主要矿产保有资源储量

序号	矿产名称	产地数（个）	资源储量单位	储量	基础储量	资源量	查明资源储量	全国排位
1	煤炭	832	矿石 亿 t	69.40	110.80	602.51	713.32	5
2	铁矿	196	矿石 亿 t	0.01	0.18	12.51	12.69	13
3	锰矿	58	矿石 万 t	3 184.00	5 009.71	44 836.19	49 845.90	1
4	钒矿	51	V_2O_5 万 t			518.39	518.39	5
5	铜矿	38	铜 万 t	0.15	0.24	15.93	16.17	25
6	铅矿	145	铅 万 t	7.29	13.45	106.15	119.60	18
7	锌矿	198	锌 万 t	65.92	116.02	462.85	578.87	10
8	铝土矿	128	矿石 亿 t	0.93	1.48	8.07	9.55	4

续表

序号	矿产名称	产地数（个）	资源储量单位	储量	基础储量	资源量	查明资源储量	全国排位
9	镍矿	32	镍 万t	6.70	9.46	52.42	61.88	6
10	钨矿	4	WO₃ 万t				0.80	18
11	锡矿	2	锡 万t				0.78	12
12	钼矿	41	钼 万t	11.58	15.93	73.59	89.52	9
13	汞矿	53	汞 万t	0.62	1.01	2.02	3.03	1
14	锑矿	38	锑 万t	1.30	3.04	29.26	32.30	4
15	金矿（岩金）	92	金 t	67.84	94.12	399.42	493.54	8
16	银矿	30	银 t	37.12	62.75	410.53	473.28	25
17	铌钽矿	1	氧化物 t				146.00	7
18	锂矿	4	Li₂O 万t			16.94	16.94	4
19	稀土矿	3	氧化物 万t			88.47	88.47	2
20	锗矿	4	锗 t			1 110.05	1 110.05	2
21	镓矿	62	镓 万t	0.42	0.59	5.08	5.67	3
22	铟矿	8	铟 t	3.00			8.01	15
23	镉矿	8	镉 t	255.52	373.95	6 403.23	6 777.18	11
24	铊矿	1	铊 t			1 734.6	1 734.60	1
25	硒矿	10	硒 t			773.6	773.60	6
26	普通萤石（萤石）	35	矿石 万t		7.70	320.90	328.60	10
27	熔剂用灰岩	15	矿石 亿t	1.09	1.37	0.95	2.32	20
28	冶金用白云岩	7	矿石 亿t	0.30	0.37	0.57	0.94	25
29	冶金用砂岩	13	矿石 万t	4 072.50	5 597.50	3 031.16	8 628.66	2
30	冶金用脉石英	6	矿石 万t			191.33	191.33	10
31	耐火黏土	19	矿石 万t	836.84	1 026.35	5 396.63	6 422.98	10
32	硫铁矿	132	矿石 亿t	0.41	0.60	8.64	9.24	2
33	重晶石	82	矿石 万t	142.08	514.10	10 778.55	11 292.65	1
34	电石用灰岩	9	矿石 万t	4 328.10	4 825.99	3 510.85	8 336.84	13
35	化工用白云岩	4	矿石 万t	418.50	760.00	1 657.00	2 417.00	4
36	含钾砂页岩	8	矿石 万t			5 084.02	5 084.02	8
37	泥炭	4	矿石 万t		133.02	69.53	202.55	16
38	碘矿	19	碘 万t	0.17	0.22	8.23	8.45	2
39	砷矿	6	雄（雌）黄矿物万t			11.70	11.70	1
40	磷矿	70	矿石 亿t	4.45	6.65	37.06	43.71	3
41	金刚石	1	金刚石 g			755.00	755.00	5

续表

序号	矿产名称	产地数（个）	资源储量单位	储量	基础储量	资源量	查明资源储量	全国排位
42	石棉	2	万 t			0.90	0.90	16
43	石膏	9	矿石 万 t	6.20	7.79	9 797.48	9 805.27	21
44	方解石	9	矿石 万 t			571.38	571.38	10
45	玉石	1	矿石 t			22 134.61	22 134.61	10
46	玻璃用灰岩		矿石 万 t	27.00	30.00	8.70	38.70	
47	水泥用灰岩	107	矿石 亿 t	8.92	11.48	9.03	20.51	24
48	高岭土	24	矿石 万 t	10.40	15.00	648.65	663.65	17
49	制灰用石灰岩	6	矿石 万 t	169.00	188.00	4 602.57	4 790.57	8
50	饰面用大理岩	94	矿石 亿 m³	0.10	0.11	22.92	23.03	1
51	饰面用辉绿岩	3	矿石 万 m³	264.00	293.00	162.96	455.96	2
52	饰面用花岗岩	2	矿石 万 m³	14.00	16.00	336.00	352.00	22
53	饰面用大理岩	6	矿石 万 m³	9.90	41.80	50.22	92.02	27
54	饰面用板岩	1	矿石 万 m³			1.76	1.76	9

注：数据来源于《2016 贵州省国土资源公报》

三、矿产资源开发利用

守住发展和生态两条底线是中央对贵州省的总体要求，也是贵州省培植后发优势，奋力后发赶超的必经之路。矿产资源开发利用和精深加工产业，过去、现在和将来都是贵州省经济社会发展的重要支柱，并涉及国家粮食安全、资源安全。

2016 年，全省采矿业总产值为 461.72 亿元，全省地区生产总值为 11 734.43 亿元，占生产总值的 3.93%（图 10-5）。

《国务院关于进一步促进贵州经济社会又好又快发展的若干意见》（国发〔2012〕2号）中将贵州省定位为"全国重要的能源基地、资源深加工基地"，《全国矿产资源规划(2016—2020 年)》提出建设 103 个国家能源资源基地，其中，贵州省占有 5 个。加快能源资源基地建设，提高矿产资源保障能力显得更加必要。

近年来，贵州省形成了一批重大矿产资源深加工基地，如开阳-息烽煤电磷一体化产业基地、黔南州瓮安-福泉煤电磷一体化产业基地、务正道片区氧化铝生产基地、铜仁煤电锰一体化基地等，建立了以能源、化工、有色、冶金为主的能矿资源加工产业体系，培育形成了盘江煤电、黔桂发电、贵州金元、金赤化工、开磷集团、瓮福集团、红星发展、水钢集团等一批国内外知名企业集团，这些资源深加工基地对带动地方经济发展、社会就业、工业化和城镇化进程起到了重要作用。

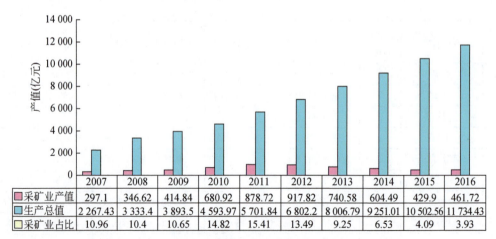

	2007	2008	2009	2010	2011	2012	2013	2014	2015	2016
采矿业产值	297.1	346.62	414.84	680.92	878.72	917.82	740.58	604.49	429.9	461.72
生产总值	2 267.43	3 333.4	3 893.5	4 593.97	5 701.84	6 802.2	8 006.79	9 251.01	10 502.56	11 734.43
采矿业占比	10.96	10.4	10.65	14.82	15.41	13.49	9.25	6.53	4.09	3.93

图 10-5　2007～2016 年全省采矿业产值占全省地区生产总值比重

资料来源：2007～2016 年《贵州省国土资源公报》

第二节　贵州省矿产资源需求预测分析

一、固体矿产资源保障能力分析

实现全面建成小康社会目标、建成富强民主文明和谐美丽的社会主义现代化强国目标，必须提供安全、可靠、持续的能源资源保障。我国是世界第一大能源资源消费国，这一格局将延续到 21 世纪中叶。党的十八大以来，党中央、国务院高度重视能源资源安全保障，出台了《找矿突破战略行动纲要（2011—2020 年)》，贵州地质找矿成效显著。"十二五"时期是中华人民共和国成立以来新增资源储量最多的时期，在开采消耗持续加大的情况下实现了保有矿产储量普遍增长。随着我国经济增长常态化，对能源资源需求仍将维持在高位运行。在我国基本资源国情没有变、资源在经济发展中的地位和作用没有变、资源环境约束趋紧的总态势没有变的大背景下，保持国内必要的资源保障能力是保证国家安全必需长期坚持的重大战略任务。能源资源约束仍将是制约经济社会发展的重要因素。要实现全面建成小康社会目标和建成社会主义现代化强国目标，为经济社会发展提供能源、矿产、水、粮食等资源保障的任务依然十分艰巨。

从 2016 年底全省储量水平看，虽然部分矿产具有一定的储量保障能力，但多数矿种供需形式较为严峻。以下以主要矿种为例，分析固体矿产资源的保障程度。

1. 煤炭

"十一五"期间以来，贵州省煤炭开采业发展总体较快。近年由于受市场及省煤矿兼并重组影响，其生产规模及生产量较 2010 年有所下降。根据 2010 年贵州省统计年鉴，

2010 年原煤产量为 11 778.54 万 t，消耗量为 3538.23 万 t；2013 年原煤产量为 14 115.13 万 t，消耗量为 4574.05 万 t。

截至 2016 年底，全省查明保有煤炭资源储量为 713.32 亿 t。其中，基础储量为 110.80 亿 t，储量为 69.40 亿 t，储量仅占资源储量的 9.73%。全省各类生产矿山有 1106 处，采矿能力为 12 018.16 万 t。若按目前的采矿能力，储量备用系数取 1.3 计算，则剩余服务年限为 44 年，静态保障年限为 92.2 年。

2. 磷矿

磷矿是十分重要的粮食矿产。随着对生物燃料需求的增加，粮食生产大幅提高了人们对磷的需求。根据省"十二五"磷及磷化工产业发展规划和省"四个一个化"规划，全省主要磷及磷化工产品生产能力目标是：到 2020 年，磷复肥产能控制在 1050 万 t 以内，规划布局净化湿法磷酸 107 万 t（其中，工业级磷酸 65 万 t、食品级磷酸 25 万 t、医药级磷酸 10 万 t、电子级磷酸 7 万 t）及配套下游磷酸盐产品、黄磷深加工产品 50 万 t。

截至 2016 年底，全省查明保有磷矿资源储量为 43.71 亿 t。其中，基础储量为 6.65 亿 t，储量为 4.45 亿 t，储量仅占资源储量的 10.18%。全省各类生产矿山有 30 处，采矿能力为 2299.97 万 t/a。若按目前的采矿能力，储量备用系数取 1.3 计算，则剩余服务年限为 14.9 年，静态保障年限为 28.9 年。

3. 铝土矿

贵州省是全国重要的铝工业基地之一。"十二五"期间随着贵州省能矿产资源深加工重大生产力布局规划出台，一批"煤电铝"一体化基地项目落地，铝土矿的需求量也逐年增加。2013 年全年贵州省氧化铝产量为 360.32 万 t，同比增长 33.4%；2014 年生产氧化铝 369.21 万 t。

截至 2016 年底，全省查明保有铝土矿资源储量为 9.55 亿 t，其中，基础储量为 1.48 亿 t，储量为 0.93 亿 t，储量仅占资源储量的 9.74%。全省各类生产矿山有 75 处，采矿能力为 361.54 万 t/a。若按目前的采矿能力，储量备用系数取 1.3 计算，则剩余服务年限为 19.8 年，静态保障年限为 40.9 年。

4. 锰矿

依托贵州省丰富的锰矿资源，"十三五"期间拟规划建设全国重要的煤电锰一体化资源深加工基地，加快推进贵州省电解锰产业做大做强，实现电解锰 88 万 t 产能，电解二氧化锰产能 9 万 t，新增电解锰产能 64 万 t，锰深加工产品 43 万 t 的目标。因此，锰矿的需求量也大幅增加。

截至 2016 年底，全省查明保有锰矿资源储量为 49 845.90 万 t。其中，基础储量为 5009.70 万 t，储量为 3184.00 万 t，储量仅占资源储量的 6.39%。全省各类生产矿山有 49 处，采矿能力为 116.25 万 t/a。若按目前的采矿能力，储量备用系数取 1.3 计算，则剩余服务年限为 21 年，静态保障年限为 43.1 年。

5. 金矿

黄金作为国家重要的战略储备，目前我国黄金储备与美国等发达国家相比还存在相当大的差距。另外，随着经济、工业的发展，工业用黄金及人民首饰的需求不断增加，对黄金的需求量也随之上涨。

截至 2016 年底，全省查明保有金矿资源储量为 493.54t（矿石量为 10 691.67 万 t），其中，基础储量为 94.12t，储量为 67.84t（矿石量为 1525.63 万 t），储量仅占资源储量的 13.75%。全省各类生产矿山有 40 处，采矿能力为 158.97 万 t/a。若按目前的采矿能力，储量备用系数取 1.3 计算，则剩余服务年限仅为 7.4 年，静态保障年限为 67.3 年。

6. 重晶石

重晶石具有广泛的工业用途，主要用作钻井泥浆加重剂、钡化工原料，其他用途如填料、水泥用矿化剂、道路建设等。贵州省的重晶石主要用于生产各种钡盐，贵州省钡盐产能的提升，使重晶石的需求量明显增加。

截至 2016 年底，全省查明保有重晶石资源储量为 11 292.65 万 t。其中，基础储量为 514.10 万 t，储量为 142.08 万 t，储量仅占资源储量的 1.26%。全省各类生产矿山有 110 处，采矿能力为 116.18 万 t/a。贵州省重晶石开采大多矿山无储量，多数以 333 资源量开采，因此，重晶石以资源储量分析供需形势。若按目前的采矿能力，资源储量备用系数取 1.3 计算，则剩余服务年限为 75 年，静态保障年限为 4.4 年。

7. 锑矿

全球原生锑需求变化呈缓慢增长趋势，而近年来我国的锑消费需求增长较快。锑的应用领域较为广阔，阻燃剂是锑的主要应用领域，但我国的锑消费结构与发达国家存在较大差别，蓄电池是目前国内锑用量较大的一个消费领域。随着我国新能源汽车销量的不断增加，汽车蓄电池对锑的需求持续增长。随着人们环保意识的加强，锑在我国阻燃剂应用中的比重也将会逐步增加。

截至 2016 年底，全省查明锑金属资源储量为 32.30 万 t（矿石量为 1010.51 万 t），其中，储量为 1.30 万 t（矿石量为 106.65 万 t），储量占资源储量的 4.02%；全省各类生产矿山有 11 处，采矿能力为 3.91 万 t/a。若按目前的采矿能力，储量备用系数取 1.3 计算，则剩余服务年限不足 1 年，仅为 0.3 年，静态保障年限为 0.77 年。经历了 50 余年的开发，矿山的资源储量耗用过大，贵州省骨干锑矿山的资源危机严重。贵州省各主要矿种的资源保障程度统计见表 10-3。

表 10-3　贵州省各主要矿种的资源保障程度统计

序号	矿种	单位（储量、基础储量）	储量	基础储量	实际采矿能力（万 t/年）	静态保障年限（年）	剩余服务年限（年）
1	煤炭	亿 t	69.40	110.80	12 018.16	92.2	44.4

续表

序号	矿种	单位（储量、基础储量）	储量	基础储量	实际采矿能力（万 t/年）	静态保障年限（年）	剩余服务年限（年）
2	锰矿	万 t	3 184.0	5 009.70	116.25	43.1	21.1
3	铅矿	万 t	7.29	13.46	16.00	0.8	0.3
4	锌矿	万 t	65.92	116.02	96.20	1.2	0.5
5	铝土矿	亿 t	0.93	1.48	361.54	40.9	19.8
6	锑矿	万 t	1.30	3.04	3.91	0.8	0.3
7	金矿石量	万 t	1 526.0	10 692.00	158.97	67.3	7.4
8	重晶石	万 t	142.1	514.10	116.18	4.4	0.9
9	磷矿	亿 t	4.45	6.65	2 299.97	28.9	14.9

注：静态保障年限＝基础储量/实际采矿能力；剩余服务年限＝储量/1.3/实际采矿能力

二、固体矿产资源需求预测分析

以全省国民经济和社会发展的基本特征及矿产资源的消费结构情况为基础，根据矿产资源保障能力，从经济社会发展和矿产资源年消耗变动趋势方面预测全省的矿产资源需求量，并结合《贵州省能矿资源深加工产业重大生产力布局规划（2013—2020 年）》等有关政策、产业规划，对全省 2020 年和 2025 年全省优势矿产的矿产资源需求值进行预测。

根据 2006～2016 年主要矿产的储量、产量、产能及消费等参数，结合年度贵州省国土资源公报、贵州省统计年鉴及有关规划等资料，以最近 1～2 年（2014～2016 年），主要是 2016 年统计数据为测算基数，预测未来 5～10 年需求及储量潜力。根据未来资源潜力及需求预测值估算与分析，初步判断未来 10～15 年，全省重要矿产的资源保障能力。

供需预测主要采用消费规模年变动趋势预测，结合 2006～2016 年的矿产品消费趋势、增长情况及增长率，根据年平均增量法预测 2020～2025 年的需求规模。

在供需预测的基础数据选择方面，充分考虑到相关数据来源的多样性，从数据的权威性出发，此次研究主要数据引自贵州省统计年鉴（2000～2015 年）和贵州省国土资源公报（2000～2015 年）。

1. 铝土矿

（1）需求预测

全省加工产品氧化铝、电解铝始终保持平稳增长的态势。"十一五"期间，全省氧化铝和电解铝生产能力分别为 220 万 t 和 100 万 t；《有色金属工业"十二五"发展规划》提出，到 2015 年，形成氧化铝 560 万 t/a，电解铝 260 万 t/a，铝加工产品 150 万 t/a。据 2000～2015 年来贵州省国民经济和社会发展统计公报数据，全省氧化铝产量继续增长的趋势明显（图 10-6），2005 年氧化铝产量为 97.43 万 t，到 2014 年全省氧化铝产量为 407.93 万 t，增加了 310.50 万 t，年平均增长 31.05 万 t；但由于产能过剩，2015 年全省氧化铝产量为 373.46 万 t，产量减少 34.47 万 t。根据年均增量法预测，至 2020 年，全省氧化铝产量为

594 万 t，铝土矿需求量为 1189 万 t；至 2025 年，全省铝工业发展壮大，在矿产资源勘查取得重大突破，现有查明资源量有效地转为储量的前提下，生产规模还将继续增大，但政策调控作用将会使生产能力增加有所缓慢，粗略预测氧化铝产量为 560 万 ~700 万 t，铝土矿需求量为 1120 万 ~1400 万 t。综合测算，2016 ~2020 年，铝土矿需求量约为 2660 万 t。

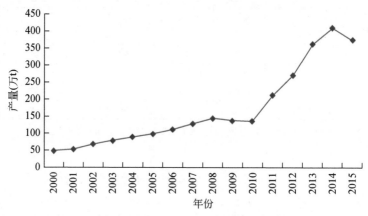

图 10-6　贵州省 2000 ~2015 年氧化铝产量变动趋势

（2）供给能力预测

A. 基期储量总体可供规模

以 2016 年底全省铝土矿储量 0.93 亿 t 为预测基数，则全省铝土矿从总可供资源潜力来看，可以满足未来 5 年总需求规模。但对解决有效需求的铝土矿供给量来说，在总量供给规模达到满足的情况下，每年的实际开采量是直接的有效供给水平。

B. 年开采量预测

2010 ~2015 年的铝土矿开采量变动趋势体现出升降并存的特征，总体上自 2009 年以后持续提升，年均增加 45.26 万 t，年均增长率为 30.6%；但 2013 年和 2014 年由于政策影响产量有所下降，产量分别为 231.04 万 t、193.49 万 t；为更加准确地预测全省年产规模，将 2013 年、2014 年铝土矿产量的平均值 212.26 万 t 作为预测基础，按照年均增长率 30.6% 预测，至 2020 年，全省铝土矿资源年产量约为 1053.24 万 t。2014 年全省铝土矿开采设计规模为 1096 万 t。由于贵州省铝土矿实施总量调控，2015 年潜在需求量控制在 1140 万 t，2020 年开采总量控制在 1700 万。预计 2025 年铝土矿潜在需求量控制在 1700 万 t。

（3）铝土矿供需形势

A. 随着贵州省矿产资源深加工重大生产力布局规划的出台，大批"煤电铝"一体化资源深加工基地项目布局，铝土矿潜在需求规模将大幅增加。

B. 供需平衡还取决于贵州省重大生产力布局项目的具体落实情况。全省生产规模虽稳步提高，但若规划布局项目全部落地，资源缺口将进一步扩大，同时政策的调控作用将会使生产能力有所下降，因此，资源供需矛盾亟待解决。

根据上述预测估算，得到贵州省铝土矿供需平衡预测值（表10-4）。

表10-4　贵州省铝土矿供需平衡预测值　　　（单位：万t）

年份	产量	需求量	资源缺口	潜在需求量	潜在资源缺口
2020	1053.24	1188	135	1700	646.76
2025	1053~1700	1120~1400	0~346	1700	0~647

综上，贵州省铝土矿现有储量可以保障未来5年2260万t总需求规模，但历年来的年实际开采量趋势表明：每年的铝土矿开采量不能满足经济、社会发展的需求。

2. 锰矿

（1）需求预测

锰是国家战略性关键矿产，在国民经济中具有十分重要的战略地位，贵州省锰矿石主要用于生产锰系铁合金和金属锰、二氧化锰等。据《贵州省"十二五"化工产业发展规划》和省"四个一个化"规划，全省锰产业发展目标为：到2020年，形成电解锰产能88万t，电解二氧化锰产能9万t，新增电解锰产能64万t，锰深加工产品43万t。至2015年，全省锰矿石需求量在265万t；至2020年，全省锰矿石需求量在962万t。至2025年，随着政策调控作用，全省需求量控制在全省总量调控范围内，即962~1163万t。未来5年锰矿石需求量约为4178万t。

（2）供给能力预测

以2016年底全省锰矿储量3184万t为预测基数，则全省锰矿石从可供资源潜力来看，不足以满足未来5年总需求规模，供需缺口为994万t矿石量，不能保证"十三五"后期的资源需求。

另外，贵州省锰矿资源储量丰富，2016年底全省锰矿石资源储量为3.18亿t；从储量增加角度来看，2010年全省锰矿石储量为1641.1万t，至2014年，全省锰矿石储量为3289.07万t，储量年均增加330万t。根据年均增长预测储量变动，至2020年，全省查明储量可达9800万t，可以满足未来五年4178万t总需求规模。

在满足总量供给规模的情况下，每年的实际开采量是直接的有效供给水平。但近年来由于市场因素影响，全省锰矿石产量呈下降趋势，2009年全省年产锰矿石198.76万t，至2016年全省年产锰矿石90.40万t。就目前的采矿规模来看，全省锰矿127.52万t/a的采矿能力不足以保障全省"十三五"期间的年需求量；但随着全省查明资源量有效地转为储量，全省年开采规模将大幅增长至宏观调控的1163万t/a，如果这个目标能够实现，"十三五"期间贵州省锰矿石资源完全能够保障相应需求。

但从国家锰矿资源安全角度分析，近年来我国锰矿石进口依存度均超过60%，属于十分紧缺的战略矿产资源之一。国家在黔东规划建设最大的锰矿资源深加工基地战略的推进实施，则急需将锰矿资源量有效地转为储量，并推进深地锰矿资源的勘查开发。

3. 金矿

（1）需求预测

中国黄金协会网站数据显示，2015年一季度，全国黄金消费量为326.68t，与2014年同期相比增加3.69t，增幅为1.14%。2014年，全国黄金消费量为886.09t，比2013年减少290.31t，同比下降24.68%。虽然2014年黄金消费大幅下滑，但消费需求增长趋势没有改变。与黄金价格相对平稳的2012年相比，2014年黄金消费量增长6.48%。随着我国居民黄金消费兴趣的不断增强和黄金投资理念的不断升级，黄金消费总体仍保持持续增长的态势。

2013年，全省黄金销量为6416.54kg；2014年，全省黄金销量为35 746.79kg。2015年矿石需求量为250万t，年产黄金40 000~55 000kg；"十三五"期间，全省黄金需求量为27.5~32.5t，矿石需求量约1500万t。

（2）供给能力预测

以2016年底黄金储量67.84t为基数，则全省金矿从总可供资源潜力来看，可以满足"十三五"期间27.5~32.5t（矿石量1500万t）的总需求规模。

另外，贵州省黄金资源储量丰富，2016年底全省金金属资源储量为344.49t；从资源储量增加角度来看，2010年全省为5.89t，至2016年，全省为67.84t，年均增加8.85t。根据年均增长法预测储量变动，至2020年，金金属资源储量可达103.24t，2025年可达147.49t。

4. 锑矿

（1）矿山开采量预测

经历长期开采，加之"十二五"期间锑矿为国家限制勘查、开发的矿种，2014年全省10个锑矿山中仅有1个矿山生产；1个正在筹建中，设计开采规模为6万t/a；剩余8个全处于停产状态；2016年全省有11个矿山企业，其中，小型矿山企业有9个、中型矿山企业有1个，小型矿山企业有1个，年产矿量为3.94万t。预计2015~2020年锑矿石产量为7.5万t/a。至2025年，经历长期开采，资源枯竭，锑矿石产量维持2020年水平。

（2）储量供给能力预测

以2014年底锑矿储量1.3万t为基数，则全省锑矿从总可供资源潜力来看，难以满足未来五年即"十三五"期间37.5万t左右的总需求规模。

另外，贵州省2015年底全省保有锑矿资源储量为32.30万t；从储量增加角度来看，2014年，全省锑矿储量为4.12万t。2015年和2016年，全省储量均不变，为1.3万t。根据储量预测，至2020年，全省储量变化不大，加之全省整装勘查区新增锑矿6万t，2020年储量可望达到8万t。

综上，从储量增长量来看，难以满足"十三五"期间37.5万t左右的总需求规模。

（3）供需形式

2014~2016年，贵州省10个锑矿山中仅有1个矿山生产，1个正在筹建中，设计生产规模为 6 万 t/a；剩余 8 个全处于停产状态（表 10-5）。

表 10-5　贵州省锑矿生产及筹建矿山

矿山名称	开采规模（万 t/a）	储量（万 t）	资源储量（万 t）	"十三五"开采量（万 t）	可供年限（年）	拟服务年限（年）
贵州省独山县水岩乡维寨锑矿	6	—	49.3	30	0	8
贵州东峰矿业集团独山半坡锑矿	1.5	57.68	86.92	4.5	38	58

由表 10-5 可看出，水岩乡维寨锑矿暂无查明储量，从其资源储量来看，也仅可供 8 年。独山半坡锑矿，从其开采规模和储量角度看，可供年限较长。

在全省实际采矿能力不出现大幅提升的情况下，锑矿储量基本可以保证"十三五"时期生产矿山开采总需求规模。若所有矿山全部生产，采矿能力大幅提升，则在目前全省锑矿储量规模的情况下，将呈现严重的锑矿资源危机，难以为继。

5. 磷矿

2006～2016 年全省磷肥产量持续增加，对磷矿石的需求量也随之增加。2007 年、2008 年磷肥产量有所下降。至 2008 年起，磷肥产量持续增加，从 2008 年的 130 万 t 增加至 2014 年的 299 万 t。

从近年来全省磷矿石销量来看，磷矿石产量和销量呈上升趋势。全省自 2005 年开始，磷矿石产量呈持续增长趋势。2005 年全省磷矿石产量为 878.79 万 t，至 2016 年产量为 4323.1 万 t，增长了 3.92 倍，年均增幅为 287 万 t（图 10-7）。

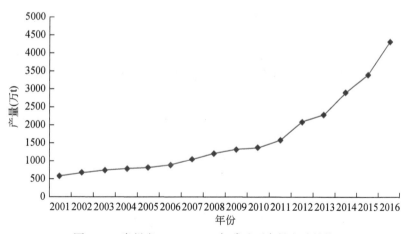

图 10-7　贵州省 2011～2016 年磷矿石产量变动趋势

2006～2009 年销量较为平稳，维持在 600 万～820 万 t，至 2009 年起，销量大幅增加，从 2009 年的 709.8 万 t 增加至 2013 年的 1930.93 万 t，平均年增幅为 244 万 t。

按年均增长法预测：2020年全省磷矿石产量为4909万t，销量为3078万t；远期2025年全省磷矿石产量为6169万t，销量为3500万t。

资源潜力预测：以2015年底全省磷矿储量4.45亿t为预测基数，则全省磷矿从总可供资源潜力来看，可以满足未来五年的产量和销量的规模。

从储量增长情况分析，贵州省磷矿资源储量丰富，2016年底全省磷矿资源储量为37.68亿t，从储量增加角度来看，2010年全省磷矿储量为2.56亿t，至2014年，全省磷矿储量为4.57亿t，储量年均增加4020万t。根据增长预测储量变动，至2020年，全省查明储量可达10.9亿t，可以保证贵州省经济、社会发展的长期需求。

6. 重晶石

（1）需求预测

据《贵州省"十二五"化工产业发展规划》，2015年贵州省可形成180万t/年钡盐及系列产品的生产能力。据项目发展规划消耗原矿石240万～360万t/a；2015年需重晶石240万t，至2020年需重晶石360万t，2025年维持2020年的需求水平；"十三五"期间需求矿石总量1600万t。

（2）供给能力预测

以2016年全省重晶石储量142.08万t为基数，则全省重晶石从总可供储量来看，不能满足"十三五"期间1800万t（规划）左右的总需求规模。

近年来的重晶石开采量变动不明显，总体维持在110万～130万t/a的水平。2016年全省有110处矿山，采矿能力为116.18万t/a，就目前采矿能力而言难以满足未来5年的需求量。

贵州省经济的快速增长，特别是贵州省工业强省战略布局的重大矿产资源深加工基地的落地，对矿产资源的需求逐年增加；与此同时，矿产资源可采储量增长缓慢，导致矿产资源供需矛盾日益突出。

第三节　贵州省矿产资源可持续利用战略

一、新时代找矿突破行动计划

我国是世界第一大能源资源消费国，这一格局将延续到21世纪中叶。党的十八大以来，党中央、国务院高度重视能源资源安全保障，出台了《找矿突破战略行动纲要（2011—2020年）》，地质找矿成效显著。"十二五"时期是中华人民共和国成立以来新增资源储量最多的时期，在开采消耗持续加大的情况下实现了保有矿产储量普遍增长。随着我国经济增长常态化，对能源资源需求仍将维持在高位运行。在我国资源形势总体紧张的基本国情没有变、资源在经济发展中的地位和作用没有变、资源环境约束趋紧的总态势没有变的大背景下，保持国内必要的资源保障能力是保证国家安全必须长期坚持的重大战略任务。下一个 30 年，我国能源资源累计需求比上一个 30 年还要多。能源资源约束仍将是制约经济社会发展的重要因素。要实现全面建成小康社会目标和建成社会主义现代化强国目标，为经济社会发展提供能源、矿产、水、粮食等资源保障的任务依然十分艰巨。

李克强总理对找矿突破战略行动五年取得的成果给予了高度肯定，并对下一步工作做了重要批示："找矿行动取得重大进展，应予肯定。要继续围绕服务经济社会发展大局，尊重科学规律，创新思路和机制，更有效调动社会资本力量，加大矿藏特别是国内矿藏深勘精查力度，进一步提高国家能源资源保障能力"。

我国基本资源国情、资源环境约束趋紧的总体态势和资源对经济社会发展的关键支撑作用等均没有发生变化，因此，地质工作的先行基础地位没有变。新时代地质找矿突破计划必须遵循科技创新驱动、基础调查先行、战略选区突破、勘查示范引领的实施原则推进。

1. 调整部署原则

（1）提高能源资源保障能力，维护国家资源安全原则

党的十九大报告中明确指出："必须坚持节约优先、保护优先、自然恢复为主的方针，形成节约资源和保护环境的空间格局、产业结构、生产方式、生活方式，还自然以宁静、和谐、美丽"。随着我国工业化、城市化和农业现代化的持续深入，矿产等资源的消费需求仍将保持强劲势头，预计我国资源需求高峰将集中在 2025～2030 年出现，今后 10～15 年资源供需矛盾加剧，资源瓶颈问题突出，资源形势将更为严峻。

贵州省是全国的矿产资源大省，不但要支撑建设百姓富生态美的多彩贵州新未来，又要全国一盘棋，保障国家能源资源安全，如煤及煤层气、页岩气、锰、铝、磷、金和其他部分战略新兴矿产，在全国处于优势地位，必须服务国家重大战略。重点围绕国家能源资源基地、整装勘查区、国家规划矿区、对国民经济具有重要价值的矿区、重要矿产资源重点勘查区部署新时代地质找矿突破工作。

（2）以大资源观部署地质找矿工作，支撑百姓富生态美的多彩贵州新未来原则

习近平总书记指出：山水林田湖是一个生命共同体。要求我们将山水林田湖等作为整体，实现单一矿产资源向自然资源一体化的调查转变，查明更多门类自然资源的种类、数量、质量、分布、生态特征及开发利用潜力等信息，促进自然资源的统一管理和高效利用、生态保护修复。贵州省奋力开创百姓富生态美的多彩贵州新未来，离不开矿产资源的支撑。必须以大资源观部署地质找矿工作，统筹部署涉及贵州省的上扬子东缘成矿带、上扬子西缘成矿带和南盘江–右江成矿区等全国重要成矿区带和国家整装勘查区地质找矿突破工作，为守住"发展"和"生态"两条底线提供大资源支撑。

（3）突出科技创新原则

地质工作的主要任务是研究地球形成、演化和解决资源、环境等一系列问题，探索性很强。只有依靠科技创新，才能获得不竭的发展动能。当前地质工作处在转型发展的重要时期，必须用创新的思维和方法，突破传统观念束缚，提升解决复杂问题的能力，为服务经济社会发展、推动地球科学进步提供重要支撑。

国土资源部"三深一土"战略明确：拓展万米空间资源探测前沿技术，发展深部找矿立体综合勘查体系，形成3000m以浅勘探、2000m以浅开采成套技术能力，储备一批5000m以深勘查技术，油气勘探技术能力扩展到6500～10 000m。按照绿色开发、节约集约、智能发展的思路，推动形成矿产资源精细高效勘查、智慧矿山技术装备、生态矿山与资源节约、矿山绿色开采与选冶、稀贵资源提取关键技术、煤炭提质与综合利用和典型二次资源循环利用等矿业技术体系。因此，贵州省地质工作必须向地球深部进军，加强深部地质找矿等重大科技问题攻关，研发深部找矿立体综合勘查体系，推进地球深部找矿示范；按照绿色勘查要求，形成矿产资源精细高效勘查，突破矿产资源选冶关键技术，促进二次资源循环利用；推进地质大数据与勘查、矿业和金融的结合，催生新的勘查需求和矿业需求，促进深部找矿突破。

2. 确定2035年地质找矿突破目标

根据新时代要求，2017～2035年，贵州省地质找矿突破目标是：加强科技创新引领，向地球深部进军，实现深部地质找矿重大突破；围绕国家能源资源基地、整装勘查区、国家规划矿区、对国民经济具有重要价值的矿区、重要矿产资源重点勘查区和贵州省经济社会发展的重大布局，部署地质找矿突破工作。实现能源矿产资源结构优化，优势矿产资源提级增储，潜在优势矿产找矿突破，战略新兴矿产勘查与开发研究取得重大进展；大型矿床可采储量和基础储量提升到50%以上；新发现一批大、中型矿产地，新增煤炭资源量200亿t、磷矿石20亿t、锰矿石3亿t、铝土矿3亿t、金400t、锑20万t、铅锌300万t等（表10-6）。

表10-6 贵州省2035年地质找矿突破目标

矿种	矿种及单位		2011～2016年新增资源/储量	2035年地质找矿突破目标	
				提级	增储
能源矿产	煤炭	亿t	173.30	90	200
	页岩气	万亿m³	13.54（地质资源总量）		
	地热水	万m³/a	13 791.84	7 000	20 000
优势矿产	磷矿（含富磷矿）	亿t*	11.44	8	20
	富磷矿	亿t		5	5
	锰矿	亿t*	3.04	1.6	3
	铝土矿	亿t*	2.81	1.5	3
	金	t	196.38	100	400
	锑	万t	16.67	9	20
	重晶石	万t	5 723.95	3 000	10 000
	优质石材	亿方m³	22.16	12	20
潜在优势矿产	铅锌	万t	432.24	220	300
	软玉	万t	2.21	1.2	5
战略新兴矿产	金刚石		力争实现重要进展		

续表

矿种	矿种及单位		2011～2016 年新增资源/储量	2035 年地质找矿突破目标	
				提级	增储
其他矿产	镍	万 t	31.64	16	30
	铁矿	万 t	44 371.75	23 000	30 000

﹡代表计矿石资源量或储量

3. 部署方向

（1）能源矿产

在 2016 年查明资源量的基础上，提高控制程度，增加"探明的+控制的"煤炭储量比例。煤层气、页岩气、地热水勘查与煤矿勘查并重，大幅提升可采储量和基础储量，为优化能源矿产资源储量结构，实现清洁资源开发提供资源储备。

一是实现煤炭找矿取得新成果。在全国建设 103 个能源资源基地中的云贵煤炭基地，267 个国家规划矿区中的六枝黑塘矿区、普兴、黔北、织纳、水城、发耳、盘江、盘县、纳雍–平坝 9 个矿区，提升矿产资源的可靠程度、经济性和可行性级别。

二是积极开展全省煤层气等非常规能源矿产资源调查评价。以六盘水、黔西南和织纳地区煤层气为突破口，通过产学研用协同创新，开展联合攻关，掌握勘查开发关键技术，进行勘查开发示范。

三是实施好中国地质调查局南方页岩气基础地质调查工程，开展南方海相页岩气、武陵山地区页岩气和滇黔桂地区页岩气基础地质调查项目，圈定页岩气的找矿靶区。服务贵州页岩气勘查开发的企业，推进页岩气勘查示范工程建设。

四是开展地热资源调查评价技术与勘查示范，加强大地热流、水热型地热资源与浅层地温能资源调查，研究不同类型地热资源成藏条件，开展地热开发关键技术研究，建立地热资源勘查开发技术体系，推进勘查开发示范。

五是实施煤铀兼探与碳硅泥岩型、磷块岩型等铀矿科技创新与调查评价，圈定找矿靶区，助推贵州铀矿找矿实现重要进展。

（2）优势矿产资源

在 2016 年地质找矿突破计划提交资源量的基础上，将磷、锰、铝、金、锑、优质石材、优质矿泉水等大型矿床的"可采储量+基础储量"比例提高到 50% 以上，同时增加一批新发现矿产地。

A. 磷矿

依托上扬子东缘成矿带，一是以开阳–瓮福地区国家磷矿资源基地、国家整装勘查区为重点，加强深部磷矿资源找矿预测研究，建立深部三维磷矿找矿预测模型，圈定磷矿找矿新靶区，开展深地磷矿资源勘查开发示范；二是围绕国土资源部牵头扶贫的乌蒙山国家扶贫攻坚区需要，以织金地区寒武系底部磷（稀土）矿为重点，兼顾镍钼矿找矿，开展磷块岩中伴生的稀土矿的综合评价与综合利用关键技术攻关。

B. 锰矿

依托上扬子东缘国家重要成矿区带，一是以黔东-湘西国家锰矿资源基地、贵州省铜仁松桃国家锰矿整装勘查区为重点，加强深部锰矿资源找矿预测研究，建立深部三维锰矿找矿预测模型，圈定锰矿找矿新靶区，开展深地锰矿资源勘查开发示范；二是以贵州省遵义国家锰矿整装勘查区为重点，加强深部锰矿资源找矿预测研究，开展遵义-水城二叠系锰矿成矿规律研究，建立深部三维锰矿找矿预测模型，圈定深部锰矿找矿新靶区，开展深地锰矿资源勘查开发示范，为该地区建成全国重要锰矿资源勘查开发基地做好服务和支撑。

C. 铝土矿

依托上扬子东缘国家重要成矿区带，一是以贵州省务（川）-正（安）-道（真）国家铝土矿整装勘查区为重点，兼顾遵义地区铝土矿找矿，加强深部铝土矿资源找矿预测研究，建立深部三维铝土矿找矿预测模型，力争实现铝土矿找矿新突破，同时开展铝土矿主要勘查区块资源级别升级，为务正道地区国家新的铝工业基地建设提供资源保障，加强铝土矿中伴生"三稀"找矿与综合利用评价；二是以黔中地区为重点，加强深部铝土矿资源找矿预测研究，建立深部三维铝土矿找矿预测模型，实现矿产地外围找矿新突破，为黔中地区国家铝加工产业基地提供资源保障；三是依托上扬子西缘国家重要成矿区带、国土资源部牵头扶贫的乌蒙山国家扶贫攻坚区，开展黔西北地区铝土矿找矿工作，实现新地区铝土矿找矿新突破。

D. 金矿

依托南盘江-右江成矿区，以贞丰-普安国家金矿资源基地、整装勘查区和册亨-望谟地区金矿远景区为重点，加强深部金矿资源找矿预测研究，建立深部三维金矿找矿预测模型，圈定金矿找矿新靶区，按国家整勘查区的工作部署，开展深地金（锑）矿资源勘查开发示范。为建成南盘江-右江地区国家千吨级黄金资源基地做好服务和支撑。

E. 锑矿

依托上扬子东缘成矿带，重点开展独山地区深部和黔东南地区锑矿找矿，力争发现 1~2 个大型锑矿产地，实现深部找矿重大突破，实现贵州省锑矿勘查开发可持续发展。

F. 优质矿泉水

紧紧围绕贵州省打造"贵水"品牌，实施优质矿泉水找矿工程。重点开展梵净山、佛顶山、雷公山、月亮山地区和其他自然生态环境优良地区的优质地下水、热矿水和山泉水找水工作，为将贵州省建成全国重要的优质水资源基地、打造"贵水"品牌提供资源保障。

G. 优质石材

紧紧围绕贵州省"十三五"规划，以安顺市、黔西南州、毕节市、铜仁市、黔南州、黔东南州为重点，开展贵州省优质石材资源调查评价工作，为将贵州省建成全国重要的优质石材资源基地提供资源保障。

（3）潜在优势矿产

铅锌、软玉等是贵州省的潜在优势矿产。"246"找矿突破计划，实现了贵州省大型铅锌矿床零的突破，再力争新发现 3~5 个大型矿床；贵州省罗甸软玉矿成矿背景好，找矿空间大，力争发现一批可开发利用的矿床。

A. 铅锌矿

依托上扬子西缘成矿带和国土资源部牵头扶贫的乌蒙山国家扶贫攻坚区，选择黔西北五指山地区、赫章猪拱塘、五里坪和威宁石门等铅锌矿床，开展深部铅锌矿找矿攻关，力争实现铅锌矿深部找矿突破。依托上扬子东缘成矿带，以新的成矿理论为指导，加强科技攻关，以松桃、碧江、万山、玉屏地区为重点，开展黔东北地区铅锌矿找矿，力争隐伏铅锌矿找矿实现突破，汞矿区深部（外围）卡林型金矿找矿实现重要进展；以三都-丹寨、雷山、独山、都匀-凯里-台江地区为重点，以新的成矿理论为指导，开展金锑铅锌多金属矿找矿预测，圈定铅锌矿找矿新靶区，力争实现隐伏矿、卡林型金矿找矿突破；以从江、黎平、天柱地区为重点，通过产学研协同创新，引进先进勘查技术方法，开展黔东南金铅锌钨锡锰多金属矿找矿，以期取得找矿突破。

B. 软玉矿

在罗甸-望谟地区，充分利用基础地质调查和贵州省重大科研专项成果，开展罗甸玉成矿机理研究，配合其他有效找矿方法，开展罗甸玉的浅部勘查评价和深部找矿，力争实现找矿突破。

C. 功能性非金属矿

紧紧围绕推进非金属矿产合理开发利用和扶贫攻坚需求，开展有利成矿区带的重晶石、萤石、方解石等功能性非金属矿调查评价与勘查工作，为开发利用规划提供地质依据。

（4）战略新兴矿产

力争在久攻不克的金刚石矿领域取得重要发现，"三稀"矿产勘查开发取得新进展。

A. 金刚石矿

依托上扬子东缘成矿带，争取省部级科技专项及中国地质调查局公益性项目，以新的成矿理论为指导，加强科技攻关，引进先进勘查技术方法，重点在镇远、施秉、麻江、雷公山及黎平、碧江地区开展金刚石找矿预测工作，以期取得重要进展。

B. "三稀"矿

重点依托国土资源部牵头扶贫的乌蒙山国家扶贫攻坚区，通过产学研协同创新，加强科技攻关，引进先进勘查技术方法，开展毕节-六盘水地区"三稀"矿产找矿与开发利用，以期取得重要突破。

4. 保障措施

（1）基础地质工作保障

以国家重点成矿区带——上扬子东缘和西缘成矿带、南盘江-右江成矿区及乌蒙山国家扶贫攻坚区，以及务（川）-正（安）-道（真）铝土矿、铜仁松桃锰矿、遵义锰矿、开阳地区富磷矿、普安-贞丰金矿5个国家整装勘查区为契机，实现1:5万基础地质工作全覆盖，力争在V级成矿单元（矿田级）进行1:2.5万填图试点，夯实地质找矿的基础，解决制约地质找矿突破的重大基础地质问题；部署开展1:5万地质矿产调查与找矿预测，查清成矿条件、预测资源潜力，圈定新的找矿靶区；开展乌蒙山、南盘江–右江、桐梓、正安等片区的区域地球物理调查工作，开展航电、航磁调查，为深部找矿提供基础物探信息。

（2）科技创新保障

深地资源勘查研究：围绕国家在贵州省部署的锰、金、铝、磷大型战略矿产资源基地建设，依托国家、省科技专项和省地勘基金等支持，建立贵州省优势矿种成矿系统深部地质结构，揭示重点矿集区三维结构与时空演变规律，构建基于三维结构的成矿构造体系与成矿–找矿模型。开展控矿信息与综合成矿信息提取集成、区域成矿预测与靶区优选工作。研究三维控矿因素定量分析技术与方法、大深度三维复杂地质模型建模方法。

非常规油气勘查评价科技攻关：争取国家和省基金支持，通过产学研协同创新，开展贵州省重点地区页岩气、煤层气等非常规油气资源基础地质理论与勘查技术方法研究。推进非常规能源地质钻探及开发技术攻关，研发和引进推广应用快捷、高效的勘查技术及装备。开展页岩油气、煤层气、煤系"三气"的地球物理识别、富集模式与资源评价方法研究，建设或参与建设非常规油气勘查开发科技示范基地。

深部资源地球物理勘查技术：围绕深部能源资源矿产勘查，开展地球物理勘查技术攻关。引进、推广应用大地电磁、广域电磁法、二维地震、高精度磁测、重力等地球物理勘查关键核心技术、装备和软件，探索深部不同勘查对象的有效地球物理勘查技术及组合方法。进行地质、地球化学信息约束的地球物理信息联合反演技术创新，促进地质、地球化学和地球物理研究的融合，建立贵州省深部优势矿产资源地球物理勘查模型。

深部资源地球化学勘查技术：围绕深部能源资源矿产勘查，开展地球化学勘查技术攻关。引进、推广应用地球化学勘查关键技术方法，强化元素迁移性质、元素组合特征研究。开展深穿透地球化学、构造地球化学、微量元素地球化学、同位素地球化学等技术方法研究，解决贵州省深部隐伏矿地球化学成矿作用信息提取的关键技术难题，建立上扬子地区深部优势矿产地球化学勘查技术应用示范，完善深部矿产勘查技术体系，促进贵州省深部隐伏矿找矿突破。

深部资源钻探技术：开展贵州省深部能源资源勘查钻探技术攻关（大于 1500 m）。引进和推广适宜贵州省复杂地质背景下的多工艺钻进技术及设备，建立和完善不同勘探目标的钻进技术体系。推广深井钻进过程中录井可视化、信息化的应用研究。加强钻进过程中废弃钻井液的处理和循环利用研究。

（3）人才保障

坚持人才是第一资源的思想，把加快培育集聚创新型人才队伍放在地质科技创新最优先的位置，以培养科技创新领军人才和创新团队为重点，完善人才制度，鼓励和支持优秀人才脱颖而出，成为科技创新的中坚力量；加强对野外调查和重大工程一线科技骨干的培养和条件保障，使他们热心野外调查、热心一线工程，潜心科学研究和工程技术研发，逐步成长为地质科学大师和工程技术大师。在全省培养一批地质科技创新人才，即领军人才、杰出人才和优秀人才的地质科技人才队伍。

（4）绿色勘查保障

绿色勘查是以绿色发展理念为引领，以科学管理和先进技术手段，兼顾环境效益、经济效益和社会效益，以环境影响最小化为目的的全过程地质勘查。拟开展重要复杂共伴生、难选冶、低品位、难利用矿产资源新型绿色高效提取利用技术研究。推进工艺矿物学研究，逐步建立物理选矿、化学选矿、生物选矿与冶金提取多方向相融合的新型研究体系，鼓励开采主要矿产的同时，对具有工业价值的共伴生、低品位矿产，进行综合开采、综合利用。鼓励与煤炭、铝土矿、铁矿、磷矿、铀矿等共伴生的资源综合利用。充分利用矿产资源，提高矿产资源价值，增强矿产资源开发企业竞争能力。

（5）地质大数据保障

利用中国地质调查局大数据平台（如地质云 1.0），收集相关数据，弥补贵州省地质数据的不足，进行处理、分析和应用，指导地质找矿突破；加快贵州省地质大数据建设，启动地质大数据工程，采用云计算、互联网+、大数据信息技术，消除数据鸿沟，整合共享数据资源，建立省内领先、国内先进的地质服务平台，实现地质信息的开放与共享；依托大数据分析，创造地质工作发展机遇，催生新的地质勘查技术，支撑地质找矿突破。

二、贵州省绿色矿山建设

矿产资源是发展之基、生产之要，矿产资源保护与合理开发利用事关国家现代化建设全局。为保障矿产资源安全供应，应推进资源利用方式根本转变，加快矿业转型升级和绿色发展，全面深化矿产资源管理改革，以促进矿业经济持续健康发展。

1. 绿色矿山建设是守住发展和生态两条底线的必然选择

（1）绿色矿山建设内涵

"绿色矿山"指矿产资源开发全过程，既要严格实施科学有序的开采，又要对矿区及周边环境的扰动控制在环境可控的范围内。"绿色矿山"建设是《全国矿产资源规划（2008~2015 年）》的具体要求。绿色矿山建设是我国矿山实现可持续发展的全新理念，是新形势下矿产资源管理工作和矿业发展道路的全新思维。绿色矿山是将科学发展观与可持续发展理念贯穿矿山建设、生产及生态恢复的全过程的适应矿业现代化要求的资源节约型、环境友好型矿山。

（2）国家绿色矿山建设评价条件

《国土资源部关于贯彻落实全国矿产资源规划发展绿色矿业建设绿色矿山工作的指导意见》（国土资发〔2010〕119 号）及随文附件《国家级绿色矿山基本条件》，是绿色矿山发展和国家级绿色矿山评选的指导性文件。国家级绿色矿山基本条件包括依法办矿、规范管理、综合利用、技术创新、节能减排、环境保护、土地复垦、社区和谐、企业文化 9个方面。

2017 年 3 月，国土资源部、财政部等部门发布的《关于加快建设绿色矿山的实施意见》（国土资规〔2017〕4 号），明确了煤炭行业、石油和天然气开采、有色金属行业、黄金行业、冶金行业、化工行业、非金属行业等绿色矿山建设要求，这是最新的绿色矿山建设指导性文件和要求。其主要从矿区环境优美、采用环境友好型开发利用方式、综合利用矿产及共伴生资源、建设现代数字化矿山、树立良好矿山企业形象五个方面明确了建设要求。

（3）贵州省实施绿色矿山建设的重要性

绿色矿山提出的社会文明、技术管理和生态保护三方面9个指标的建设，无疑不与解决贵州省矿业面临的困境密切相关。绿色矿山建设提出的社会文明和生态保护指标要求，通过科学、规范化绿色矿山开发利用，较好地解决了矿山与社会和谐发展的问题。

绿色矿山建设可以充分有效地推广利用各种先进技术，有效地提升矿业生产力，在解决资源利用与环境保护问题的同时，提高矿业经济效益，保证矿山可持续发展。贵州省实施绿色矿山建设，使得各种高新技术（包括大数据等）在矿业中得到普及推广，如利用云计算对地下矿产资源进行评价和对地表地质灾害进行早期预警，利用物联网技术对矿井下环境进行实时精密监测、对人员安全与位置进行监控、实现设备自动化控制；利用高新机器人代替工人实施高危险高难度施工，利用无人自动化交通设备提升井下物资运输的效率等。这些不仅提升矿业企业的生产力和管理效率，更带来企业管理、组织结构、业务流程的变革，提高企业竞争力。创新技术的应用及其所带来的业务模式创新为贵州省矿业绿色发展实现弯道超车、跨越发展的重大机遇。

绿色矿山理论和国家级绿色矿山试点单位的发展实践证明，建设绿色矿山是贵州省矿山企业生存与发展的必然选择，发展绿色矿业是贵州矿业的希望和目标。

2. 贵州省绿色矿山建设试点

按照国家绿色矿山的建设要求，贵州省先后开展了三批"国家级绿色矿山"试点单位（简称试点矿山）的申报和建设，第一批有两家，即贵州开磷控股（集团）有限责任公司开阳磷矿和贵州锦丰矿业有限公司烂泥沟金矿；第二批有四家，即贵州盘江精煤股份有限公司土城煤矿、贵州金兴黄金矿业有限责任公司紫木凼金矿、贵州紫金矿业股份有限公司水银洞金矿和贵州瓮福（集团）有限责任公司瓮福磷矿；第三批有四家，即贵州盘江精煤股份有限公司火烧铺煤矿、贵州比德煤业有限公司比德煤矿、松桃县杨家湾锰矿和贵州水城矿业（集团）有限责任公司那罗寨煤矿。

贵州省绿色矿山建设试点单位均是省内矿产资源丰富、矿山规模大、效益好、管理规范、社区和谐的矿山。例如，磷矿中参加第一批试点矿山建设的开磷集团开阳磷矿和第二批的贵州瓮福（集团）有限责任公司瓮福磷矿，两个矿山企业开采规模大，效益较好，是全国知名的磷矿企业，在我国磷矿领域的绿色矿山建设中均能起到样板作用；贵州省黔西南地区的水银洞金矿，资源量大、效益好，开发利用技术在全国领先。贵州省试点矿山代表了贵州矿业开发的最高水平，也是全国矿山绿色建设的典范之一，值得总结推广，具体体现在以下几个方面。

（1）生态环境保护力度较大

试点矿山认真落实矿山环境恢复治理保证金制度，按规定缴纳矿山环境恢复治理保证金。坚持矿产资源开发与生态环境保护并重，投资建设环保设施。严格执行环境保护"三同时"制度，做到了矿山环境保护建设与矿山建设同时设计、同时施工、同时投产。各类矿山均编制了矿山环境保护与治理恢复方案，矿山地质环境恢复治理水平明显高于矿产资源规划确定的贵州省的区域平均水平，近三年内未发生重大地质灾害，矿区绿化覆盖率达到可绿化区域面积的80%以上。

（2）技术管理措施得当

1）综合利用措施较合理。试点矿山都大力发展循环经济，完成了资源综合利用规划（设计）指标，"三率"指标达到或超过国家规定标准，综合利用水平达到国内同类矿山领先水平。开磷集团开阳磷矿是"首批国家级矿产资源综合利用示范基地"，利用磷矿中伴生的有价氟硅碘资源，完成了国内第一套利用磷肥生产含氟废气吸收液年产2万t和无水氟化氢联产1万t国产化示范装置和超低浓度碘回收装置的建设；加强磷石膏和工业黄磷炉渣的开发研究及综合利用，实现"化害为利，变废为宝"；利用高浓度磷肥和黄磷生产副产品"磷石膏和黄磷炉渣"开发建设了世界上第一条以二水磷石膏和黄磷炉渣为主要原料的"一步法"生产高强耐水磷石膏砖的生产线和原料制备技术等综合利用技术。

2）节能减排措施得当。试点矿山积极开展节能减排工作，节能降耗、"三废"排放等达到国家规定标准，采用无废或少废工艺，矿山选矿废水重复利用率达到90%以上，矿山固体废弃物综合利用率达到国内同类矿山先进水平。开阳磷矿已经建成磷肥基地绿色循环无废害开采样板，获得"节能减排先进单位"等荣誉称号。

3）技术投资合理，创新能力较强。试点矿山都很重视科技进步，积极开展科技创新，矿山企业每年用于科技创新的资金投入不低于矿山企业总产值的1%，生产技术居国内同类矿山先进水平，均符合《矿产资源节约与综合利用鼓励、限制和淘汰技术目录》（国资发〔2010〕76号）的有关要求。

（3）社会文明程度较高

1）矿山依法办矿，管理规范。在依法办矿方面，试点矿山严格遵守《中华人民共和国矿产资源法》等法律法规，合法经营，证照齐全；在规范管理方面，试点矿山均具有完善的资源开发利用、环境保护、土地复垦、生态重建、安全生产等规章制度和保障措施，矿山管理科学、规范。

2）矿山社区和谐程度高。试点矿山规模大、效益好，在所在区域有着很大的社会影响。试点矿山均能自觉履行社会责任，具有良好的企业形象，能够及时妥善地解决各类矛盾，社区关系较为和谐。

3）矿山企业文化有待进一步提高。试点矿山基本拥有符合企业特点的企业文化，企业职工文明建设和技术培训体系健全，但在对企业文化的提炼方面有所欠缺，企业核心价值观建设力度还不够，对生态文明建设与可持续发展观念的体现不足。

3. 贵州省绿色矿山建设面临的主要问题

从第二轮矿产资源规划实施以来，国家出台了建设绿色矿山的相关政策措施，这些政策措施给予绿色矿山建设实实在在的好处，吸引了贵州省10家矿山企业申报国家绿色矿山建设。但在贵州省大力建设生态文明示范区的背景下，与国内其他省份相比，贵州省绿色矿山建设还明显滞后，存在许多问题需要解决。

（1）贵州省绿色矿山建设评价标准有待建立

贵州省绿色矿山建设只是参与了前三期国家试点矿山建设的申报与建设，并没有在省内开展任何其他形式的绿色矿山建设。试点矿山建设完全参考国家标准，但贵州省达到国家标准的矿山很少，再加上由于鼓励政策措施较弱而且实施效果欠佳，积极参与国家绿色矿山建设的矿山更少。国家的考评体系还不完善，直接用于指导贵州省绿色矿山建设具有较大的模糊性，因此省内要推行绿色矿山建设就很有必要在国家标准的基础上，制定符合省情矿情的地方标准，有针对性地制定贵州省的详细的绿色矿山建设实施管理办法。

（2）绿色矿山建设任重道远

矿山在矿产资源的开发利用过程中，会造成森林的砍伐、植被的破坏，势必会打破原有的生态平衡，破坏原有的自然生态景观，造成矿山开发与环境的不和谐。主要表现在四个方面。

一是对生态环境产生影响。例如，矿山无论采用露天开采还是地下开采，都需要占用土地作为选矿场地、冶炼场地等，这些土地在矿山闭坑后很可能无法恢复原状；矿山三废污染如控制不好可能数百年都无法消除，废渣中重金属和废水会影响地下水安全，废气会对矿区及周边的空气造成影响，引起酸雨；以及能源矿产可能会排放温室气体等。

二是产生隐形的地质灾害。矿山开采是一项十分复杂、巨大的工程，它对矿山本身的影响可能在短期内表现不明显，然而人为的开发必将影响原有山体的结构、植被、水文环境，留下隐患。如果这些影响条件长期积累，在一定条件时就会引发地质灾害，造成重大损失。

三是多数矿山底子薄。贵州省的矿山，特别是老、小矿山，节能减排、节能降耗、"三废"排放等达不到国家规定标准，无废或少废工艺使用率不高，矿山选矿废水重复利用率达不到90%，矿山固体废弃物综合利用率不高。

四是科技创新能力较弱。贵州省矿业科技创新能力不强，导致矿山综合利用率低，如何通过有效的投入，推广应用绿色矿山开发利用先进技术，增强矿山科技创新能力，实现矿山转型升级，提高矿产资源综合利用效率，是贵州省绿色矿业建设面临的一个重大问题。

4. 绿色矿山建设目标任务

近期目标：逐步完善贵州省绿色矿山评价体系和绿色矿山分级分类管理机制；加大矿业技术人才的培养和引进力度，大力缩小省内外矿业开发技术差距，打破绿色矿山建设技术壁垒，积极推广绿色矿山建设先进技术，到2020年，大中型矿山基本达到绿色矿山标准、小型矿山企业按照绿色矿山条件严格规范管理，力争形成符合生态文明建设要求的矿业发展新模式。

中远期目标：到2035年，对各类绿色矿山考评体系完善，绿色矿山管理顺畅，全省绿色矿山建设格局基本形成；大型矿山达到国家级绿色矿山建设的要求，中小型矿山企业按照绿色矿山条件严格建设、规范管理，实现矿山技术水平全面提升，达到国内领先水平；资源利用水平显著提高，矿山地质环境得到有效的保护和治理，矿地和谐；全面形成符合生态文明建设要求的矿业发展新模式。

5. 绿色矿山建设主要措施

（1）制定地方标准，打造绿色矿山

1）结合贵州省实际，形成绿色矿山地方标准。根据《国土资源部　财政部　环境保护部　国家质量监督检验检疫总局　中国银行业监督管理委员会　中国证券监督管理委员会关于加快建设绿色矿山的实施意见》（国土资规〔2017〕4号）要求，对煤炭、石油和天然气（非常规气）、有色金属、黄金、冶金、化工、非金属等7个行业绿色矿山建设要求进行细化，形成符合地区实际的绿色矿山地方标准，明确矿山环境面貌、开发利用方式、资源节约集约利用、现代化矿山建设、矿地和谐和企业文化形象等绿色矿山建设考核指标要求，建立国家标准、行业标准、地方标准、团体标准相互配合，主要行业全覆盖、有特色的绿色矿山标准体系。

2）分类指导，逐步达标。新立采矿权出让过程中，应对照绿色矿山建设要求和相关标准，在出让合同中明确开发方式、资源利用、矿山地质环境保护与治理恢复、土地复垦等相关要求及违约责任，推动新建矿山按照绿色矿山标准要求进行规划、设计、建设和运营管理。对生产矿山，按颁证权限进行分类管理，应做出全面部署和要求，积极推动矿山升级改造，逐步达到绿色矿山建设要求。

3）示范引领，整体推进。选择绿色矿山建设进展成效显著的县（市、特区），建设一批绿色矿业发展示范区，同时对贵州煤、磷、铝、锰、金等优势矿产选择1~2个大（中）型矿山建立示范点。着力推进技术体系、标准体系、产业模式、管理方式和政策机制创新，解决布局优化、结构调整、资源保护、节约综合利用、地上地下统筹等重点问题，健全矿产资源规划、勘查、开发利用与保护的制度体系，完善绿色矿业发展激励政策体系，积极营造良好的投资发展环境，全域推进绿色矿山建设，打造形成布局合理、集约高效、环境优良、矿地和谐、区域经济良性发展的绿色矿业发展样板区。

4）编制和落实好绿色规划体系。规划编制实施是贯彻新发展理念、落实国家资源安全战略、强化矿产资源宏观管理的重要手段。应科学编制和严格实施矿产资源规划，统筹安排矿业活动，从源头控制和推进绿色矿业发展。一是优化矿业发展空间格局。严格落实分区管理制度，与国民经济社会发展、国土资源、主体功能、土地利用、城乡建设、环境保护等规划做好衔接协调。二是合理调控资源开发总量，制定资源开发上限和开发强度。三是在充分考虑生态功能保障基线和环境质量安全底线的前提下，合理确定矿产资源勘查开发的环境保护准入门槛，选择资源节约型、环境友好型开发利用方式，最大限度地减少对资源环境的扰动和破坏。

5）用科技引领绿色矿山建设，加强资源领域关键技术攻关。科学技术是第一生产力。应将绿色发展的基点放在科技创新上，着力构建绿色技术支撑体系。一要大力实施"三深一土"战略，积极拓展绿色矿业发展新空间。二要大力发展精细勘查、综合开采、节约集约、循环利用等新技术新工艺新装备。三要加快建设数字化、智能化、自动化矿山，大力发展互联网+矿业。

（2）加大政策支持，加快建设进程

1）实行矿产资源支持政策。对实行总量调控矿种的开采指标、矿业权投放，符合国家产业政策的，优先向绿色矿山和绿色矿业发展示范区投放。符合协议出让情形的矿业权，允许优先以协议方式有偿出让给绿色矿山企业。

2）保障绿色矿山建设用地。给予国土资源节约集约模范县（市）用地指标奖励。对因采矿塌陷造成的土地毁损，可纳入年度土地变更调查进行变更。符合条件地区，可纳入城乡建设用地增减挂钩试点。将在土地利用规划中优先保障新建、改扩建绿色矿山合理的新增建设用地需求，对采矿用地，依法采取协议方式出让、租赁或先租后让。

3）加大财政金融支持力度。地质矿产、矿山环境、土地复垦等专项资金优先支持矿产资源节约和综合利用工作。推动地方财政建立奖励基金，对优秀绿色矿山企业进行奖励。鼓励研发绿色矿山特色信贷产品，加大资源循环利用等方面的资金支持，推动符合条件的矿山企业在境内中小板、创业板和主板上市及在"新三板"和区域股权市场挂牌融资。

4）加大对先进技术推广减免税收力度。在《国家重点支持的高新技术领域》范围内，持续进行绿色矿山建设技术研究开发及成果转化的企业，符合条件经认定为高新技术企业的，可依法减按15%的税率征收企业所得税。

（3）创新评价机制，强化监督管理

1）企业建设，达标入库。完成绿色矿山建设任务或达到绿色矿山建设要求和相关标准的矿山企业应进行自评估，并向市县级国土资源主管部门提交评估报告。市县国土资源、环境保护等有关部门以政府购买服务的形式，委托第三方开展现场核查，符合绿色矿山建设要求的，逐级上报省级有关主管部门，纳入绿色矿山名录，通过绿色矿业发展服务平台，向社会公开，接受监督。纳入名录的绿色矿山企业自动享受相关优惠政策。

2）社会监督，失信惩戒。矿业权人信息公示制度是政策基础，如果做得好，矿业权人可以享受到很多政府支持优惠政策；做得不好则纳入异常名录或者黑名单，对企业今后的经营和发展会产生负面影响。目前，矿业权信息公示制度已经全面实施，相关的惩戒制度也在建立，矿山企业要认真地申请并填报信息，切实履行好法定义务。

（4）落实责任分工，统筹协调推进

1）分工协作，共同推进。国土资源主管部门要会同财政、环境保护、质监等有关部门负责绿色矿业发展工作的组织推进，成立贵州省绿色矿山建设工作领导小组，研究解决建设工作中的重大问题。专门制订工作方案，确定绿色勘查示范项目，制订绿色矿山建设地方标准，健全主要行业绿色矿山技术标准体系，明确配套政策措施，组织市县两级加快推进绿色勘查、绿色矿山建设；根据国土资源部等部门的工作布局要求，优选绿色矿业发展示范区，指导相应的市县编制建设工作方案，做好组织推进和监督管理工作。

市县国土资源、财政、环境保护等有关部门在同级人民政府的领导下，负责具体落实，严格依据工作方案，提出具体工作措施，督促矿山企业实施绿色勘查，建设绿色矿山，做好日常监督管理。

2）奖补激励，示范引领。各级国土资源、财政主管部门应建立激励制度，对取得显著成效的绿色矿山择优进行奖励，发挥示范引领作用。

3）加强技术支撑与服务监管平台建设。利用贵州省国土资源勘测规划研究院矿产资源专家库，组建绿色矿山建设指导专家库，负责计划实施过程中的技术咨询指导。并加快推进"一张图""贵州省矿产勘查开发管理系统"项目建设，全面构建覆盖全省的集数字化、网络化、智能化为一体的国土资源信息化平台，利用科技手段强化对绿色矿山建设的全程动态监管。

4）搭建平台，宣传推广。在国土资源厅门户网站建设绿色矿业发展服务平台，公布绿色矿业政策信息、绿色矿山名录、绿色矿山和绿色勘查技术装备目录及标准规范，宣传各地绿色矿业进展和典型经验等。

三、贵州省矿山城市可持续发展战略

矿山城市是以本地区矿产资源开采、加工为主导产业的城市（包括地级市、地级行政区和县级市、县级行行政区）。矿业型城市作为我国重要的能源资源战略保障基地，是国民经济持续健康发展的重要支撑。促进矿业型城市可持续发展，是加快转变经济发展方式、实现全面建成小康社会奋斗目标的必然要求，也是促进区域协调发展、统筹推进新型工业化和新型城镇化、维护社会和谐稳定、建设生态文明的重要任务。

1. 矿山城市概况

贵州省的矿山城市有 11 个，即六盘水市、毕节市、安顺市、黔南州、黔西南州、清镇市、开阳县、修文县、遵义市、松桃苗族自治县、万山区。

矿山城市的划分类型有按矿业与城市形成先后次序、按形成时代、按资源开发阶段等划分方法。按资源开发阶段将矿业城市分为三个阶段，即发展期、稳定期、衰竭期。发展期表示该城市的矿业处于发展阶段，资源刚刚开始开发，供应充足；稳定期表示该城市的矿业处于持续规模发展阶段，经济效益良好，资源供应稳定；衰竭期表示该城市的矿产资源开发已近后期，资源出现枯竭，矿山经济效益下降。按上述资源开发阶段划分，贵州省矿业城市处于发展期的有 4 个、稳定期有 6 个、衰竭期有 1 个（表 10-7）。

表 10-7 矿业城市综合分类

发展期	稳定期	衰竭期
六盘水市、毕节市、黔南州、黔西南州	安顺市、清镇市、开阳县、修文县、遵义市、松桃苗族自治县	万山区

2. 矿山城市现状

矿产资源是国民经济与社会发展的重要物质基础，涉及国家资源安全。长期以来，许多发展中国家或地区的发展战略采取的就是以突出资源禀赋的比较优势来生产劳动密集型产品，而参与区域贸易和区域分工。贵州是能矿资源王国，有突出的能源、矿产资源优势，已发现的矿产总数有 137 种，矿产地有 3328 处，其中的煤、锰、铝、磷、金、锑、重晶石等矿种，在我国占有十分重要的地位。基于这些优势矿种，已建立了若干大型矿业和以铝及铝加工、磷及磷化工、煤及煤化工、锰及锰加工为主的有色、冶金、化工等资源型产业基地，如"江南煤海"六盘水市、"亚洲磷都"福泉市、"世界汞都"万山区及毕节市、清镇市、开阳县等都是随着资源的开采而形成的资源型城市或地区，这些资源型城市或地区的经济发展也长期依赖于资源开发，为国家和贵州省经济建设做出巨大贡献。但由于矿产资源具有不可再生这个不能改变的自然规律，随着开采时间的延伸和开采力度的加大，有些资源型城市或地区虽还处于稳定期但主体矿产储量在几十年甚至十年内正趋临枯竭，部分矿业城市已进入枯竭期。资源枯竭、矿竭城衰，引发了经济增长乏力、失业贫困等社会问题、生态环境恶化等一系列问题，这将关系矿业型城市和地区乃至全省经济社会稳定与可持续发展。如何树立科学的资源观和发展观，使矿业型城市和地区真正进入可持续快速发展轨道，需建立资源型城市和地区可持续发展的长效机制，用一系列有效的政策来引导和促进矿业型城市和地区发展转型，实现矿业城市的可持续发展。

3. 矿山城市可持续发展对策

（1）指导思想

以邓小平理论、"三个代表"重要思想、科学发展观、习近平新时代中国特色社会主义思想为指导，深入贯彻落实党的十九大精神，按照"五位一体"总布局，以加快转变经济发展方式为主线，依靠体制机制创新，统筹推进新型工业化和新型城镇化，培育壮大接续替代产业，加强生态环境保护和治理，保障和改善民生，建立健全可持续发展长效机制；坚持统筹协调、分类指导，努力化解历史遗留问题，破除城市内部二元结构，加快资源枯竭城市转型发展，有序开发综合利用资源，提升城市综合服务功能，促进资源富集地区协调发展，走出一条有贵州特色的资源型城市可持续发展之路。

（2）基本原则

分类引导，特色发展。根据资源保障能力和经济社会可持续发展能力对矿业城市进行科学分类，将矿业城市划分为发展期、稳定期、衰竭期三种类型，明确不同类型城市的发展方向和重点任务，引导各类城市探索各具特色的发展模式。

有序开发，协调发展。牢固树立生态文明理念，加强资源开发规划和管理，严格准入条件，引导资源规模化、集约化开发，提高资源节约和综合利用水平，强化生态保护和环境整治，推进绿色发展、循环发展、低碳发展，实现资源开发与城市发展的良性互动。

优化结构，协同发展。坚持把经济结构转型升级作为加快矿业城市可持续发展的主攻方向，充分发挥市场机制作用，改造提升传统资源型产业、发展绿色矿业，培育壮大接续替代产业，加快发展现代服务业，鼓励发展战略性新兴产业，推进资源型城市由单一的资源型经济向多元经济转变。

民生为本，和谐发展。以解决人民群众最关心、最直接、最现实的问题为突破口，千方百计扩大就业，大力改善人居环境，加快健全基本公共服务体系，使矿业城市广大人民群众共享改革发展成果，促进社会和谐稳定。

（3）发展目标

到2020年，资源枯竭城市历史遗留问题基本解决，可持续发展能力显著增强，转型任务基本完成。资源富集地区资源开发与经济社会发展、生态环境保护相协调的格局基本形成。转变经济发展方式取得实质性进展，建立健全促进资源型城市可持续发展的长效机制。到2035年全面解决矿山城市历史遗留问题，形成资源开发与经济社会发展、生态环境保护相协调的格局。

（4）分类引导矿山城市科学发展

矿山城市的资源开发处于不同阶段，经济社会发展水平差异较大，面临的矛盾和问题不尽相同。遵循分类指导、特色发展的原则，根据资源保障能力和可持续发展能力差异，按发展期、稳定期、衰竭期三种矿业城市的划分类型，明确各类城市的发展方向和重点任务。

1）规范发展期城市有序发展。发展期城市资源开发处于上升阶段，资源保障潜力大，经济社会发展后劲足，是国家能源资源的供给和后备基地。应规范资源开发秩序，形成一批重要矿产资源战略接续基地。提高资源开发企业的准入门槛，合理确定资源开发强度，严格环境影响评价，将企业生态环境恢复治理成本内部化。提高资源深加工水平，加快完善上下游产业配套，积极谋划布局战略性新兴产业，加快推进新型工业化。着眼长远，科学规划，合理处理资源开发与城市发展之间的关系，使新型工业化与新型城镇化同步协调发展。

2）推动稳定型城市跨越发展。稳定型城市资源开发处于稳定阶段，资源保障能力强，经济社会发展水平较高，是现阶段能源资源安全保障的核心区。应高效开发利用资源，提高资源型产业技术水平，延伸产业链条，加快培育一批资源深加工龙头企业和产业集群。积极推进产业结构调整升级，尽快形成若干支柱型接续替代产业。高度重视生态环境问题，将企业生态环境恢复治理成本内部化，切实做好矿山地质环境治理和矿区土地复垦。大力保障和改善民生，加快发展社会事业，提升基本公共服务水平，完善城市功能，提高城镇化质量。

3）支持衰竭期城市转型发展。衰竭期城市资源趋于枯竭，经济发展滞后，民生问题突出，生态环境压力大，是加快转变经济发展方式的重点难点地区。应着力破除城市内部二元结构，化解历史遗留问题，千方百计促进失业矿工再就业，加快废弃矿坑、沉陷区等地质灾害隐患综合治理。加大政策支持力度，大力扶持接续替代产业发展，逐步增强可持续发展能力。

（5）有序开发综合利用资源

坚持有序开发、高效利用、科学调控、优化布局，努力增强资源保障能力，促进资源开发利用与城市经济社会协调发展。

1）加大矿产资源勘查力度。提高发展期和稳定期城市资源保障能力。重点围绕三个成矿区带和五个国家级能源资源基地开展矿产资源潜力评价、整装勘查、找矿战略选区，全面掌握矿产资源储量和开发潜力。在成矿条件有利、资源潜力较大、勘查程度总体较低的矿山型城市，圈定找矿靶区，开展后续矿产资源勘查，争取发现新的矿产地，新建一批磷、锰、铝、金、铅锌等重要矿产勘查开发基地，形成一批重要矿产资源战略接续区。

推进衰竭型城市接替资源找矿。加大资金投入，中央和省级财政专项资金、地质勘查基金向衰竭型城市倾斜。加大矿山深部和外围找矿力度，重点围绕老矿区开展深部资源潜力评价，推进重要固体矿产工业矿体的深度勘查。优先在成矿条件有利、找矿前景好、市场需求大的资源危机矿山实施接替资源找矿项目，力争发现一批具有较大规模的隐伏矿床，延长矿山服务年限。

2）统筹重要资源开发与保护。有序提高重要资源生产能力。重点加强煤、磷、锰、铝、金等优势矿产资源开采力度。根据资源供需形势和开发利用条件，加快推进发展型和稳定型城市资源开发基地建设，鼓励与资源储量规模相适应的规模化经营，提升机械化开采水平。深入挖掘衰竭型城市资源潜力，加大稳产改造力度，延缓大中型危机矿山产量递减速度，促进新老矿山有序接替。

加强重要优势资源储备与保护。选择部分资源富集地区，加快建设稀缺煤种、磷、铝、锰等重点矿种矿产地储备体系。

3）优化资源开发布局。形成集约高效的资源开发格局。重点开采区主要在资源相对集中、开发利用条件好、环境容量较大的发展型和稳定型城市布局，创新资源开发模式，积极引导和支持各类生产要素集聚，着力促进大中型矿产地整装开发，实现资源的规模开发和集约利用。支持资源枯竭城市矿山企业开发利用区外、境外资源，为本地资源深加工产业寻找原料后备基地，鼓励中小型矿企实施兼并重组。落实主体功能区规划要求，严格限制重点生态功能区和生态脆弱地区矿产资源开发，逐步减少矿山数量，禁止新建可能对生态环境产生不可恢复破坏性影响的矿产资源开采项目。

4）促进资源节约与综合利用。提高矿产资源采选回收水平。严格实施矿产资源采选回收率准入管理，从严制定开采回采率、采矿贫化率和选矿回收率等新建矿山准入标准，并对生产矿山进行定期监督检查。引导资源开采企业使用先进适用工艺技术，切实提高矿产资源采选回收水平。充分利用低品位、共伴生矿产资源，重点加强煤矿、磷矿、铝土矿、金矿等矿产中的共伴生矿产采选回收。

强化废弃物综合利用。研究推广先进适用的尾矿、煤矸石、粉煤灰、磷石膏和冶炼废渣等综合利用工艺技术。在资源开发的同时，以煤矸石、尾矿等产生量多、利用潜力大的矿山废弃物为重点，配套建设综合利用项目，努力做到边产生、边利用。要因地制宜地发展综合利用产业，积极消纳遗存废弃物。

5）发展绿色矿业。转变矿业发展方式。将绿色矿业理念贯穿于资源开发利用全过程，坚持开采方式科学化、资源利用高效化、企业管理规范化、生产工艺环保化、矿山环境生态化的基本要求，促进资源合理利用、节能减排、生态环境保护和矿地和谐，实现资源开发的经济效益、生态效益和社会效益协调统一。

建设绿色矿山。改革创新资源管理制度，逐步完善分地域、分行业的绿色矿山建设标准，不断提高矿山建设的标准和水平，严格资源开发准入和监管，使新建矿山按照绿色矿山的标准进行规划、设计和建设。对生产矿山进一步加强监督，督促矿山企业按照绿色矿山建设标准改进开发利用方式，切实落实企业责任。

（6）构建多元化产业体系

依托矿业型城市产业基础，发挥比较优势，大力发展接续替代产业，增强科技创新能力，积极推进新型工业化，提升产业竞争力，实现产业多元发展和优化升级。

1）优化发展资源深加工产业。支持资源优势向经济优势转化，有序推进资源产业向下游延伸，大力发展循环经济。推动煤电化、煤电磷、煤电铝（钛）、煤电钢（锰）"四个一体化"发展，有序发展现代煤化工，提高钢铁、有色金属、非金属深加工水平，发展绿色节能、高附加值的新型建材。统筹考虑资源、环境、市场等条件，支持发展型和稳定型城市打造若干产业链完整、特色鲜明、主业突出的资源深加工产业基地。淘汰落后产能，加快技术改造，提升产品档次和质量。

2）培育壮大优势替代产业。适应市场需求变化和科技进步趋势，充分发挥比较优势，积极发展传统优势产业和战略性新兴产业，努力培育新的支柱产业。

3）积极发展吸纳就业能力强的产业。坚持产业结构转型升级与扩大就业良性互动。大力发展带动就业能力强、市场前景好的劳动密集型产业，扶持一批形式多样的小型微型企业，重点解决困难群体就业问题。支持农牧资源丰富城市发展农牧产品深加工，鼓励森林工业城市依托特色林下资源发展食用菌、山野菜等绿色食品加工业。引导劳动力和原材料成本优势明显的城市发展纺织、服装、玩具、家电等消费品工业。加大技术改造投入，提高劳动密集型产品附加值。落实金融、税收等优惠政策，完善服务体系，营造促进小型微型企业健康发展的政策环境。

4）大力发展特色服务业。结合矿业型城市产业基础和发展导向，积极发展类型丰富、特色鲜明的现代服务业。依托资源产品优势，建设一批煤炭、磷矿、铝土矿等资源产品和钢铁、建材、化工等重要工业产品区域性物流中心。在有效地保护资源的基础上，大力发展旅游业，大力打造矿山工业、红色、矿山公园、自然风光等特色旅游。

（7）切实保障和改善民生

努力破除城市内部二元结构，积极扩大就业，提升社会保障水平，完善基本公共服务，改善生产生活环境，促进社会和谐稳定，稳步提升城镇化质量和水平，使资源开发和经济发展成果惠及广大人民群众。

1）促进就业和再就业。把扩大就业放在矿业型城市经济社会发展的优先位置。发挥政府投资和重大项目建设对就业的带动作用。扶持劳动密集型产业、服务业和小型微型企业发展，大力发展家庭服务业。完善和落实小额担保贷款、财政贴息、场地安排等鼓励自主创业政策，健全创业服务体系，促进各类群体创业带动就业。加快建立专业化、信息化、产业化的人力资源服务体系，加强职业中介和就业信息服务。多渠道开发公益性工作岗位，优先支持失业矿工、林区失业工人、工伤残疾人员、棚户区改造回迁居民及失地农民等困难群体再就业。

2）加快棚户区改造。大力推进城市和国有工矿（煤矿）棚户区及林区棚户区改造，加大政府投入，落实税收、土地供给和金融等方面的配套支持政策，完成资源型城市成片棚户区改造任务。做好供排水、供暖、供气、供电、道路、垃圾收运处理等基础设施及学校、医院等服务设施的建设，切实加强新建小区社会化管理和服务工作，支持建设一批吸纳搬迁居民就业的企业和项目，巩固改造成果，确保搬迁居民能够安居乐业。研究开展采煤沉陷区民房搬迁维修改造工程后评估工作，对维修后受损状况继续恶化的沉陷区民房实施搬迁。

3）加强社会保障和医疗卫生服务。进一步完善基本养老、基本医疗、失业、工伤、生育等社会保险制度，积极推进各类困难群体参加社会保险，扩大社会保险覆盖面，努力实现应保尽保，逐步提高保障水平。逐步解决关闭破产集体企业退休人员参加医疗保险、"老工伤"人员纳入工伤保险等历史遗留问题。完善城乡最低生活保障和社会救助制度。研究解决失地农民的社会保障问题。加快矿区社会保障服务设施建设，构建社会保障管理服务网络。完善基层医疗卫生服务体系，提高矿区医疗机构医疗服务水平和应急救治能力。

4）营造安全和谐的生产生活环境。树立安全发展理念，加强安全生产管理，以煤矿、非煤矿山、危险化学品、冶金等行业和领域为重点，推进企业安全生产标准化建设，严格安全生产准入制度，强化监督检查和隐患排查治理，严厉打击非法违法生产、经营和建设行为。防范治理粉尘、高毒物质等重大职业危害和环境危害。增强应急管理能力，加大重点城市矿山地质灾害隐患排查力度，建立滑坡、泥石流、沉陷、崩塌等地质灾害调查评估、监测预警、防治和应急体系。切实维护群众权益，针对资源开发、征地拆迁、企业重组和破产、环境污染等突出矛盾和问题，加强和改进信访工作，努力化解社会矛盾，建立健全群众诉求表达和利益协调机制。

（8）加强环境治理和生态保护

把生态文明建设放在突出地位，融入可持续发展工作全过程，坚持开发和保护相互促进，着力推进绿色发展、循环发展、低碳发展，切实解决生态环境问题，为矿业城市可持续发展提供支撑。

1）加强矿山地质环境恢复治理。按照"谁破坏，谁治理"的原则，将企业的生态环境恢复治理成本内部化。深入开展采矿沉陷区、露天矿坑等重大矿山地质环境问题治理，对属于历史遗留或责任人已经灭失的地质结构复杂、危害严重、治理难度大的深部采空区等突出地质环境问题治理给予重点支持。大力推进废弃土地复垦和生态恢复，支持开展历史遗留工矿废弃地复垦利用试点，积极引导社会力量参与矿山环境治理。新建矿区要科学规划、合理布局，加强对矿产资源开发规划和建设项目的环境影响评价工作，切实预防环境污染和生态破坏。加强对资源开采活动的环境监理，严格执行"三同时"制度，强化同步恢复治理。

2）强化重点污染物防治。严格执行重点行业环境准入和排放标准，把主要污染物排放总量控制指标作为新建和改扩建项目审批的前置条件。强化火电、冶金、化工、建材等高耗能、高污染企业脱硫脱硝除尘，加强挥发性有机污染物、有毒废气控制和废水深度治理。积极开展重金属污染综合治理，以采矿、冶炼、化学原料及其制品等行业为重点，严格控制汞、铬、镉、铅和砷等重金属排放总量。加大资金技术投入，选择部分问题突出城市开展矸石山、尾矿库综合治理和重金属污染防治试点工程。

3）大力推进节能减排。抑制高耗能产业过快增长，严格固定资产投资项目节能评估审查，把好能耗增量关口。继续加大冶金、建材、化工、电力、煤炭等行业落后产能和工艺技术设备淘汰力度，完善落后产能退出机制。推动重大节能技术产品规模化生产和应用，继续组织实施热电联产、余热余压利用、锅炉（窑炉）改造、建筑节能等节能重点工程。提高工业用水效率，促进重点用水行业节水技术改造，加强矿井水循环利用，到2020年矿业用水复用率达到90%以上。推动城市能源计量示范建设，推广应用低碳技术，鼓励使用低碳产品，有效地控制温室气体排放。鼓励废弃物减量化、资源化和无害化利用，推动产业循环式组合，鼓励构建跨行业、跨企业资源循环利用产业体系，促进原材料、能量梯级利用和高效产出。

（9）加强支撑保障能力建设

加强基础设施和软环境建设，完善城市功能，增强发展动力和活力，营造良好的发展氛围，为矿业城市可持续发展提供强有力的保障。

1）加快城镇基础设施建设。科学规划城市的区域功能定位和产业布局，增强城市辐射带动能力，健全生产、生活、居住和休闲功能区。加强城市公共服务设施建设，完善城市的文化、科教、金融、商贸、休闲娱乐等功能。加大城市给排水、供热、供气和垃圾收运处理等市政公用设施的建设改造力度，加快建设一批污水处理、大气污染防治等环保项目。结合城区工矿废弃地整理，建设总量适宜、景观优美的城市绿地和景观系统。完善交通运输网络，有序推进煤炭、矿石、石油等运输专线和多种方式统筹布局的货运枢纽站场建设，支持符合条件的城市建设支线机场。加大支持力度，解决资源枯竭城市基础设施落后、基本公共服务缺失问题。加强城区与工矿区的联系，推动城区市政公用设施向矿区、林区对接和延伸。

2）加强人才队伍建设。统筹推进党政、企业经营管理、专业技术、高技能、社会工作等各类人才队伍建设，提升整体素质和创新能力，满足资源型城市对人才的多元化需求。大力开展职业教育和在岗培训，加强职业教育和实训基地建设，提高生产一线人员的科学素质和劳动技能。大力推进专业技术人才和管理人才的培训与交流。依托重点企业、重大科研项目、重大工程、高等院校、科研院所等，引进和培养一批创新型人才，加大创新投入，逐步实现以科技进步和管理创新驱动可持续发展。

4. 保障措施

（1）加强组织领导

省政府应做好统筹协调，加强对资源型城市可持续发展工作的组织领导，出台配套政策措施，明确工作责任，才能把各项建议落实到实处。各矿业城市应制定具体实施方案，明确工作时序和重点，落实责任主体，建立和完善工作机制。

（2）完善考核指标

建立矿业型城市可持续发展统计体系，制定和完善有利于矿业型城市可持续发展的绩效评价考核体系和具体考核办法，把资源有序开发、接续替代产业发展、安全生产、失业问题解决、棚户区搬迁改造、矿山环境恢复治理、生态环境保护等工作情况，作为综合考核评价的重要内容。

（3）严格监督检查

加强对可持续发展情况的动态监测，建立健全定期评估制度。根据评估结果，及时对综合分类结果、重点任务等进行动态调整，不断优化政策措施和实施方案。完善社会监督机制，鼓励企业和公众积极参与规划的实施和监督。

（4）加大宣传力度

采取多种形式、全方位地宣传资源型城市可持续发展的重要性，形成人人关心可持续发展、全社会支持转型工作的良好氛围。

第十一章　贵州省能源矿产与可持续发展

第一节　贵州省能源需求和供给结构优化

在分析贵州省能源生产与消费及其构成的特征、态势基础上，本书研究预测 2016 ~ 2030 年全省能源消费需求总量和需求结构。结合国家"能源革命"和能源供给侧结构性改革等背景，提出贵州省能源结构调整优化的策略，为指导全省能源矿产的开发利用提供科学基础。

一、能源生产与消费及其构成

1. 能源生产及其构成

（1）一次能源生产

贵州省一次能源生产以煤炭为主。2001 ~ 2015 年，原煤比重基本保持在 80.00% 左右。2015 年，原煤、水能产量分别为 12 361.54 万 tce、2659.24 万 tce，分别占一次能源生产总量的 82.07%、17.66%（合计占 99.73%）（图 11-1）。

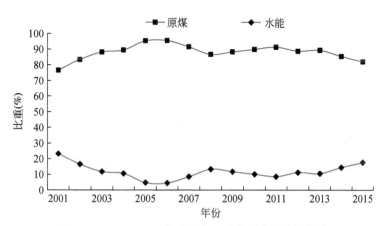

图 11-1　2001 ~ 2015 年贵州省一次能源生产总量构成

2001 ~ 2015 年，贵州省一次能源累计生产总量为 150 315.05 万 tce（约 15.03 亿 tce）。一次能源生产增长速度较快，由 2001 年的 3482.92 万 tce 增加到 2015 年的 15 061.47 万 tce，

15 年间增长 11 578.55 万 tce（相当于 2001 年的 3.32 倍）。

2001 ~ 2015 年，贵州省原煤累计生产总量为 132 723.63 万 tce（约 13.27 亿 tce），原煤生产由 2001 年的 2665.33 万 tce 增加到 2015 年的 12 361.54 万 tce，15 年间增长 9696.21 万 tce（相当于 2001 年的 3.64 倍）；水电累计生产总量为 17 509.76 万 tce（约 1.75 亿 tce），水电生产由 2001 年的 809.33 万 tce 增加到 2015 年的 2659.24 万 tce，15 年间增长 1849.91 万 tce（相当于 2001 年的 2.29 倍）（图 11-2）。

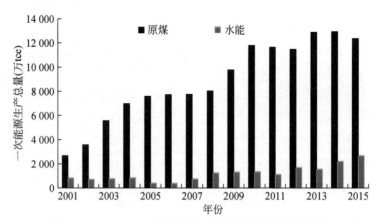

图 11-2　2001 ~ 2015 年贵州省一次能源生产总量与结构

贵州省作为能源的主要外调省份（西电东送、黔煤外运），一次能源（原煤、水电）调出省外量和其占一次能源生产总量的比重较大。2001 ~ 2015 年一次能源累计净调出省外 45 517.66 万 tce，占一次能源生产累计总量的 30.28%（表 11-1）。

表 11-1　2001 ~ 2015 年贵州省一次能源省外调入量、调出省外量和净调出量

（单位：万 tce）

年份	省外调入量	调出省外量	净调出量	年份	省外调入量	调出省外量	净调出量
2001	292.00	1 027.60	735.60	2009	789.95	4 323.14	3533.19
2002	298.70	1 372.30	1 073.60	2010	769.65	5 827.75	5 058.10
2003	334.40	1 906.10	1 571.70	2011	1 016.65	3 864.71	2 848.06
2004	349.60	2 794.60	2 445.00	2012	1 047.60	5 617.01	4 569.41
2005	401.37	2 654.36	2 252.99	2013	1 339.15	6 344.93	5 005.78
2006	487.75	2 434.65	1 946.90	2014	1 302.67	6 120.25	4 817.58
2007	599.49	2 837.71	2 238.22	2015	1 619.06	6 443.42	4 824.36
2008	695.73	3 292.89	2 597.16	合计	11 343.77	56 861.42	45 517.66

（2）电力生产

2001 ~ 2015 年，贵州省电力（火电、水电）累计生产总量为 16 772.65 亿 kW·h。火电、水电累计生产量分别为 11 844.98 亿 kW·h、4927.67 亿 kW·h，分别占电力累计生产总量的 70.62%、29.38%；其中，火电由 2001 年的 268.60 亿 kW·h 增加到 2015 年的

1071. 15 亿 kW·h，15 年间增长 802. 55 亿 kW·h（相当于 2001 年的 2. 99 倍）；水电由 2001 年的 101. 20 亿 kW·h 增加到 2015 年的 859. 47 亿 kW·h，15 年间增长 758. 27 亿 kW·h（相当于 2001 年的 7. 49 倍）。水电的增长速度明显比火电的增长速度快（图 11-3）。

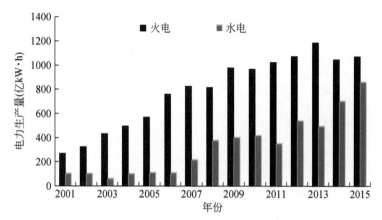

图 11-3　2001～2015 年贵州省电力生产总量与结构

从电力生产总量构成的变化趋势来看（图 11-4），2001～2015 年，火电比重呈现下降趋势，水电比重增加较快。其中，火电比重由 72. 63% 下降为 55. 48%，水电比重则由 27. 37% 增加为 44. 52%。2015 年，火电、水电产量分别为 1071. 15 亿 kW·h、859. 47 亿 kW·h。水电产量增速快，且其产量已经逐步接近火电的产量。

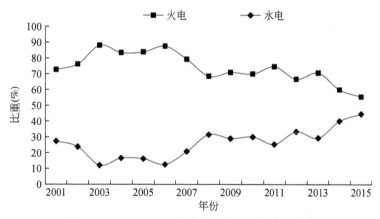

图 11-4　2001～2015 年贵州省电力生产总量构成

2. 能源消费及其构成

（1）能源消费总体情况

2001～2015 年，能源消费量持续上升，累计消费总量为 107 360. 56 万 tce（约 10. 74 亿 tce），由 2001 年的 4437. 90 万 tce 增加到 2015 年的 9948. 48 万 tce，15 年间增长 5510. 58 万 tce（相当于 2001 年的 1. 24 倍）（图 11-5）。另外，能源终端消费累计

98 549.57万 tce（约 9.85 亿 tce）。能源终端消费由 2001 年的 4149.84 万 tce 增加到 2015 年的 9319.60 万 tce，15 年间增长 5169.76 万 tce（相当于 2001 年的 1.25 倍）。

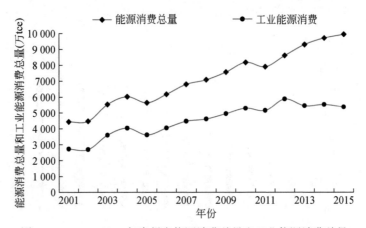

图 11-5　2001～2015 年贵州省能源消费总量和工业能源消费总量

（2）能源消费构成

在能源终端消费构成中，原煤、电力的比重较大。2001～2015 年，原煤、电力累计消费量分别为 43 450.89 万 tce、34 715.99 万 tce，分别占能源终端消费总量的 44.09%、35.23%。

天然气消费量占能源终端消费总量的比重很小。2001～2015 年，天然气累计消费量仅为 1131.00 万 tce，仅占能源终端消费总量的 1.15%。

从能源终端消费构成的变化来看，原煤和电力的比重呈现下降趋势，但下降趋势不十分明显。天然气比重则基本保持在 1.80% 以下，比重均很低。其他能源消费呈现上升趋势。2015 年，原煤、电力、其他和天然气的消费量占能源终端消费的比重依次为 42.56%、35.45%、20.43% 和 1.56%。原煤消费的比重仍然最大（图 11-6）。

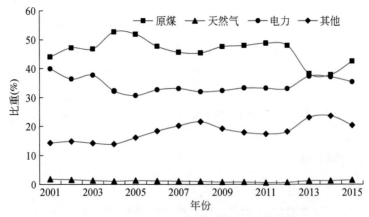

图 11-6　2001～2015 年贵州省能源终端消费总量构成

从部门（行业）的能源消费来看。工业占能源消费的比重最大。2001～2015 年，工业能源累计消费量为 67 410.22 万 tce，占全省能源累计消费总量的 62.79%。2015 年，工业能源消费占 53.9%。其次为生活消费，占 12.9%（图 11-7）。

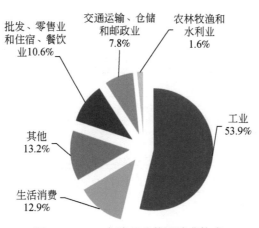

图 11-7　2015 年贵州省能源消费构成

从工业内部行业能源的消费来看，2012～2015 年，贵州省工业能源消费总量增长 290.59 万 tce。工业三个门类中，制造业能源消费增长贡献份额最大，为 514.70 万 t，是工业能源消费增长总量的 1.77 倍。与此相反，采矿业及电力、热力、燃气、水的生产和供应业均为负增长，分别为 -93.74 万 t 和 -130.37 万 t。在全省 38 个工业大类行业中，能源消费增长最多的是有色金属冶炼和压延加工业，实际增长 391.55 万 t，约为工业增长总量的 1.35 倍。其次，非金属矿物制品业，金属制品业，石油加工、炼焦和核燃料加工业，以及食品制造业等行业能源消费增长也较为明显。另外，黑色金属冶炼和压延加工业、橡胶和塑料制品业、煤炭开采和洗选业及电力、热力生产和供应业等行业负增长的绝对值较大，对能源消费增长的负向贡献明显（表 11-2）。

表 11-2　2012～2015 年贵州省主要工业行业能源消费增长占工业能源消费增长的总量比重

（单位:%）

工业行业	比重	工业行业	比重
有色金属冶炼和压延加工业	134.74	非金属矿采选业	11.04
非金属矿物制品业	58.06	酒、饮料和精制茶制造业	7.48
金属制品业	34.81	电力、热力生产和供应业	-47.09
石油加工、炼焦和核燃料加工业	28.38	煤炭开采和洗选业	-56.24
食品制造业	16.46	橡胶和塑料制品业	-67.96
其他制造业	16.20	黑色金属冶炼和压延加工业	-90.44

注：表中仅列出比重绝对值较大的行业

2015 年，采掘业（煤炭开采和洗选业）、原材料工业（非金属矿物制品业、有色金属冶炼和压延加工业、化学原料和化学制品制造业、黑色金属冶炼和压延加工业等）两类高耗能重工业（电力、热力生产和供应业，石油加工、炼焦和核燃料加工业），共 7 个大类行业就占工业能源消费总量的 88.17%（表 11-3）。

表 11-3　2015 年贵州省主要工业行业能源消费占工业能源消费总量的比重

（单位：%）

工业行业	比重	工业行业	比重
非金属矿物制品业	16.87	电力、热力生产和供应业	9.38
有色金属冶炼和压延加工业	15.85	石油加工、炼焦和核燃料加工业	4.67
化学原料和化学制品制造业	15.81	金属制品业	1.96
黑色金属冶炼和压延加工业	15.54	食品制造业	1.00
煤炭开采和洗选业	10.05	其他制造业	0.89

注：表中仅列出比重较大的前 10 个行业

（3）能源利用效率

贵州省能源利用效率提高较快。2001～2015 年，GDP 能源消费量从 3.96tce/万元下降为 1.20tce/万元；工业行业单位能源消费量下降更明显，工业行业能源利用效率大幅度提高。规模以上工业增加值能源消费量从 8.78tce/万元下降为 1.51tce/万元（图 11-8）。

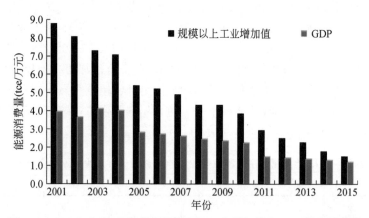

图 11-8　2001～2015 年贵州省规模以上工业增加值和 GDP 能源消费量

从工业大类行业的能源利用效率来看，原材料工业能源利用效率低。其中，有色金属冶炼和压延加工业的能源利用效率最低，为 20.89tce/万元，是工业行业平均水平的 13.87 倍。另外，非金属矿物制品业，石油加工、炼焦及核燃料加工业，黑色金属冶炼和压延加工业等原材料工业的能源利用效率也较低（表 11-4）。

表 11-4 2015 年贵州省规模以上工业行业能源利用效率 （单位：tce/万元）

工业行业	规模以上工业行业 能源利用效率	工业行业	规模以上工业行业 能源利用效率
有色金属冶炼和压延加工业	20.89	化学原料和化学制品制造业	5.31
非金属矿物制品业	11.45	废弃资源和废旧材料回收加工业	4.22
燃气生产和供应业	8.64	金属制品业	3.12
石油加工、炼焦及核燃料加工业	7.39	水的生产和供应业	1.65
黑色金属冶炼及压延加工业	5.52	电力、热力生产和供应业	1.38

注：仅列出规模以上工业行业万元增加值能耗较大的行业

3. 能源生产与消费态势

1) 贵州省一次能源生产增长速度较快，2001～2015 年增长 11 578.55 万 tce（相当于 2001 年的 3.32 倍）。其中，原煤增长 9696.21 万 tce（相当于 2001 年的 3.64 倍），水电增长 1849.91 万 tce（相当于 2001 年的 2.29 倍）。一次能源生产以煤炭为主，原煤比重基本保持在 80.00% 左右；贵州省作为能源的主要外调省份，一次能源调出省外量和其占一次能源生产总量的比重较大。2001～2015 年一次能源累计调出省外量占一次能源生产累计总量的 30.28%。

2) 水电产量增长速度快，火电比重呈现下降趋势。2001～2015 年，火电、水电累计生产量分别占电力累计生产总量的 70.62%、29.38%。其中，火电增长 802.55 亿 kW·h（相当于 2001 年的 2.99 倍），水电增长 758.27 亿 kW·h（相当于 2001 年的 7.49 倍）。

3) 能源利用效率不断提升，尤其是工业能源利用效率大幅度提升。但是，随着经济总量的增长，能源消费总量持续上升。2001～2015 年，能源累计消费总量约 10.74 亿 tce，增长 5510.58 万 tce（相当于 2001 年的 1.24 倍）。

4) 在能源终端消费构成中，原煤、电力的比重较大。2001～2015 年，原煤、电力累计消费量分别占能源终端消费总量的 44.09%、35.23%。天然气消费量占能源终端消费总量的比重很小，仅占能源终端消费总量的 1.15%。原煤占能源终端消费的比重呈现下降趋势，但下降速度较慢，仍然占最大的比重。

5) 工业占能源消费的比重最大，工业中又以原材料工业、采掘业的能源消费比重大。2001～2015 年，工业能源累计消费量占全省能源累计消费总量的 62.79%；从工业内部行业来看，有色金属冶炼和压延加工业能源消费增长最快。非金属矿物制品业，金属制品业，石油加工、炼焦和核燃料加工业，以及食品制造业等行业能源消费增长也较为明显。而黑色金属冶炼和压延加工业、煤炭开采和洗选业等行业负增长的绝对值较大，对能源消费增长的负向贡献较为明显。2015 年，煤炭开采和洗选业、非金属矿物制品业、有色金属冶炼和压延加工业等采掘业和原材料工业量两类高耗能重工业，共 7 个大类行业就占工业能源消费总量的 88.17%。这也说明煤炭开采和洗选业、黑色金属冶炼和压延加工业虽然呈现负增长，但仍然还占有较大比重。

6) 贵州省能源利用效率提高较快。2001～2015 年，GDP 能源消费量从 3.96tce/万元下降为 1.20tce/万元；工业行业能源利用效率大幅度提高，规模以上工业生产总值能源消费量从 8.78tce/万元下降为 1.51tce/万元。从工业行业来看，有色金属冶炼和压延加工业，非金属矿物制品业，石油加工、炼焦及核燃料加工业，黑色金属冶炼和压延加工业等原材料工业的能源利用效率较低。因此，加快工业结构转型升级，降低煤炭开采和洗选业、非金属矿物制品业、有色金属冶炼和压延加工业等采掘业和原材料工业比重，提高其能源消耗强度，是贵州省提高能源利用效率的重要途径。

二、能源需求及其结构预测

1. 能源需求总量预测

基于贵州省 2001~2015 年能源终端消费总量数据，采用灰色系统 GM（1，1）模型，本书对 2016~2030 年能源消费需求总量开展预测。

通过灰色系统 GM（1，1）模型，对能源终端消费总量进行第 2 次残差序列分析，结果见表 11-5。

模型评价：后验差比值 $C=0.0980$（$C<0.35$）很好，小误差概率 $p=1.0000$ 很好。

表 11-5　2002~2015 年能源终端消费总量拟合值与实际值

年份	实际值（万 tce）	拟合值（万 tce）	误差值（万 tce）	误差率（%）
2002	4159.02	4108.58	50.44	1.21
2003	4998.69	4958.38	40.31	0.81
2004	5323.43	5081.07	242.36	4.55
2005	5067.31	4965.33	101.98	2.01
2006	5574.99	5764.11	−189.12	−3.39
2007	6278.96	6540.35	−261.39	−4.16
2008	6486.30	6747.73	−261.43	−4.03
2009	6918.98	7050.21	−131.23	−1.90
2010	7373.10	7186.30	186.80	2.53
2011	7295.11	7100.17	194.94	2.67
2012	7873.57	7846.18	27.39	0.35
2013	8715.48	8659.65	55.83	0.64
2014	9015.18	8932.92	82.26	0.91
2015	9319.60	9435.33	−115.73	−1.24

注：误差率=（实际值−拟合值）/实际值×100%，拟合值为预测值

从表 11-5、图 11-9 可以看出，用 GM（1，1）模型 2 次残差序列分析方法预测的能源终端消费总量的实际值与预测值拟合很好，模型预测的精度高。

如果按照 2001~2015 年贵州省能源消费量增长的速度和消费态势，2030 年能源终端

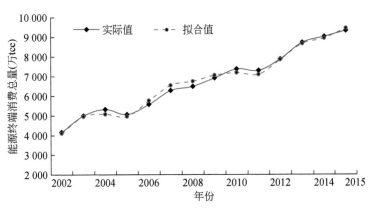

图 11-9　　2002～2015 年能源终端消费总量的实际值与拟合值

消费总量将达到 24 135.98 万 tce，是 2015 年能源终端消费总量 9319.60 万 tce 的 2.59 倍（表 11-6）。2016～2030 年，能源终端消费量将累计达到 244 829.45 万 tce（约 24.48 亿 tce），是 2001～2015 年能源终端累计消费总量 98 549.57 万 tce（约 9.85 亿 tce）的 2.48 倍。2015 年，能源终端消费总量是 2001 年的 2.25 倍（表 11-6）。

表 11-6　2016～2030 年能源终端消费总量预测值　　（单位：万 tce）

年份	预测值	年份	预测值	年份	预测值
2016	10 249.21	2021	13 969.87	2026	18 952.97
2017	10 909.17	2022	14 853.41	2027	20 136.97
2018	11 608.75	2023	15 790.15	2028	21 392.51
2019	12 350.33	2024	16 783.33	2029	22 723.96
2020	13 136.46	2025	17 836.38	2030	24 135.98

当前，贵州省能源利用效率已得到大幅度提升，未来提升的空间不会很大。随着工业化、城镇化的加速推进，能源需求量仍然较大，所以预测结果可靠。

2. 能源需求结构分析

（1）需求情景的设定

2016 年，国家《能源发展"十三五"规划》提出：2020 年煤炭消费在一次能源中的比重降到 58% 以下，非化石能源[①]与天然气等低碳能源的比重达到 25%；《贵州省省能源发展"十三五"规划》提出的规划目标为：2020 年，非化石能源消费比重提高到 15% 以上，天然气消费比重提高到 5%，煤炭消费比重降低到 70% 左右，电煤占煤炭消费比重的 51.3%；2016 年，国家《能源生产和消费革命战略（2016—2030 年)》提出：2020 年，

---

① 非化石能源，指非煤炭、石油、天然气等经长时间地质变化形成，只供一次性使用的能源类型外的能源。包括核能、风能、太阳能、水能、生物质能、地热能等新能源和可再生能源。

煤炭消费比重进一步降低，清洁能源成为能源增量主体，非化石能源占比15%。2021～2030年，可再生能源、天然气和核能利用持续增长，高碳化石能源利用大幅减少。非化石能源占能源消费总量比重达到20%左右，天然气占比达到15%左右，新增能源需求主要依靠清洁能源满足。依据上述背景和规划，设定贵州省2020年、2030年能源需求的结构见表11-7。

表11-7　贵州省能源消费需求结构情景　　　　　（单位:%）

年份	非化石能源（水电等）	天然气	煤炭（原煤）	其他（石油等）
2015	13.50	1.56	74.40	10.54
2020	15.00	5.00	70.00	10.00
2030	20.00	15.00	50.00	15.00

注：2015年为基准年，参考指标源于《贵州省省能源发展"十三五"规划》等

（2）能源需求结构

依据能源消费结构情景设定的两个节点年份（2020年、2030年）、基准年（2015年）的三组数据，采用线性插值法，得到2016～2030年各个年份的能源消费结构数据（不同能源消费的比重）。结合2016～2030年能源消费总量的预测值，进一步计算得到相关年份不同能源需求量。

依据不同能源需求量的计算结果（表11-8）可知，2016～2030年，煤炭（原煤）累计需求量为149 961.30万tce，水电、风电、太阳能发电等非化石能源累计需求量为41 991.82万tce，天然气累计需求量为22 680.03万tce，石油等其他能源累计需求量为30 196.34万tce。

从2016～2030年能源累计需求量来看，煤炭消费虽然比重逐步下降，但是仍然占能源累计需求总量的61.25%，天然气累计需求量将占能源累计需求总量的9.26%。

表11-8　2016～2030年不同能源需求量　　　　　（单位：万tce）

年份	非化石能源（水电等）	天然气	煤炭（原煤）	其他（石油等）
2016	1 414.39	230.61	7 535.22	1 068.99
2017	1 538.19	320.73	7 924.42	1 125.83
2018	1 671.66	420.24	8 330.44	1 186.41
2019	1 815.50	532.30	8 753.91	1 248.62
2020	1 970.47	656.82	9 195.52	1 313.65
2021	2 165.33	838.19	9 499.51	1 466.84
2022	2 376.55	1 039.74	9 803.25	1 633.88
2023	2 605.37	1 263.21	10 105.70	1 815.87
2024	2 853.17	1 510.50	10 405.66	2 014.00
2025	3 121.37	1 783.64	10 701.83	2 229.55
2026	3 411.53	2 084.83	10 992.72	2 463.89

续表

年份	非化石能源（水电等）	天然气	煤炭（原煤）	其他（石油等）
2027	3 725.34	2 416.44	11 276.70	2 718.49
2028	4 064.58	2 781.03	11 551.96	2 994.95
2029	4 431.17	3 181.35	11 816.46	3 294.97
2030	4 827.20	3 620.40	12 067.99	3 620.40
累计	41 991.82	22 680.03	149 961.30	30 196.34

三、能源供给侧结构性改革

1. 主要能源的实物需求量

依据《综合能耗计算通则》（GB/T 2589—2008）中各种能源折标准煤参考系数（表11-9）和2016～2030年不同能源需求量（表11-8），进一步计算得到原煤、天然气等主要能源的实际需求量。

表11-9　各种能源折标准煤参考系数

能源名称	折标准煤系数	能源名称	折标准煤系数
原煤	0.7143kgce/kg	原油	1.4286kgce/kg
气田天然气	1.2143kgce/m³	电力（当量值）	0.1229kgce/(kW·h)

资料来源：国家标准《综合能耗计算通则 GB/T 2589—2008》

（1）原煤需求

2016～2030年，煤炭累计需求149 961.30万tce，折合209 941.62万t（约20.99亿t）原煤，包括煤炭的终端消费及发电（电煤）、炼焦等中间消费的需求量。与2001～2015年原煤累计需求量150 190.37万t（约15.02亿t）相比较，虽然原煤消费比重逐年下降，但原煤仍然保持较大的需求总量。

（2）天然气需求

按气田天然气折标准煤系数计算，2016～2030年，天然气累计需求22 680.03万tce，折合天然气1867.74亿m³，是2015年天然气消费量12.98亿m³的143.89倍。天然气需求量增长快，保障天然气供给的压力较大。

（3）非化石能源需求

假设贵州非化石能源主要包括水电、风电、光伏发电和生物质发电等，即非化石能源发电（不含火电）。2016～2030年，非化石能源累计需求41 991.82万tce，折合电力（当量值）34 167.46亿kW·h，是2001～2015年水电累计生产量4927.67亿kW·h的6.93倍。

（4）其他能源需求

假设贵州省能源需求结构中，除了上述原煤、天然气、非化石能源外，都列入包括石油等在内的其他能源。如果要实现 2030 年 20.00% 的非化石能源、15.00% 的天然气、50.00% 的煤炭消费比重目标，其他能源需求将占能源需求总量的 15%。按此计算，2016～2030 年，其他能源需求将累计达到 30 196.34 万 tce，相当于 21 137 万 t 原油的需求量。

2. 能源供给侧结构性改革

贵州省以煤为主的能源结构，使得节能减排、应对气候变化和减少碳排放等方面面临巨大的压力和挑战。如果要减少石油、煤炭等高碳排放的化石能源消费比重，则需提高非化石能源、天然气等低碳能源消费比重，推进能源结构调整和"能源革命"。因此，需要推进煤层气、页岩气的开发和利用，以及重视发展风电、光伏发电、水电等低碳清洁的可再生能源，改善能源供给、消费结构。

（1）原煤

《2016 贵州省国土资源厅公报》数据显示，2016 年煤炭储量为 69.40 亿 t、基础储量为 110.80 亿 t、资源量为 602.49 亿 t、资源储量为 713.32 亿 t。即使加上"黔煤外运"的省外净调出量，未来煤炭（原煤）需求的供给也十分充足。未来要逐步缓解社会发展对煤炭的高度依赖，降低煤电（燃煤发电）占电力生产的比重。

（2）可再生能源

贵州省除了加快水电发展外，还要非常重视有序推进风电、太阳能、生物质能等可再生能源的开发利用，不断提高风电、光伏发电、生物质发电等比重，才能有效地保障非化石能源需求的供给，确保实现 2030 年非化石能源比重达到 20.00% 的目标。

（3）天然气

据预测，我国天然气需求增长速度将超过煤炭和石油，2020 年我国天然气消费将达到 $2000×10^8 m^3$ 以上，在一次能源消费结构中比例增至 10% 以上，而预期天然气产量为 $1200× 10^8 m^3$，供需差距在 $800×10^8 m^3$ 以上，供求矛盾突出。

贵州省应加强省内煤层气、页岩气资源的勘探和开发利用，以及加快推进中缅、中贵油气管线建设，多方面、多渠道保障天然气需求的供给；页岩气是低碳、清洁的新兴能源，加快页岩气勘探开发能够直接增加贵州非常规天然气的供应、优化能源结构、缓解减排压力、保障能源供应安全、培育新的经济增长点；煤层气作为非常规天然气的一种，与常规天然气成分、用途相同，可混输混用，资源丰富，是天然气的替代能源之一。在当今世界清洁能源短缺与环境压力并存的条件下，煤层气的开发利用对减少温室气体排放、保护生态环境、促进低碳转型、改善煤矿安全生产条件、优化能源产业结构、增加清洁能源供应、培育新的经济增长点均具有十分重要的现实意义和深远的战略意义。

第二节　贵州省煤炭资源与可持续发展

贵州省煤炭资源丰富，是我国南方最大的煤炭资源基地。全省一次能源生产以煤炭为主，在能源终端消费构成中，原煤的比重较大，煤炭资源在能源矿产中居于基础地位。因此，推进煤炭资源可持续利用和煤炭产业可持续发展，是贵州省国土资源可持续发展的重要内容。

一、煤炭资源禀赋与分布特征

1. 煤炭资源禀赋

煤炭资源丰富，是我国重要的能源基地。2016 年，贵州省查明保有资源储量为 713.32 亿 t，占全国保有量的 4.66%，居全国第 5 位。其中，炼焦用煤 79.02 亿 t，占全国的 2.62%。可采储量为 69.40 亿 t，基础储量为 110.80 亿 t，资源量为 602.49 亿 t，矿产地有 832 处。

煤炭资源种类齐全，煤质优劣共存。贵州省煤炭资源种类齐全，有气煤、肥煤、焦煤、瘦煤、贫煤、无烟煤等，以无烟煤为主，贫煤、焦煤次之；从煤质来看，灰分主要为中灰煤，次为低中灰煤；低硫煤分布区中的六盘水为烟煤，毕节市、遵义市为优质化工无烟煤，为优质化工煤炭资源。其他地区为中硫、高硫区。

煤层多，单层厚度小，开发难度大。西部富煤区内的煤多数为薄煤层–中厚煤层的煤层群，单一的厚–巨厚煤层仅于少数煤田局部地段可见；东部少煤区的煤多数为单一薄煤层。总体来看，矿床规模偏小，制约矿山规模和集约化发展。

煤层埋藏较浅，勘查开发条件较好。贵州省煤炭资源为裸露型和半裸露型，风氧化带浅，地下水主要为裂隙水型，工程地质条件为简单–中等，顶板稳固性一般，有利于煤炭资源的勘查开发。

2. 煤炭资源分布特征

贵州省煤炭资源相对集中分布于桐梓–遵义–安顺–兴义一线以西地区。全省保有资源储量主要分布在毕节市、六盘水市、遵义市和黔西南州，这 4 个地区煤炭保有资源储量占全省总量的 93.12%。其中，毕节市保有资源储量为 308.88 亿 t，占全省总量的 43.31%；六盘水市保有资源储量为 235.26 亿 t，占全省总量的 32.98%。两个地区保有资源储量占全省总量的 76.28%（图 11-10）。

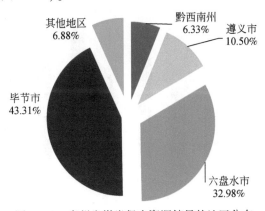

图 11-10 贵州省煤炭保有资源储量的地区分布

烟煤分布在六盘水市及黔西南州普安等地，无烟煤主要分布在毕节市及遵义市桐梓、仁怀、习水等地，形成优质煤炭集中连片分布、大中型矿床也相对集中的地域优势；其他地区则为煤炭资源相对较少区。按煤田统计，六盘水煤田煤炭资源储量最多，黔北煤田和织纳煤田资源储量次之，黔南煤田煤炭资源储量最少（表11-10）。

表 11-10　贵州省煤炭资源的地区分布　　（单位：亿 t）

地区	可采储量	基础储量	资源量	保有资源储量
毕节市	22.72	38.52	270.36	308.88
六盘水市	27.82	43.38	191.88	235.26
遵义市	8.09	12.21	62.70	74.91
黔西南州	6.00	9.07	36.09	45.16
贵阳市	1.15	1.62	18.69	20.31
安顺市	1.02	2.26	14.12	16.38
黔南州	1.97	2.80	7.01	9.81
铜仁市	0.19	0.27	1.09	1.36
黔东南州	0.44	0.67	0.58	1.25
合计	69.40	110.80	602.52	713.32

二、煤炭资源开发和利用现状

2007～2015 年，贵州省原煤产量累计为 10.19 亿 t，年平均产量为 1.13 亿 t（图 11-11）。煤炭矿业总产值累计达到 4222.25 亿元，年平均产值为 469.14 亿元。2016 年，贵州省原煤产量为 8134.02 万 t，从业人员为 20.88 万人，矿业总产值为 307.30 亿元。煤炭矿山企业有 1106 个。其中，大型有 23 个、中型有 85 个、小型有 998 个。随着贵州省产业结构的优化升级和转型发展，煤炭矿业总产值占 GDP 比重呈现明显的下降趋势（图 11-12）。

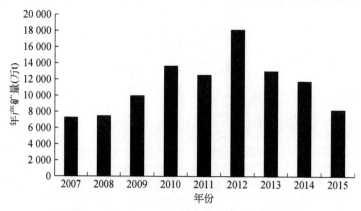

图 11-11　2007～2015 年贵州省煤炭年产矿量

全省的煤炭生产井、在建井主要分布在水城矿区、盘县矿区、织纳矿区、黔北和黔西南矿区。其中，大型矿山主要分布在水城矿区、盘县矿区、织纳矿区和黔北矿区。水城矿区和盘县矿区地质工作程度较高，以炼焦用煤为主，是南方最主要的炼焦用煤基地。黔北矿区和织纳矿区是优质的无烟煤产地。

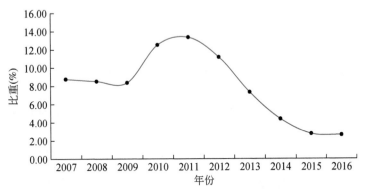

图 11-12　2007～2016 年贵州省煤炭矿业总产值占 GDP 的比重

三、煤炭资源利用存在的问题

1. 产能过剩和市场供需失衡

近年来，受经济增速放缓、经济结构优化、能源结构变化、生态环境约束等因素影响，煤炭需求大幅下降，供给能力持续过剩，供求关系严重失衡，导致企业效益普遍下滑，市场竞争秩序混乱，安全生产隐患加大，对经济发展和社会稳定造成了不利影响。贵州省作为我国南方最大的煤炭资源基地，化解煤炭行业过剩产能的任务艰巨。

2. 煤炭生产结构性矛盾突出

现有生产矿井中，采用炮采工艺的数量和产能占比分别为 62.7% 和 37.9%。煤矿瓦斯、水、顶板等灾害仍然严重，安全生产基础仍较薄弱。淘汰落后产能，推进机械化改造和产业升级任务艰巨。

3. 煤炭加工转化程度还不高

煤炭深加工仍以煤焦化、煤制甲醇、煤制合成氨等传统煤化工为主，煤层气（煤矿瓦斯）、煤矸石、矿井水利用率和煤炭入选率分别低于全国平均水平 13 个百分点、14 个百分点、33 个百分点和 3 个百分点。煤制烯烃、煤制清洁燃料等新型煤化工产业发展滞后，煤炭清洁高效利用水平不高。总体上，煤炭深加工仍以传统煤化工为主，新型煤化工发展慢，煤炭加工转化产业链条还需进一步延伸。

4. 煤炭产业的集中度还不高

贵州省大型煤炭企业偏少，年产量在1000万t以上的企业只有贵州盘江煤电集团有限责任公司（简称盘江集团）、贵州水城矿业（集团）有限公司（简称水矿集团）两家，2014年产量占全省总产量的12.5%。2015年，年产量在30万t及以下的煤矿数量仍占全省总数的55.4%。

四、煤炭资源可持续利用策略

以控制总量、优化布局、绿色集约、调整结构、转型发展为主线，加快煤炭行业供给侧结构性改革。延长煤炭产业链，保护生态环境，推动煤炭行业发展由数量、速度、粗放型增长向质量、效益、集约型增长转变，由煤炭生产向生产服务型转变，促进煤炭行业转型升级。

1. 有序化解煤炭的过剩产能

深化煤炭供给侧结构性改革，化解产能与转型升级相结合，加快淘汰落后产能和其他不符合产业政策产能，有序退出过剩产能，严格控制新增煤矿产能。建立煤矿退出机制，淘汰落后产能，消化过剩产能，严限劣质煤生产利用，优化煤炭生产结构，加快化解煤炭过剩产能。2020年，全省煤矿总数减少到750处，产量控制在2亿t左右。

2. 推进行业集中和融合发展

抓住国家经济新常态、供给侧结构性改革及煤炭行业整合、产业融合等机遇，推进煤炭企业整合、兼并重组，提高煤炭行业集中度；加快煤炭及相关产业的横向重组、纵向延伸、融合发展，培育大型煤矿主体企业、骨干煤炭企业、煤炭企业集团；培育壮大煤矿主体企业，鼓励煤矿企业参股、控股电力、现代煤化工、现代物流、节能环保等行业，提高大型煤炭企业非煤产业的比重；支持具有资金、技术、管理优势的大型化工、建材、电力等企业跨地区、跨行业、跨所有制控股、参股煤矿主体企业；推动主体煤矿企业强强联合、做大做强。2020年，煤矿单井规模不低于30万t，煤矿主体企业规模达到300万t以上，其中，规模在3000万t以上的主体企业有2家，在500万t以上的主体企业有10家。

以"煤电磷、煤电铝、煤电钢、煤电化"四个一体化为主线，加快煤炭开采、现代煤化工、煤电、钢铁、磷化工等相关行业融合发展、一体化发展。支持发展现代煤炭物流、煤炭金融等新兴产业。鼓励煤炭上下游协调发展，推进企业兼并重组，催生新的增长点，推动煤炭结构调整与转型升级，提高煤炭产业带动能力。

3. 提高煤炭装备智能化水平

加快信息化和工业化融合，提高煤炭装备智能化水平，推进煤机装备的数字化控制、自动化生产和远程操作能力，促进煤炭行业向现代化、信息化发展；加快推广综采工作面数字化测控与无人化生产技术、煤矿数字化智能化监测与管理系统、基于云服务和大数据技术的矿山智能预测和决策系统、基于移动互联网的煤矿安全生产数据网络传输技术体系、矿区遥感遥测生态环境信息化监测等技术；加快煤矿企业实施机械化、自动化改造，井工煤矿少人与无人工作面智能化开采，半煤岩巷道快速掘进和支护技术及无煤柱开采技术，井下煤炭气化示范工程，开发地面钻井煤层预抽采、采动卸压抽采、采空区抽采一并多用技术，低透气性煤层安全高效抽采技术，区域性井上下联合抽采技术，低浓度瓦斯安全输送技术及装备。

4. 加强煤炭绿色开发和利用

推广应用绿色开采和清洁生产技术，减少地表损害，加大矿区生态环境恢复与治理力度，建设绿色矿山，推动煤炭绿色开发。推动煤矸石、粉煤灰、矿井水等二次资源的综合利用，不断提高煤矸石、粉煤灰等废弃物的综合利用率。推动煤炭、煤层气企业对矿业权重叠区域采取兼并、重组和合作等方式，加快综合开发。推广先采气后采煤和充填开采等技术，提高资源综合利用水平。2020 年，煤矿高浓度瓦斯抽采利用率达到 65.00%，煤矸石综合利用率达到 75.00%，矿井水全部实现达标排放。加快建设盘江矿区、织纳矿区等煤层气勘探开发示范区。

5. 重视煤炭深加工业的发展

发展现代煤化工产业，重点发展煤制烯烃、天然气、乙二醇等现代煤化工产业；重视煤化工循环产业链（群）建设。以煤炭分质利用、洁净煤气化为主，重点发展煤制天然气、煤制气、煤制油、煤制润滑油、煤制溶剂油、煤制固体清洁燃料及煤制甲醇、煤制乙二醇、煤制烯烃、煤制芳烃、煤制聚丙烯、煤制二甲醚等精细化学品及其下游产品。加快关键补链、延链项目建设，构建"煤炭开采—集中加工—产业链延伸—资源高效利用"的循环产业链和产业群。例如，"煤炭—煤矸石、煤泥—发电—粉煤灰—新型节能建材，以及煤炭—焦炭—焦炉煤气—苯、萘—硫胺—粉煤灰—新型节能建材"等煤化工循环产业链、产业群；推进煤的清洁高效利用，尽快形成贵州省的煤化工产业新优势。

第三节　贵州省煤层气资源与可持续发展

煤层气作为非常规天然气的一种，与常规天然气成分、用途相同，可混输混用，资源丰富，是天然气的替代能源之一。在全球气候变化、降低碳排放和加快清洁能源发展的背景下，煤层气开发利用对碳减排、优化能源产业结构、培育新的经济增长点等均具有十分重要的意义。

一、煤层气资源禀赋与分布特征

1. 煤层气资源量和丰度

《贵州省煤层气资源潜力预测与评价》结果显示，2011 年贵州省的煤层气含气面积为

2.73万km²，占全省含煤面积（7.0万km²）的38.98%；全省上二叠统可采煤层的煤层气地质资源量（潜在资源量+推断地质储量）为3.06万亿m³，煤层气平均地质资源丰度为1.12亿m³/km²；煤层气的推断地质储量（可采资源量）为1.38万亿m³，占地质资源总量的45.31%（表11-11）。与2006年全国油气资源评价结果显示的全国煤层气平均地质资源丰度0.98亿m³/km²相比，贵州省平均地质资源丰度高于全国平均水平。

表11-11　贵州省煤层气资源量及资源丰度

煤区	计算面积（km²）	煤层气资源量（亿m³）		资源丰度（亿m³/km²）	
		地质资源量	推断地质储量	地质资源丰度	可采资源丰度
六盘水	6 154.35	13 895.26	6 560.79	2.26	1.07
织纳	4 967.38	7 002.80	4 415.43	1.41	0.89
黔北	11 192.60	7 392.15	2 075.72	0.66	0.19
贵阳	3 034.45	1 231.77	202.01	0.41	0.07
黔西北	524.90	121.79	62.93	0.23	0.12
兴义	1 412.94	918.09	474.38	0.65	0.34
合计	27 286.62	30 561.86	13 791.26	1.12	0.51

2. 煤层气资源空间分布

（1）六大煤区的分布

贵州省煤层气的地质资源量主要集中分布于六盘水、黔北、织纳三个煤区。三个煤区煤层气地质资源量合计为2.83万亿m³，占全省煤层气地质资源总量的92.57%。其中，六盘水煤区最高，为1.39万亿m³，占全省煤层气地质总资源量的45.47%。地质资源丰度为2.26亿m³/km²，明显高于全国平均水平；其次为织纳煤区，地质资源量为7002.80亿m³，占全省煤层气地质总资源量的22.91%。地质资源丰度为1.41亿m³/km²，略高于全国平均水平；黔北煤区煤层气资源尽管量较大，达到7392.15亿m³，占全省煤层气地质总资源量的24.19%，但地质资源丰度明显低于全国平均水平；贵阳、兴义和黔西北三个煤区的地质资源量合计为2271.65亿m³，仅占全省煤层气地质总资源量的7.43%，煤层气的地质资源丰度远低于全国平均水平（图11-13）。

（2）区域的分布格局

以赋煤构造作为含气单元，贵州省煤层气资源具有"西部富集、东部、北部和南部相对较少"的区域分布特征。总体而言，煤层气资源丰度以六盘水煤田西部为富集中心，向西、向北、向南逐渐降低。

A. 盘县矿区

全省煤层气资源富集中心位于西部边缘的盘县矿区，煤层气地质资源量为8736.57亿m³，占全省总资源量的28.57%。平均地质资源丰度达3.16亿m³/km²，在全省以矿区为统计单元的区块中居于首位。全矿区除青山向斜外，其他向斜的地质资源丰度都超过3.50亿m³/km²，最高达4.31亿m³/km²（平关向斜），盘关向斜也接近4.0亿m³/km²。青山向斜地质资

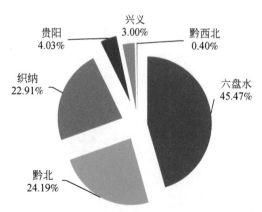

图 11-13　贵州省六大煤区的煤层气地质资源量比重

源丰度尽管在矿区各向斜中相对较低，但也远高于全省多数向斜的平均水平，仍然达到2.49 亿 m³/km²；地质资源量在全省各向斜中最高，为 3518.48 亿 m³，占全矿区地质资源总量的 40.27%，占全省地质资源总量的 11.51%。整个矿区埋深 1000m 以浅与 1000~2000m 的煤层气地质资源量比例大致相当，深部略微偏少（表 11-12）。其中，照子河向斜埋深 1000m 以浅的地质资源量比例最高，接近向斜地质资源总量的 55.90%；其他向斜浅部与深部煤层气地质资源量两者比例的波动范围，均在等比值的±5%（表 11-12、图 11-14）。

表 11-12　贵州省盘县矿区各向斜单元煤层气地质资源量

向斜单元	含煤面积（km²）	地质资源量（亿 m³）	地质资源丰度（亿 m³/km²）	浅于 1000m 埋深	
				地质资源量（亿 m³）	占总量的比重（%）
土城	210.7	778.27	3.69	396.28	50.92
盘关	563.6	2246.33	3.99	1028.66	45.79
旧普安	193.77	711.73	3.67	323.99	45.52
平关	45.33	195.17	4.31	103.10	52.83
照子河	336.92	1286.59	3.82	719.16	55.90
青山	1410.24	3518.48	2.49	1928.05	54.80
合计	2760.56	8736.57	3.16	4499.24	51.50

　　B. 水城矿区

　　从盘县矿区往北进入水城矿区，煤层气地质资源平均丰度降至 2.24 亿 m³/km²（表11-13）。该矿区煤层气地质资源量为 2312.40 亿 m³，其中，格目底向斜煤层气地质资源量最大，达 1617.40 亿 m³，且地质资源丰度高至 2.92 亿 m³/km²；其次为大河边向斜，煤层气地质资源量远高于矿区内除格目底之外的其他向斜；跨都、杨梅树、神仙坡、结里、二塘等向斜煤层气地质资源量极低，一般不超过 50 亿 m³。矿区内地质资源丰度最高的为大河边和小河边向斜，为 3.12~3.29 亿 m³/km²；最低的为跨都、杨梅树、结里三个向斜，

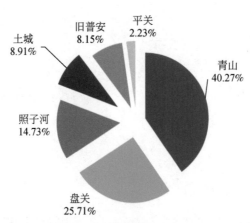

图 11-14 贵州省盘县矿区各向斜单元煤层气地质资源量比重

不足 1.0 亿 m³/km²。矿区内浅部煤层气地质资源量少于深部，但不同向斜之间差异极大。其中，杨梅树、神仙坡、结里、二塘向斜的煤层气地质资源全部赋存在 1000m 以浅，小河边和土地垭向斜的浅部资源量显著多于深部资源量，而资源量最为集中的格目底向斜有 2/3 以上的煤层气地质资源赋存在 1000m 以深（表 11-13）。

表 11-13 贵州省水城矿区各向斜单元煤层气地质资源量

向斜单元	含煤面积（km²）	地质资源量（亿 m³）	地质资源丰度（亿 m³/km²）	浅于 1000m 埋深	
				地质资源量（亿 m³）	占总量的比重（%）
垮都	127.50	42.59	0.33	19.69	46.23
格目底	553.97	1617.40	2.92	466.61	28.85
杨梅树	76.43	50.30	0.66	50.30	100.00
小河边	46.31	144.45	3.12	93.64	64.83
大河边	73.58	242.26	3.29	87.11	35.96
神仙坡	25.99	30.81	1.19	30.81	100.00
土地垭	112.16	168.96	1.51	104.61	61.91
结里	6.32	3.96	0.63	3.96	100.00
二塘	11.77	11.67	0.99	11.67	100.00
合计	1034.03	2312.40	2.24	868.40	37.55

C. 六枝矿区

从盘县矿区往东北方向至六枝矿区，煤层气资源富集程度进一步降低，平均地质资源丰度降至 1.21 亿 m³/km²，略高于全国和全省平均水平（表 11-14）。六枝矿区煤层气地质资源量为 2846.29 亿 m³，占全省地质资源总量的 9.31%。矿区内地质资源量最大的是郎岱向斜，为 916.09 亿 m³，平均地质资源丰度高达 2.46 亿 m³/km²，煤层气资源极为富集，但其 1000m 以浅的资源量不足总资源量的 1/3。矿区内地质资源丰度最高的是中营向斜，达 2.77 亿 m^3/km^2，并且埋深浅于 1000m 的资源量约占向斜总资源量的 4/5，但其含气面积较小，属于"小而肥"且相对有利于开采的含气向斜。全矿区浅部资源量占总资源量的比例不到 2/5，深部资源量相对较多；比例变化较大，在 2/5 左右的有晴隆、六枝、补郎向斜，接近 4/5 的为中营和蟠龙向斜，新场向斜 80% 以上煤层气资源赋存在 1000m 以深的含煤地层。

表 11-14　贵州省六枝矿区各向斜单元煤层气地质资源量

向斜单元	含煤面积（km^2）	地质资源量（亿 m^3）	地质资源丰度（亿 m^3/km^2）	浅于 1000m 埋深	
				地质资源量（亿 m^3）	占总的比重（%）
晴隆	653.82	609.50	0.93	250.59	41.11
新场	359.08	427.78	1.19	61.10	14.28
郎岱	372.62	916.09	2.46	282.28	30.81
中营	64.23	177.86	2.77	139.56	78.47
蟠龙	96.57	99.08	1.03	76.18	76.89
六枝	259.09	272.15	1.05	115.00	42.26
补郎	554.35	343.83	0.62	150.83	43.87
合计	2359.76	2846.29	1.21	1075.54	37.79

D. 织纳煤田

从六枝矿区向北东方向进入织纳煤田，煤层气资源富集程度略有升高，平均地质资源丰度为 1.41 亿 m^3/km^2（表 11-15）。织纳矿区煤层气地质资源量为 7002.80 亿 m^3，资源规模仅次于六盘水煤田和黔北煤田，其中，资源规模最大的是三塘向斜和百兴向斜，两者浅部资源均约占向斜资源总量的一半；白泥菁向斜，尽管面积不大，但地质资源丰度最高，达到 4.34 亿 m^3/km^2，地质资源量也有 261.08 亿 m^3，且全部赋存于 1000m 以浅，是贵州省"小而肥且有利于开采"向斜单元的典型。

表 11-15　贵州省织纳煤田各向斜单元煤层气地质资源量

向斜单元	含煤面积（km^2）	地质资源量（亿 m^3）	地质资源丰度（亿 m^3/km^2）	浅于 1000m 埋深	
				地质资源量（亿 m^3）	占总的比重（%）
以支塘	35.21	33.15	0.94	17.03	51.37
五指山	92.81	345.12	3.72	66.68	19.32
勺坐	269.22	513.22	1.91	402.98	78.52
乐治	207.91	185.42	0.89	21.8	11.76
百兴	358.39	1101.96	3.07	547.59	49.69
加戛	174.69	401.96	2.30	255.6	63.59
水公河	229.1	552.66	2.41	510.98	92.46
三塘	609.82	1212.71	1.99	561.29	46.28

续表

向斜单元	含煤面积（km²）	地质资源量（亿 m³）	地质资源丰度（亿 m³/km²）	浅于1000m 埋深	
				地质资源量（亿 m³）	占总量的比重（%）
阿弓–珠藏	242.99	554.83	2.28	549.24	98.99
新华	35.76	25.20	0.70	25.2	100.00
八步	183.62	337.41	1.84	271.44	80.45
关寨	269.99	256.47	0.95	179.17	69.86
大关	168.52	81.09	0.48	77.9	96.07
猫场	71.44	31.97	0.45	30.68	95.96
牛场	295.01	249.42	0.85	230.95	92.59
鸡场坡	76.37	96.78	1.27	87.24	90.14
补郎	215.61	192.68	0.89	82.93	43.04
轿子山	448.4	288.17	0.64	209.84	72.82
席关–谷豹	298.65	58.97	0.20	45.24	76.72
流长	284.4	111.75	0.39	93.25	83.45
莫老坝	178.43	55.61	0.31	39.43	70.90
小箐	136.9	35.59	0.26	31.39	88.20
关寨	24	19.58	0.82	19.58	100.00
白泥菁	60.12	261.08	4.34	261.08	100.00
合计	4967.36	7002.80	1.41	4618.51	65.95

E. 其他煤田

从织纳煤田往东至黔中的贵阳煤田，煤层气地质资源量可达1231.77亿 m³，但资源富集程度进一步显著降低，平均地质资源丰度仅为0.41亿 m³/km²，只有盘县矿区平均地质资源丰度的12.97%、织纳煤田的29.08%。

位于水城矿区之北的黔西北煤田含煤面积只有524.90km²，煤层气地质资源量为121.79亿 m³，平均地质资源丰度仅为0.23亿 m³/km²，资源富集程度进一步显著降低，只有邻区水城矿区平均丰度的10.27%。

黔北煤田含煤面积在全省六大煤田中位列第一，煤层气地质资源量位列第二，达7392.15亿 m³，但平均地质资源丰度只有0.66亿 m³/km²，约为全省平均水平的一半（表11-16）。其中，金盆–阴底、茅台、楚米铺三个矿区的煤层气资源规模值得关注：金盆–阴底矿区和茅台矿区平均地质资源丰度与全省平均水平相当，楚米铺矿区平均地质资源丰度在黔北煤田中最高。因此，黔北煤田，尤其是煤田西部毕节地区的煤层气资源开采前景值得关注。

表 11-16　贵州省其他煤田各向斜单元煤层气地质资源量

煤田	向斜单元/矿区	计算面积（km²）	煤层气资源量（亿 m³）		资源丰度（亿 m³/km²）	
			地质资源量	可采资源量	地质资源丰度	可采资源丰度
兴义	坝右向斜	299.89	90.08	46.54	0.30	0.16
	纳省–大坝向斜	415.20	91.10	47.07	0.22	0.11
	苞谷地–滥母厂	697.85	736.91	380.76	1.06	0.55
	合计	1 412.94	918.09	474.38	0.65	0.34
贵阳	轿顶山矿区	1 996.69	840.55	137.85	0.42	0.07
	林东矿区	710.80	297.29	48.76	0.42	0.07
	息烽矿区	326.96	93.93	15.40	0.29	0.05
	合计	3 034.45	1 231.77	202.01	0.41	0.07
黔西北	法都向斜	146.51	79.17	40.91	0.54	0.28
	德卓向斜	52.21	17.02	8.79	0.33	0.17
	可乐向斜西翼	326.18	25.60	13.23	0.08	0.04
	合计	524.90	121.79	62.93	0.23	0.12
黔北	垭关矿区	515.66	346.62	97.33	0.67	0.19
	金盆–阴底矿区	2 695.21	2 976.34	835.76	1.10	0.31
	茅台矿区	881.03	829.42	232.90	0.94	0.26
	木瓜庙矿区	619.01	113.13	31.77	0.18	0.05
	桑木场背斜	430.33	327.00	91.82	0.76	0.21
	楚米铺矿区	589.13	657.48	184.62	1.12	0.31
	长岗向斜	323.60	173.25	48.65	0.54	0.15
	金沙矿区	2388.01	1059.30	297.45	0.44	0.12
	官田向斜	652.18	197.01	55.32	0.30	0.08
	西山矿区	2 098.44	712.60	200.10	0.34	0.10
	合计	11 192.60	7 392.15	2 075.72	0.66	0.19

若以向斜为基本的含气构造单元，煤层气地质资源规模和富集程度差异极大。地质资源丰度较高且资源规模较大的单元只有盘关向斜，丰度较高但规模中等的有照子河和百兴向斜，丰度中等但规模最大的为青山向斜。总体来看，煤层气资源具有较高工业开采潜力的向斜构造单元几乎都集中在盘县矿区、织纳煤田和水城矿区，其中，盘县矿区表现为规模大和丰度高–中等，织纳煤田表现为规模中等–较小但丰度高–中等，水城矿区主要表现为规模较小和丰度中等。

（3）重点含气区分布

贵州省煤层气地质资源主要集中于 15 个重点含气区（图 11-15、表 11-17、图 11-16）。全省 15 个重点含气区含煤总面积约为 1.34 万 km²，煤层气地质资源总量为约 2.2 万亿 m³，占全省资源总量的 72.00%。15 个重点含气区的煤层气平均地质资源丰度为 1.64 亿 m³/km²，高于全省煤层气平均地质资源丰度。

在全省15个重点含气区中，盘关向斜、青山向斜、比德–三塘盆地及瓢儿井向斜地质资源量较高，均超过2000亿 m³。而盘关向斜、土城向斜、旧普安向斜、青山向斜、格目底向斜、大河边向斜、郎岱向斜及比德–三塘盆地煤层气地质资源丰度均达到2.00亿 m³/km²以上，资源条件好。

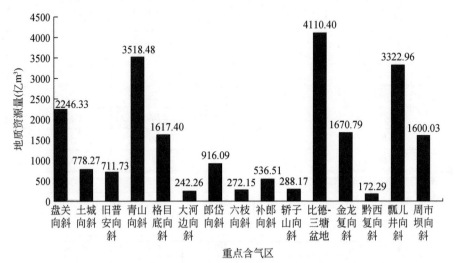

图 11-15　贵州省 15 个重点含气区煤层气地质资源量分布

表 11-17　贵州省 15 个重点含气区煤层气地质资源量及地质资源丰度

重点含气区	含煤面积（km²）	地质资源量（亿 m³）	地质资源丰度（亿 m³/km²）	浅于 1000m 埋深	
				地质资源量（亿 m³）	占总量的比重（%）
盘关向斜	563.6	2 246.33	3.99	1 028.66	45.79
土城向斜	210.7	778.27	3.69	396.28	50.92
旧普安向斜	193.77	711.73	3.67	323.99	45.52
青山向斜	1 410.24	3 518.48	2.49	1 928.05	54.80
格目底向斜	553.97	1 617.40	2.92	466.61	28.85
大河边向斜	73.58	242.26	3.29	87.11	35.96
郎岱向斜	372.62	916.09	2.46	282.28	30.81
六枝向斜	259.09	272.15	1.05	115.00	42.26
补郎向斜	769.96	536.51	0.70	233.76	43.57
轿子山向斜	448.4	288.17	0.64	209.84	72.82
比德–三塘盆地	1 710.87	4 110.40	2.40	2 710.98	65.95
金龙复向斜	1 058.76	1 670.79	1.58	959.10	57.40
黔西复向斜	483.85	172.29	0.36	148.72	86.32
瓢儿井向斜	3 210.87	3 322.96	1.03	—	—

续表

重点含气区	含煤面积 （km²）	地质资源量 （亿 m³）	地质资源丰度 （亿 m³/km²）	浅于 1000m 埋深	
				地质资源量（亿 m³）	占总量的比重（%）
周市坝向斜	2 089.17	1 600.03	0.77	—	—
合计	13 409.45	22 003.86	1.64	—	—

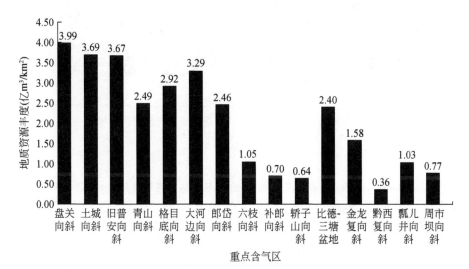

图 11-16 贵州省 15 个重点含气区的煤层气地质资源丰度分布

3. 煤层气资源深度分布

（1）全省的资源深度分布格局

贵州省煤层气资源主要赋存在 1500m 以浅，地质资源量为 23 077.55 亿 m³，占全省 2000m 以浅可采煤层煤层气地质资源总量的 74.86%，赋存条件总体上很好。埋深 1500m 以浅煤层气地质资源的比例在织纳煤田最高，达到 86.43%；六盘水煤区、贵阳煤区和黔西北煤区也较高，分别为 77.41%、76.61% 和 71.11%；兴义煤区只有 52.50%，与埋深 1500～2000m 的煤层气地质资源量基本相当（图 11-17）。

A. 六盘水煤区

六盘水煤区埋深<1000m、1000～1500m 和 1500～2000m 以浅煤层气地质资源量占资源总量的比例，分别为 46.37%、31.04% 和 22.59%，即以浅于 1000m 的资源为主。其中，盘县矿区三个埋深段的地质资源平均比例分别为 51.50%、31.12% 和 17.38%，总体上资源比例随深度增大而显著递减。盘县矿区不同埋深段煤层气地质资源丰度极高，远高于省内其他矿区和向斜单元，国内罕见。在浅于 1000m 埋深段，地质资源丰度多数超过 2.70 亿 m³/km²，资源规模较大的盘关向斜和照子河向斜在 3.00 亿 m³/km² 以上，即使资源规模最大的青山向斜也有 2.16 亿 m³/km²。在 1000～1500m 埋深段，地质资源丰度多数超过 4.20 亿 m³/km²，土城、盘关、平关向斜超过 5.10 亿 m³/km²，在平关向斜达到 6.15

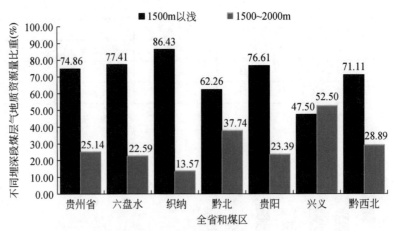

图 11-17　贵州省与不同埋深段煤层气地质资源量比重

亿 m^3/km^2（表 11-18）。

表 11-18　贵州省盘县矿区不同埋深的煤层气地质资源量和地质资源丰度

构造单元	地质资源量（亿 m^3）			地质资源丰度（亿 m^3/km^2）		
	<1000m	1000~1500m	1500~2000m	<1000m	1000~1500m	1500~2000m
土城	396.28	293.93	88.06	2.76	5.53	6.26
盘关	1028.66	870.57	347.10	3.07	5.11	5.98
旧普安	323.99	191.73	196.01	2.88	4.75	4.78
平关	103.10	92.07	—	3.43	6.15	—
照子河	719.16	345.79	221.64	3.28	4.22	6.24
青山	1928.05	924.57	665.86	2.16	3.07	3.06
合计	4499.24	2718.66	1518.67	2.60	4.11	4.15

B. 水城矿区

水城矿区 3 个埋深段的地质资源量比重分别为 37.55%、35.64% 和 26.80%。其中，资源规模最大的格目底向斜，其深部的煤层气资源量多于浅部，三个埋深段的地质资源量比重分为 28.85%、36.68% 和 34.47%。煤层气地质资源丰度随埋深增大而增高，但在不同向斜变化较大。浅于 1000m 埋深段资源丰度介于 0.33~2.44 亿 m^3/km^2，1000~1500m 埋深段介于 0.33~4.48 亿 m^3/km^2，以小河边和大河边向斜最高（表 11-19）。

表 11-19　贵州省水城矿区不同埋深的煤层气地质资源量和资源丰度

构造单元	地质资源量（亿 m^3）			地质资源丰度（亿 m^3/km^2）		
	<1000m	1000~1500m	1500~2000m	<1000m	1000~1500m	1500~2000m
垮都	19.69	10.31	12.59	0.33	0.33	0.35
格目底	466.61	593.28	557.51	2.20	3.01	3.86

续表

构造单元	地质资源量（亿 m³）			地质资源丰度（亿 m³/km²）		
	<1000m	1000~1500m	1500~2000m	<1000m	1000~1500m	1500~2000m
杨梅树	50.30	—	—	0.66	—	—
小河边	93.64	50.81	—	2.68	4.48	—
大河边	87.11	105.43	49.72	2.44	4.08	4.12
神仙坡	30.81	—	—	1.19	—	—
土地垭	104.61	64.35	—	1.27	2.18	—
结里	3.96	—	—	0.63	—	—
二塘	11.67	—	—	0.99	—	—
合计	868.40	824.18	619.82	1.59	2.80	3.22

C. 六枝矿区

六枝矿区 3 个埋深段的地质资源量比重分别为 37.79%、27.06% 和 35.15%，深部和浅部相对较大，中部相对较小（表 11-20）。煤层埋深增大，地质资源丰度增高，但在不同向斜变化较大。浅于 1000m 的地质资源丰度介于 0.56~2.49 亿 m³/km²，1000~1500m 介于 0.66~4.64 亿 m³/km²，以郎岱和中营向斜最高。

表 11-20　贵州省六枝矿区不同埋深的煤层气地质资源量和资源丰度

构造单元	地质资源量（亿 m³）			地质资源丰度（亿 m³/km²）		
	<1000m	1000~1500m	1500~2000m	<1000m	1000~1500m	1500~2000m
晴隆	250.59	148.97	209.94	0.67	1.30	1.29
新场	61.10	—	366.68	1.77	—	1.25
郎岱	282.28	362.12	271.69	2.18	2.88	3.20
中营	139.56	38.30	—	2.49	4.64	—
蟠龙	76.18	12.88	10.02	0.89	2.22	1.93
六枝	115.00	117.64	39.51	0.71	1.61	1.60
补郎	150.83	90.29	102.71	0.56	0.66	0.70
合计	1075.54	770.20	1000.55	0.97	1.66	1.39

D. 织纳煤田

织纳煤田 3 个埋深段的地质资源量比重分别为 66.15%、20.37% 和 13.48%，煤层气地质资源主要集中在 1000m 以浅，1000~1500m 所占比例约为 1/5，大于 1500m 的深部较少，资源赋存条件极好。并具有如下主要特点。

煤田内煤层气地质资源规模最大（400 亿~550 亿 m³）的几个向斜，资源几乎全部赋存在浅部，如勺坐、水公河、阿弓-珠藏。1000m 以浅地质资源量所占比例之间 78.52%、92.46% 和 98.99%；白泥菁向斜地质资源量 261.08 亿 m³，全部赋存在 1000m 以浅；百兴和三塘向斜地质资源量均在 550 亿 m³ 左右，其中 1000m 以浅的比例达到 45%~50%；轿子山地质资源量为 288.17 亿 m^3，72.82% 赋存在 1000m 以浅（表 11-21）。

表 11-21　贵州省织纳煤田不同埋深的煤层气地质资源量和地质资源丰度

构造单元	地质资源量（亿 m^3）			地质资源丰度（亿 m^3/km^2）		
	<1000m	1000~1500m	1500~2000m	<1000m	1000~1500m	1500~2000m
以支塘	17.03	16.12	—	0.68	1.61	
五指山向斜	66.68	85.79	192.65	3.18	3.59	4.02
勺坐向斜	402.98	81.24	29.00	2.03	1.82	1.09
乐治	21.80	61.12	102.50	0.78	0.90	0.91
百兴	547.59	425.64	128.73	2.73	3.39	4.02
加戛向斜	255.60	132.73	13.63	2.38	2.18	2.15
水公河	510.98	25.58	16.10	2.43	2.39	1.90
三塘	561.29	265.48	385.94	1.87	1.95	2.22
阿弓–珠藏	549.24	5.59	—	2.30	1.34	—
新华	25.20	—	—	0.70	—	—
八步	271.44	65.97		1.78	2.11	
关寨	179.17	67.98	9.32	0.87	1.24	1.14
大关	77.90	3.19	—	0.47	1.39	—
大猫场	30.68	1.29		0.44	0.70	
牛场	230.95	18.47	—	0.81	1.67	—
鸡场坡	87.24	8.81	0.73	1.23	1.72	1.66
补郎	82.93	54.15	55.60	0.79	0.94	1.04
轿子山	209.84	63.94	14.39	0.60	0.78	0.76
席关–谷豹区	45.24	13.28	0.45	0.18	0.27	0.48
流长	93.25	18.26	0.24	0.38	0.49	0.39
莫老坝	39.43	16.18	—	0.27	0.50	—
小箐	31.39	3.55	0.65	0.27	0.17	1.97
关寨	19.58	—	—	0.82	—	—
白泥菁	261.08			4.34		
合计	4618.51	1434.36	949.93	1.27	1.65	1.94

煤田内三个埋深段的平均地质资源丰度分别为 1.27m^3/km^2、1.65m^3/km^2 和 1.94 亿 m^3/km^2，随埋深增大而显著增高。在 1000m 以浅，地质资源丰度最低的为 0.18 亿 m^3/km^2，最高的为 4.34 亿 m^3/km^2，在 1000~1500m 埋深段，地质资源丰度介于 0.27~3.39 亿 m^3/km^2；

在 1500～2000m 埋深段，地质资源丰度于 0.39～4.02 亿 m³/km²。

织纳煤田不同埋深段煤层气地质资源量与地质资源丰度之间存在对数正相关的趋势。例如，百兴、加戛、水公河、三塘、阿弓-珠藏、八步、白泥菁向斜的煤层气地质资源量均在 250 亿 m³ 以上，不同埋深段的地质资源丰度一般大于 2.00 亿 m³/km²，最高达 4.34 亿 m³/km²。但是，牛场向斜煤层气地质资源量 249.42 亿 m³，全部赋存在 1500m 以浅，地质资源丰度只有 0.81～1.67 亿 m³/km²；轿子山向斜煤层气地质资源量为 288.17 亿 m³，三个埋深段地质资源丰度仅为 0.60～0.78 亿 m³/km²。这一特点，为织纳煤田煤层气勘探开发试验选区提供了重要的依据（表 11-21）。

（2）重点含气区资源深度分布

贵州省内 15 个重点含气区中，六盘水煤田、织纳煤田 13 个重点含气区不同深度煤层气地质资源量汇总如表 11-22、图 11-18 所示。

上述 13 个重点含气区中，埋深 1000m 以浅、1000～1500m、1500～2000m 分布煤层气地质资源量分别为 9290.90 亿 m³、4906.48 亿 m³、3266.03 亿 m³，分别占地质资源总量的 53.2%、28.1%、18.7%，可见煤层气资源较多分布于瓦斯分化带至 1000m 埋深范围内，区域煤层气资源赋存深度较浅。

表 11-22　贵州省六盘水、织纳煤田的 13 个重点含气区煤层气深度分布

重点含气区	地质资源量（亿 m³）			地质资源丰度（亿 m³/km²）		
	<1000m	1000～1500m	1500～2000m	<1000m	1000～1500m	1500～2000m
盘关向斜	1028.66	870.57	347.10	3.07	5.11	5.98
土城向斜	396.28	293.93	88.06	2.76	5.53	6.26
旧普安向斜	323.99	191.73	196.01	2.88	4.75	4.78
青山向斜	1928.05	924.57	665.86	2.16	3.07	3.06
格目底向斜	466.61	593.28	557.51	2.20	3.01	3.86
大河边向斜	87.11	105.43	49.72	2.44	4.08	4.12
郎岱向斜	282.28	362.12	271.69	2.18	2.88	3.20
六枝向斜	115.00	117.64	39.51	0.71	1.61	1.60
补郎向斜	233.76	144.44	158.31	0.675	0.8	0.87
轿子山向斜	209.84	63.94	14.39	0.60	0.78	0.76
比德-三塘盆地	2710.98	855.02	544.40	2.39	2.25	2.57
金龙复向斜	959.10	378.22	333.47	1.55	1.88	1.79
阿弓-珠藏向斜	549.24	5.59	—	2.30	1.34	—
合计	9290.90	4906.48	3266.03	1.99	2.85	3.24

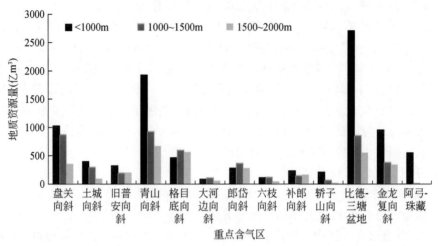

图 11-18　贵州省 13 个重点含气区煤层气不同埋深段的地质资源量

二、煤层气资源的勘查和利用现状

1. 煤层气资源矿权设置

据省国土资源厅统计，截至 2016 年底，贵州省共设置煤层气探矿权 8 个，面积共计 1209.51km² （表 11-23），仅占全省含气面积的 4.40%。其中，大部分煤层气矿区集中在黔西地区，少数位于黔北织金县，且矿权持有人只有 1 家为中央企业，其余均为省属企业。截至 2016 年底，贵州省内仍未获得煤层气采矿权。

表 11-23　贵州省煤层气探矿权的基本情况

序号	煤层气探矿权	探矿权人	有效期起	有效期止	面积（km²）
1	贵州六盘水保田青山区块煤层气勘查	中国石油天然气股份有限公司	2012-11-24	2016-11-24	869.901
2	贵州盘县土城向斜北翼西段煤层气勘查	贵州盘江投资控股（集团）有限公司	2012-9-11	2017-9-11	67.243
3	贵州省盘县火烧铺煤矿煤层气勘查	贵州盘江煤层气开发利用有限责任公司	2013-1-30	2018-1-30	22.513
4	贵州盘县响水煤矿煤层气资源勘查	贵州盘江投资控股（集团）有限公司	2012-9-11	2017-9-11	66.175
5	贵州盘县金佳煤矿煤层气资源勘查	贵州盘江投资控股（集团）有限公司	2013-1-30	2018-1-30	39.002
6	贵州盘县盘关向斜西翼北段煤层气资源勘查	贵州盘江煤层气开发利用有限责任公司	2013-1-30	2018-1-30	58.778

续表

序号	煤层气探矿权	探矿权人	有效期起	有效期止	面积（km²）
7	贵州织金文家坝一矿煤层气勘查	贵州水矿奥瑞安清洁能源有限公司	2016-1-14	2019-1-13	27.594
8	贵州织金文家坝二矿及碾子边矿煤层气勘查	贵州水矿奥瑞安清洁能源有限公司	2016-1-14	2019-1-13	58.304

此外，贵州省 80.00% 以上的煤炭矿区面积与常规油气区和页岩气探矿权区块重叠，共设立 24 个，面积总计约 9.82 万 km²，与全省含气面积的重叠面积约 1.70 万 km²。其中常规油气、天然气探矿权有 17 个，面积约 8.86km²，均为中石化、中石油等中央企业所有。常规油气、天然气探矿权区块未明确说明是否包含煤层气矿权，而据调查，这些央企矿权人申报煤层气探矿权时国土资源部不予批准，煤炭矿权人申报时又需先与常规油气矿权人达成协议，从而导致贵州省煤层气探矿权申报难度较大，矿权过少，严重制约了贵州省煤层气产业发展。

自从获得煤层气探矿权后，各矿权人在相应的探矿权内陆续开展了煤层气资源勘查工作。截至 2015 年底，累计施工煤层气参数井 18 口、排采井 29 口。由此可看出，各持矿权人在煤层气探矿权有限期内投入的勘查工作较少（表 11-24）。其他企业在省内从事煤层气勘查工作主要是在常规油气区块采用与煤矿联合进行煤层气勘探开发的模式进行，由于受矿权限制，存在"融资难、不敢投"的现象。

表 11-24　贵州省煤层气探矿权的勘查情况　　　　（单位：口）

序号	煤层气探矿权名称	煤层气参数井	煤层气排采井
1	贵州六盘水保田青山区块煤层气勘查	6	20
2	贵州盘县土城向斜北翼西段煤层气勘查	1	9
3	贵州省盘县火烧铺煤矿煤层气勘查	3	0
4	贵州盘县响水煤矿煤层气资源勘查	1	0
5	贵州盘县金佳煤矿煤层气资源勘查	1	0
6	贵州盘县盘关向斜西翼北段煤层气资源勘查	4	0
7	贵州织金文家坝一矿煤层气勘查	1	0
8	贵州织金文家坝二矿及碾子边矿煤层气勘查	1	0

2. 瓦斯井下抽采与利用

贵州省煤矿多属高瓦斯矿井或煤与瓦斯突出矿井。早在 20 世纪 70 年代，贵州省煤层气的初步开发利用已经开始，贵州省内国有重点煤矿相继在六枝与水城、盘县地区建立了煤层气抽采利用系统，供民用、发电等。

"十二五"期间，贵州省为促进煤矿安全生产形势持续稳定好转，加大对煤矿区瓦斯（煤层气）抽采与利用力度，在省政府的推动下，对盘江煤电矿区、毕节地区煤矿区、林东矿业集团有限责任公司煤矿区、六枝工矿（集团）有限责任公司煤矿区、水城矿业（集团）有限责任公司煤矿区、六盘水市煤矿区 6 个煤矿区进行煤矿瓦斯规模化利用规划和实施，整体上提高了贵州煤矿瓦斯抽采的规模和规模化利用水平。其中省内国有煤矿企业如盘江精煤股份有限公司和水城矿业股份有限公司在煤层气（煤矿瓦斯）开发利用方面已形成规模化和多样化（表 11-25），不仅进行了瓦斯发电，也实现了瓦斯民用；另外，盘江煤层气开发利用有限责任公司已在金佳矿建设了日处理 28.00 万 m^3 井下瓦斯气（浓度在 16% 以上）、日生产 4.20 万 m^3 产品的瓦斯提纯厂。这些成就均为煤层气（煤矿瓦斯）开发的商业化发展奠定了基础。

表 11-25 贵州省 2011～2014 年主要企业瓦斯抽采利用情况

年份	盘江精煤股份公司			水城矿业股份公司		
	瓦斯井下抽采量（亿 m^3）	瓦斯利用量（万 m^3）	瓦斯发电量（万 m^3）	瓦斯井下抽采量（亿 m^3）	瓦斯利用量（万 m^3）	瓦斯发电量（万 m^3）
2011	2.72	9 480	—	1.88	5 262	—
2012	2.65	12 079	—	2.43	5 068	—
2013	2.29	11 231	—	2.33	4 601	—
2014	2.33	13 406	11 092	2.35	3 505	2 430
合计	9.99	46 196	—	8.99	18 436	—

注：2015 年瓦斯井下抽采数据收集不全

目前各矿井均已建立完善的抽采系统；采用的抽采方法主要有穿层钻孔抽采、本煤层抽采、高位巷抽采、高位钻孔抽采、采空区抽采等，瓦斯抽采浓度一般在 10%～40%，最高达到 70% 以上。"十二五"期间全省井下瓦斯抽采量和利用率呈逐年增长趋势。截至 2015 年底，全省煤矿瓦斯抽采量总计 83.24 亿 m^3，瓦斯利用量为 21.06 亿 m^3，瓦斯利用率为 25.30%，其中，2015 年全省煤矿瓦斯抽采量总计 19.38 亿 m^3，瓦斯利用量为 5.59 亿 m^3，比 2010 年全省煤矿瓦斯抽采量 12 亿 m^3、瓦斯利用量 1.83 亿 m^3 分别增长了 7.38 亿 m^3、3.76 亿 m^3（表 11-26）。

表 11-26 贵州省和全国、山西省 2011～2015 年煤矿瓦斯抽采利用情况

年份	瓦斯抽采量（亿 m^3）			瓦斯利用量（亿 m^3）	瓦斯利用率（%）
	全国	山西	贵州	贵州	贵州
2011	92.00	35.74	9.54	2.21	23.17
2012	99.40	45.8	14.37	3.28	22.83
2013	108.90	52.55	18.26	4.12	22.56
2014	132.60	55.34	21.69	5.86	27.02
2015	135.70	60.29	19.38	5.59	28.84
合计	568.60	249.72	83.24	21.06	25.23

在煤层气（煤矿瓦斯）利用方面，目前贵州煤层气（煤矿瓦斯）以发电和民用为主，其中利用量较高的地区主要分布在六盘水、遵义、毕节和安顺等地区；利用量较高的煤矿企业主要集中在盘江煤电、水城矿业、兖矿集团、永贵能源、六枝工矿及贵州能发等大型煤炭企业，占总利用量的80%以上；全省煤矿瓦斯发电装机530台、总装机规模为32.38万kW，与2010年同比翻番。

3. 煤层气地面勘查开发

贵州煤层气地面开发试验工作主要集中在黔西地区。20世纪80年代初至90年代末，贵州省先后开展了"贵州上二叠统煤层气研究"、"黔西地区煤层甲烷资源远景评价"、"贵州西部地区煤层甲烷资源初步选区评价"和"贵州西部浅层天然气（含煤层气）地质综合研究"等研究工作，部分地区还开展了地震、化探及钻井工作。

1989年，西南地质局05项目工程处分析了盘县地区上二叠统煤层气地质条件，随后进行了钻井试采，但由于成本高，没有经济利益而停止；1997年，由贵州省煤田地质局完成的"贵州省煤层气资源评价"，成为贵州省煤层气真正被外面认知的标志性事件，也为后来贵州省的煤层气工作奠定了基础；自1998年以来，贵州省煤田地质局、原滇黔桂石油勘探指挥部、煤炭科学研究总院西安研究院、国土资源部和中国矿业大学先后对贵州省煤层气进行了评价工作，并优选了含煤盆地和靶区，为后期煤层气开发提供了依据。

自2000年以来，贵州省煤层气地面勘查开发工作步入工程探索和开发试验阶段，其历程主要可分为两个阶段。

（1）煤层气勘查开发工程探索阶段（2000～2009年）

2000年，贵州星海石油化工科技有限公司联合加拿大石油公司对盘县煤层气开展进一步的勘探和排采试验，但没有取得明显进展。

1998～2002年，滇黔桂石油指挥部实施了"九五"国家重点工业性试验项目——"六盘水煤层气开发利用示范工程"，先后在亮山、金竹坪区块部署了5口煤层气勘探参数井，并对其中4口井（贵煤1井、贵煤2井、黔红1井和黔红2井）中的4个煤层进行了加砂压裂试采，但抽采效果差。抽采时间为95～200天，产液量最低为67.86m^3，最高为5234.41m^3；单井累计产气量为663.60～15 563.17m^3，日产量最高为350.65m^3，低于500m^{3}的工业气流下限标准。

2005年中联煤层气有限责任公司与贵州省煤田地质局、亚加能源有限公司等中外企业合作，启动了贵州省保田-青山煤层气项目，并于2006年底完成了65km二维地震勘探、6口小井眼煤层气参数井的施工，随后又有一批参数井在各个矿区陆续施工，标志着贵州省煤层气勘探开发热潮的到来。

2008年贵州省煤田地质局又与中国石油勘探开发研究院廊坊分院合作在水城县格目底向斜进行煤层气勘查，成功完成煤层气参数井+试验井1口；2007～2008年贵州省煤田地质局分别在纳雍中岭矿和盘县老屋基煤矿成功施工瓦斯抽放孔各1口。

2007～2009年，贵州省煤矿设计研究院为盘江煤电（集团）公司、盘南煤炭公司、玉舍煤业公司、中岭矿业有限责任公司、安顺煤矿、五轮山煤业公司共设计了6口地面瓦斯抽采钻孔，但仅在老屋基煤矿与中岭煤矿施工，效果较差。

期间，各大央企如中联煤层气有限责任公司、中石油等和省属企业均进行了不同程度的煤层气勘查开发工程探索，但产气量均低于工业下限，未取得工业性突破。

（2）煤层气勘查开发试验阶段（2010年以来）

2010~2013年，中国石油天然气股份有限公司煤层气有限责任公司和格瑞克公司在保田-青山区块内施工完成了4口U形对接井、2个煤层气地面抽采丛式井井组及其他一些单井的钻井、录井、测井及固井工作。截至2015年底，中国石油天然气股份有限公司煤层气有限责任公司和格瑞克公司在保田-青山区块共实施煤层气参数井6口，煤层气试验开发井29口，其中实现了两次高难度水平井对接。

2011~2014年，中石化华东分公司在织纳煤田常规油气区块"比德-三塘向斜"实施煤层气地面开发试验，共部署参数井及试验井20余口，单井日产气量为1100~5800m^3，其中，织金2U1P水平井试采日产5000m^{3}以上、织2井日产气量2800m^3、织3井日产气量1100m^3、织4井3段分压合采日产气量2500m^3、织5井2段分压合采日产气量2800m^3，取得商业性突破。

2013~2016年，盘江投资控股（集团）有限公司在其5个煤层气勘查区累计施工了煤层气参数井11口及开发试验丛式井组9口，其中在土城向斜松河矿建立省瓦斯（煤层气）勘探开发示范工程，针对贵州省薄至中厚煤层群发育的特点，探索了"小层射孔，分段压裂，合层排采"的煤层气地面开发技术工艺，单井最高日产气量为2800m^3，单井稳产1000m^{3}以上。截至2016年，工程实施单位基于示范工区煤层群煤层分段聚集及高地应力条件，初步建立了与煤层气成藏及开发条件相适应的煤层气开发技术及配套性工艺。

2014~2016年，西南能矿集团贵州天然气能源投资股份有限公司与矿方合作，在六盘水、毕节、遵义等地进行煤层气勘查开发，累计施工煤层气探井、评价井、开发井58口，其中3口井日产气量可达1000m^{3}以上。贵州水矿奥瑞安清洁能源有限公司在织金阿弓-珠藏向斜文家坝煤矿实施2口煤层气参数井。

2015年重庆能源（贵州）煤电有限公司与中煤科工集团西安研究院有限公司合作，在黔西县官寨煤矿施工第1口参数井，压裂排采后点火成功，日产气量达1000m^{3}以上。2016年大方县江南煤矿被国家发展和改革委员会列为"先抽后建"示范矿井。

2016年，中国地质调查局在水城都格井田内施工1口煤层气参数井——杨煤1井，该井获得高产稳定工业气流，连续50天日产气量稳产在3600m^{3}以上。

"十二五"期间，贵州省多家企业单位在六盘水煤田和织纳煤田开展了煤层气直井、水平井、U形井、丛式井等多种煤层气开发井型试验，煤层气勘查开发取得重大进展，部分地区获得了工业性突破，但因矿权制约、稳产难、经济效益低而无法进行大规模商业化开发。

截至2016年，贵州省煤层气勘查开发累计施工各类煤层气井140口，其中煤层气探矿权内有57口，其余大部分均分布在常规油气区块。据不完全统计（叶建平等，2016），山西省现有钻井约10 060口，投产井7100口，获得探明储量3600亿m^3，与之对比，贵州省煤层气勘查开发仍处于初期阶段，勘查程度较低。

4. 勘查利用的制约因素

未来一段时间内，随着贵州省经济社会的快速发展和生态文明建设的强力推进，贵州省对天然气能源的需求将越来越大。虽然贵州省煤层气资源丰富，具备商业化开发的条件，可作为常规天然气的补充能源，但受矿权、勘查和资金投入不足等因素制约，要实现贵州省煤层气产业可持续发展仍存在一定困难。

（1）重视程度有待提高

政府部门和煤矿企业对煤层气开发利用的重视程度不高是制约贵州省煤层气产业发展的首要因素。2017 年以前贵州省未出台推进煤层气地面开发利用的相关政策，首次将煤层气开发利用纳入规划是在《贵州省国民经济和社会发展第十三个五年规划纲要》中。在煤矿企业方面，煤矿企业对煤层气（瓦斯）抽采特别是地面煤层气抽采的积极性不高。这些因素直接导致贵州省煤矿、企事业单位申报煤层气矿权的积极性不高和勘查投入不足，煤层气开发技术有待进一步提高。

（2）煤层气矿权过少、多矿种探矿权交叉重叠严重

矿权问题也是制约贵州省煤层气产业发展的重要因素之一。煤层气产业发展前提是以规模化开发为基础。目前，贵州省仅有 8 个煤层气探矿权，面积共计 1209.51 km²，只占全省含气面积的 4.4%，且仍未获得煤层气采矿权。其他大部分含气面积因与中石油、中石化等中央企业所持有的常规油气（含页岩气等）矿权重叠导致煤层气矿权申报困难，且仅有的煤层气矿权内投入严重不足。若煤层气矿权在"十三五"期间不能做到有序投放，将难以支撑 2020 年全省煤层气地面抽采量达到 10 亿 m³ 的目标。但 2017 年 6 月，国土资源部颁布第 75 号部令，提出贵州省是大部分煤层气矿权下放的试点省份之一。矿权快速有序投放将有效地解决贵州省煤层气矿权过少的问题。

（3）勘查和资金投入不足

基础性地质工作是煤层气勘查开发取得突破的重要基础和环节，而贵州省煤层气地质条件与华北地区相比更为复杂，且煤炭勘查中对煤层气的勘查重视不够，从而造成煤层气勘查工作程度较低，资源量有待落实，影响了煤层气的规模化开发。统计数据表明，截至 2016 年底，贵州省煤层气勘查开发累计施工各类煤层气井 140 余口，煤层气勘查开发仍处于起步阶段，勘查程度低，投入严重不足。此外，煤层气产业是一种高投入、高风险产业，在勘查开发初期，所需投资很大。按照需求预测，2020 年贵州省落实、潜在、意向市场天然气需求量分别为 45 亿 m³、60 亿 m³、70 亿 m³。按 2020 年落实市场天然气需求量 45 亿 m³、管道天然气下载量 20 亿 m³、储备用气量（LPG、LNG①）5 亿 m³ 计算，至 2020 年贵州省天然气仍有 20 亿 m³ 的缺口。扣除井下抽采的煤层气约 10 亿 m³，拟定的地面煤层气产气量为 10 亿 m³。按照单井日产 1200m³、可采成功率 80%、单井成本 300 万计算，至 2020 年需累计施工钻井 3500 余口、投入 105 亿元。而目前的工程进度和经济投入远不足以达成"十三五"规划目标。

---

① LPG（liquefied petroleum gas），即液化石油气；LNG（liquefied natural gas），即液化天然气。

因此，为满足贵州省国民经济与社会发展需求，应着重突破矿权制约、解决勘查和资金投入问题，尽快将煤层气资源量转化为地质储量，加速释放煤层气资源红利，应制定适合于贵州省的煤层气发展战略，以保障煤层气资源可持续利用和发展。

三、煤层气可持续发展目标和原则

1. 指导思想

全面贯彻落实党的十八大和十八届三中、四中、五中、六中全会精神，以及习近平总书记系列重要讲话精神和省委十一届六次全会精神，坚决执行"创新、协调、绿色、开放、共享"发展理念，遵循能源发展"四个革命、一个合作"的战略思想，立足省情矿情，着力加强统筹协调，着力加强科技创新，着力推进能源供给侧改革，坚持煤层气地面开发与煤矿瓦斯抽采并举，以煤层气产业化基地和煤矿瓦斯抽采规模化矿区建设为重点，努力构建具有贵州特色的清洁低碳、安全高效的现代能源体系，实现煤层气资源可持续利用。

2. 基本原则

立足于为实现贵州省煤层气资源可持续利用为出发点，紧密结合贵州省国土资源与管理的特征，严守发展和生态两条底线，从贵州省四大战略出发，坚持以"创新、协调、绿色、开发、共享"五大发展理念贯穿始终，基本包括以下方面。

（1）坚持创新发展的原则

加大煤层气勘查开发新工艺技术的引进和推广力度；加快有利于促进贵州省煤层气可持续发展体制的构建；加快创新型人才队伍的建设，加大能源创新的政策、资金扶持力度，增强能源创新能力。

（2）坚持统筹规划、合理布局、协调发展的原则

根据贵州省能源、矿业经济发展的要求，结合经济社会发展步伐，统筹规划煤层气资源勘查与开发工作。通过合理规划、布局，充分发挥全省煤层气资源优势，加快煤层气勘查开发及产业化步伐。

（3）坚持资源勘查开发与环境保护并重的原则

煤层气勘查开发过程中要注重井场集约化建设、地表植被恢复和水资源节约利用，保护区域地质环境、强化恢复治理，促进环境保护和经济发展的双赢，实现可持续发展。

（4）坚持自主开发与对外合作相结合的原则

开展自主勘查开发技术攻关的同时，加强与国内外其他单位的合作，通过引进、消化、吸收技术，提高自主创新能力，建立适于贵州省实际情况的技术体系。

（5）坚持以人为本，共享发展的原则

统筹城乡和区域能源发展，加快贵州省城镇化建设，加强城镇天然气管网建设，推进

煤层气、天然气管网互联互通，建立公平、开放的管网输配机制，加快省内电力、天然气替代煤炭等传统能源的进程，实施农光一体化、光伏扶贫计划，提高贫困地区能源保障能力，把能源发展与扶贫攻坚、同步小康有机结合起来。

3. 战略目标

以"大扶贫、大健康、大数据、大旅游"为统领，以"气化贵州"目标为导向，以改革创新为动力，以安全发展为保障，按照"政府引导、市场运作、有序竞争、强化监督"的原则，着力健全和完善体制机制，着力优先发展环境，全力推进煤层气产业健康、安全、高效、可持续发展，把煤层气产业作为重点培育发展的新兴产业，打造成为重要的战略性新兴产业，使之成为新的经济增长点。

4. 时间布局

2016 ~ 2020 年（即"十三五"期间）：为商业性开发试验阶段。加强贵州省煤层气勘查开发技术攻关试验研究，突破开发技术瓶颈，集中力量进行战略突破，拿下一批优质储量建立示范项目，并以示范项目为引领初步在盘县地区、织纳地区、黔北地区建成 3 个煤层气产业化基地；同时完善、推广大型煤矿瓦斯抽采系统，井下瓦斯抽采量不低于 25 亿 m^3，利用率不低于 50%；2020 年，煤层气地面年抽采总量不低于 10 亿 m^3；可利用的煤层气抽采总量约占贵州省天然气气源的 1/3。

2021 ~ 2030 年：为规模化开发阶段。推广、优化煤层气开发关键技术，完善管网、燃气压缩站等基本配套建设，在此基础上加快推进三大煤层气基地及重点开发区的产业化、规模化建设，形成上下游一体化的规模生产能力。

2030 年以后：为可持续发展阶段。

四、煤层气重点开发区的布局规划

1. 重点区域资源开发潜力评价

（1）六盘水煤田煤层气资源开发潜力

根据 2011 年贵州省煤炭资源潜力评价报告（第四次），六盘水煤田是贵州煤炭资源最为富集的煤田，煤炭资源量为 974.0505 亿 t，占全省煤炭资源量的 37.6%，包括盘县、六枝、水城 3 个矿区，煤炭资源勘探程度高。

A. 构造特征

构造上位于二级构造单元上扬子陆块西部黔南坳陷六盘水断陷中北部，主要包括盘关向斜、土城向斜、格目底向斜、青山向斜、郎岱向斜、六枝向斜 6 个构造单元，具有向斜控气的特征。总体上以隔槽/隔挡式褶曲为主，断层性质多样，煤层结构破坏强烈。

B. 煤系地层及煤层特征

含煤地层主要为上二叠统长兴组和龙潭组，煤系地层厚度为 220 ~ 513m，含煤层数一一般为 20 ~ 50 层，煤层总厚一般为 10 ~ 40m，可采煤层为 1 ~ 26 层，可采厚度累计达 15 ~ 40m。六盘水煤田煤层具备煤层层数多、累计厚度大、单层厚度薄、层间距小而不均等特点。

C. 煤储层特征

六盘水煤田整体以肥煤-瘦煤和无烟煤为主，煤层变质程度中等-高；以碎裂结构煤为主，裂隙较为发育，渗透率偏低；储层压力为正常-异常高压状态，较利于煤层气开采。

D. 煤层气资源及可采潜力

六盘水煤田的煤层气资源总量为 13 895.26 亿 m^3，占全省地质总资源量的 45.47%，位于全省之首；平均地质资源丰度为 2.26 亿 m^3/km^2，居全国烟煤-无烟煤煤田前列；资源量为 6560.79 亿 m^3，占全省资源总量的 45.57%；其中，盘县矿区是全省范围内煤层气可采资源的富集中心，可采资源量为 3113.96 亿 m^3，占全省可采资源总量的 22.58%；可采资源平均地质资源丰度为 1.13 亿 m^3/km^2。

E. 开发工程实践

盘县矿区是全省最早开展煤层气勘查的区域，也是目前煤层气探矿权的集中地，煤层气勘查程度较高，先后多家单位在该区块进行过煤层气勘探。其中投入工程最多的属青山-保田区块和盘江矿区。青山-保田区块自 2006 年启动煤层气勘探试验项目至今，中石油、中联煤层气有限责任公司与英国格瑞克能源集团先后开展了不同程度的开发试验，共施工参数井 8 口、排采试验井 29 口。虽然排采效果不理想，但取得了较有利的储层参数和经验。盘江矿区包括贵州盘江煤电集团有限责任公司及下属盘江煤层气公司 5 个煤层气勘查区，自 2013 年开始投入工作，累计施工参数井 11 口，排采试验井组 9 口，建立了一个松河矿煤层气地面抽采省级示范工程，单井最高日产气量达 2800m^3，单井稳产 1000 m^3 以上，且排采时间长，获取了较多储层参数及工程试验经验，为"十三五"期间建立煤层气产业化基地奠定了良好基础。此外，2016 年，中国地质调查局在水城矿区杨梅树向斜施工 1 口煤层气参数井——杨煤参 1 井，获得高产稳定工业气流，连续 90 天日产气量稳产在 3600m^3 以上，最高日产气量达 4656m^3，创下西南地区煤层气直井单井日产气量新高和稳产日产气量新高。

F. 管网建设及规划

已于 2013 年开通的途经六盘水地区的中缅管道及贵州省管网"十三五"规划中的"1289"工程均为六盘水煤田煤层气开发利用提供了便利。

总体上看六盘水煤田煤层气地质条件具有煤层层数多、总厚大但单层厚度小、煤层间距小但变化大、煤层不稳定、构造中等-复杂、富水性弱等特点，且煤储层具有不同程度构造煤发育、欠压和超压与常压并存、试井渗透率低等特点，与沁水盆地相比，开发难度较大。

此外，国家能源局组织的 2016 年第二批基金支持的煤层气勘探开发利用重大工程项目有 3 个获得国家专项建设基金（合计 11.97 亿元）支持，均位于六盘水煤田，分别为六枝特区煤层气勘探开发综合利用工程、松河煤层气勘探开发示范项目和盘江矿区煤矿瓦斯高效利用示范基地。国家《能源发展"十三五"规划》（发改能源〔2016〕2744 号）和

《贵州省能源发展"十三五"规划》（黔发改能源〔2017〕686号）均提到在该煤田建立煤层气产业化基地。

（2）织纳煤田煤层气资源开发潜力

织纳煤田是贵州第二大煤田，煤炭资源量为525.9716亿t，约占全省资源量的20.3%。煤炭资源勘探程度高。

A. 构造特征

织纳煤田位于贵州省中西部，构造上位于上扬子陆块黔北隆起黔北断拱的西南部，六盘水断陷及黔南断陷外边缘，主要包括比德-三塘向斜、阿弓-珠藏向斜、珠藏向斜及官寨向斜，同样具有向斜控气的特征。总体上以短轴式褶曲为主，构造相对简单，煤层结构一般保存完好。

B. 煤系地层及煤层特征

主要含煤地层龙潭组厚度为242～375m，含煤19～46层，含煤总厚度为17.45～54.68m，可采煤层为4～12层，可采煤层总厚为8.28～21.67m，比德-三塘向斜、阿弓-珠藏向斜一带为富煤中心，可采煤层达12层，比德-三塘向斜可采煤层厚度超过20m。

C. 煤储层特征

织纳煤田整体以无烟煤为主，煤层变质程度较高；煤体结构相对完整，除6号煤为构造煤外，其余均为原生结构煤，且渗透率高于六盘水煤田，适合煤层气地面开发；但煤储层压力表现为正常-欠压状态。

D. 煤层气资源及可采潜力

织纳煤田煤层气地质资源量为7002.80亿m^3，约占全省地质总资源量的1/5；平均地质资源丰度为1.41亿m^3/km^2，略高于全国平均水平；可采资源量为4415.43亿m^3，约占全省的1/3，可采资源平均地质资源丰度为0.89亿m^3/km^2，低于六盘水煤田。

E. 开发工程实践

目前织纳煤田大部分区域为中石化的油气区块，中国石油化工股份有限公司华东分公司自2011年陆续开展了煤层气地面勘查工作，在阿弓-珠藏向斜的肥田煤矿等部署各类参数井、试验井、水平井20余口，单井日产气量为1100～5800m^3。西南能矿集团贵州天然气能源投资股份有限公司采用与矿方合作的模式在毕节、织金比德-三塘向斜的化乐井田等地进行煤层气地面开发，部分井日产气量可达1000m^3以上。此外，贵州水矿奥瑞安清洁能源有限公司也在织金阿弓-珠藏向斜文家坝煤矿开展煤层气勘查工作，目前已实施2口煤层气参数井。

F. 管网建设及规划

正在建设的中贵管道及《贵州省能源"十三五"规划》中的"1289"工程均为织纳煤田煤层气利用提供了基础。

此外，国家《能源发展"十三五"规划》（发改能源〔2016〕2744号）和《贵州省能源发展"十三五"规划》（黔发改能源〔2017〕686号）分别提到建立毕节、织金煤层气产业化基地。

（3）黔北煤田煤层气资源开发潜力

黔北煤田是贵州第三大煤田，煤炭资源量为 748.4468 亿 t，约占全省资源总量的 28.9%。

A. 构造特征

黔北煤田构造上大部分位于扬子陆块黔北隆起的黔北断拱，北西部习水、赤水一带属于川南盆缘凹陷，主要包括金盆向斜、黔西向斜、长岗向斜、大方背斜、桑木场背斜等 4 个含煤区。

B. 煤系地层及煤层特征

主要含煤地层龙潭组地层厚度为 136~255m，含煤层数为 6~55 层，煤层总厚为 3.0~28.0m，其中，龙潭组可采 1~9 层，可采累计厚度为 0~10.7m。

C. 煤层气资源及可采潜力

黔北煤田煤层气资源量为 7392.15 亿 m^3，约占全省地质总资源量的 1/4；地质资源丰度为 0.66 亿 m^3/km^2，明显低于全国平均水平；可采资源量为 2075.72 亿 m^3，占全省的 15.05%。

D. 开发工程实践

该煤田煤层气勘查程度较低，至今为止开展的煤层气勘查工作较少，金沙林华矿以区域性地面瓦斯治理的模式施工 2 口参数井和 3 口排采试验井，但因各煤层临界解吸压力低而效果不佳；西南能矿集团贵州天然气能源投资股份有限公司也在长岗向斜构造单元开展煤层气勘查工作。2016 年中国地质调查局油气资源调查中心开展黔北"三气"兼探合采试验，应在加强该区煤层气勘查程度的同时兼顾煤系页岩气、砂岩气等研究。

（4）三大煤田煤层气资源开发潜力评价总结

从构造特征、煤层特征、煤储层特征、煤层气资源及可采潜力、开发工程实践、管网建设及规划等方面来看，综合分析全省三大煤田的煤层气资源开发潜力，可以得出以下结论。

1）六盘水煤田煤层气资源具备良好的开发前景和条件，其中土城向斜松河矿煤层气资源开发潜力最大，可作为重点突破点，青山-保田区块次之，可纳入重点开发区。

2）织纳煤田煤层累计厚度大，煤层气资源量和地质资源丰度较高，含气量较高，渗透性发育较好，具有较好的开发潜力。其中，比德-三塘向斜化乐勘探区、阿弓-珠藏向斜的肥田和文家坝井田均具备较好的综合地质条件，且地质工作程度较高，有利于煤层气开发，是今后煤层气开发的优选区域，可作为重点突破点。

3）鉴于前期工程中煤系地层泥页岩和砂岩具有良好的含气显示，在煤层气开发时应兼顾开发页岩气和致密砂岩气，进行"三气"综合评价和综合开发。

4）目前省内煤层气开发基本以直井为主，在地质条件较好的区域可采用水平井工艺技术进行"三气"共探共采，实现煤层气井高产。

5）贵州省煤层气资源丰富，但研究起步较晚，全省大多数区域仍未开展基础研究工作，建议政府每年安排一定资金对未研究区进行基础研究，便于招商引资。

6）尽快落实国土资源部第 75 号部令，建议拥有煤矿采矿区的煤矿业主与省内煤层气研发单位进行合作，共同登记煤层气探矿权，有助于加快煤层气开发的进度和力度。

2. 重点开发区域的布局和规划

按照"重点突破、依次推进、合理规划、协调发展"的原则合理布局贵州省煤层气资源开发利用格局，以实现煤层气资源开发健康、有序、可持续发展。优选一批优质储量区进行战略重点突破，建立示范项目，以此引领开发重点区中的三大煤层气开发基地建设，同时开展储备区的勘查工作，采取"勘查中有开发，开发中有勘查"的滚动勘查开发模式，进行长效持久的开发，为贵州省经济社会快速发展提供能源保障，从而实现资源可持续利用。

（1）煤层气地面勘查开发的重点区域

A. 煤层气地面勘查开发的空间分区

根据国家《煤层气（煤矿瓦斯）开发利用"十三五"规划》及省内煤层气开发规划，未来贵州省规划打造盘县、织纳、黔北三大煤层气开发基地。

结合贵州省三大煤田煤层气资源开发潜力评价成果及省内油气、煤层气矿权设置情况，将全省煤层气资源勘查区按照开发布局时间划分出了重点开发区和后备开发区，其中，重点开发区 11 个，总面积约 9000km²，后备开发区 13 个，总面积约 5000 km²（表 11-27）。

重点开发区划分原则：已出让煤层气矿权的区块；现阶段煤层气开发已取得突破的矿区；可采煤层总厚度大于 8m、煤层渗透性较好、煤层气地质资源丰度大于 $1.5 \times 10^8 \text{m}^3 / \text{km}^2$ 的区域作为重点开发区。

后备开发区划分原则：选取可采煤层净总厚度较大，煤层气地质资源潜力较大、煤体结构较完整，或者前期已经投入勘查工作量的区域作为后备开发区。

表 11-27　贵州省煤层气资源的地面勘查开发分区

开发区类型	开发区名称
重点开发区	土城开发区、盘关开发区、保田-青山开发区、比德-三塘开发区、加戛开发区、格目底开发区、发耳开发区、阿弓-珠藏开发区、长岗开发区、桑木场开发区、金沙开发区
后备开发区	照子河开发区、白泥箐开发区、水公河开发区、神仙坡开发区、郎岱开发区、六枝向斜开发区、戴家田开发区、普定-蔡官开发区、可乐开发区、瓢儿井开发区、金盆开发区、周市坝开发区、大方-黔西开发区

B. 煤层气资源勘查的时间布局

2016～2020 年：将已取得开发实践经验的土城开发区、盘关开发区、保田-青山开发区、比德-三塘开发区、长岗开发区等作为煤层气资源勘查重点勘查点。根据实际勘查情况，扩大勘查范围至其他重点开发区。到 2020 年，新增煤层气探明储量 160 亿 m³。

2021～2025 年：在 11 个重点开发区全面开展煤层气地面勘查工作。同时根据勘查成果扩大勘查范围至照子河开发区、白泥箐开发区、水公河开发区、周市坝开发区 4 个后备开发区。到 2025 年，新增煤层气探明地质储量 300 亿 m³。

2026～2030 年：在进一步开展重点开发区勘查工作基础上，全面开展 12 个后备开发区煤层气地面勘查工作。到 2030 年，新增煤层气探明地质储量 500 亿 m^3。

C. 煤层气资源开发的时间布局

2016～2020 年：以土城开发区、比德-三塘开发区、长岗开发区为煤层气资源开发战略突破点建立示范项目，以此为引领在其他重点开发区进行技术推广，初步建立盘县、织纳、黔北三大煤层气产业基地。到 2020 年，煤层气地面年抽采量达到 10 亿 m^3。

2021～2025 年：全面推广 11 个煤层气重点开发区的煤层气集中连片式开发，并进一步推进盘县、织纳、黔北三大煤层气产业化、规模化发展。到 2025 年，煤层气地面年抽采量达到 20 亿 m^3。

2026～2030 年：在 3 个煤层气产业基地规模化开发的基础上，逐步开展后备开发区的煤层气地面开发工作。到 2030 年，煤层气地面年抽采量达到 30 亿 m^3。

（2）瓦斯（煤层气）抽采重点区

根据《煤层气（煤矿瓦斯）开发利用"十三五"规划》及省内煤层气开发规划，贵州省煤矿瓦斯抽采的重点区域为盘江矿区、水城矿区、织金矿区、纳雍矿区及金沙矿区。严格实施国家"先抽后采、治理与利用并举"的方针，煤层中吨煤瓦斯含量必须降到标准以下，方可实施煤炭开采。重点实施"煤矿瓦斯抽采规模化矿区"和"瓦斯治理示范矿井"建设，保障煤矿安全生产。

2016～2020 年，建成盘江、水城 2 个 5 亿 m^3 级煤矿瓦斯抽采规模化矿区，织金、纳雍、金沙 3 个 2 亿 m^3 级煤矿瓦斯抽采规模化矿区，六枝、大方、黔西、播州、桐梓 5 个 1 亿 m^3 级煤矿瓦斯抽采规模化矿区。

预计到 2020 年，煤矿瓦斯抽采量达到 25 亿 m^3；到 2025 年，煤矿瓦斯抽采量达到 30 亿 m^3；到 2030 年，煤矿瓦斯抽采量达到 35 亿 m^3。

五、煤层气资源的可持续利用策略

1. 煤层气可持续利用的总体策略

结合贵州省情和煤层气资源勘查开发利用中存在的问题，实现资源可持续利用的总体策略为：提高煤层气资源在贵州省能源发展中的战略地位，将煤层气产业作为国民经济新的增长点，统筹规划，优先安排。以市场为导向，以效益为中心，通过扩大开放、政策倾斜和科技进步发展煤层气产业。完善管理政策，加大已有探矿权勘查开发力度、加快空白区的矿权申报；鼓励煤矿、企业、社会等联动投资，政府扶持，解决技术瓶颈难题；优化煤层气开发战略时空布局，空间上划分重点开发区、后备开发区和禁止开发（环境保护）区，时间上规划三个"五年计划"，实行滚动开发，从而实现可持续发展。

2. 建设煤层气资源的产业化基地

调整能源结构，大力推广使用煤层气，培育煤层气消费市场。根据国发 2 号文件中对贵州的战略定位，大力推行能源结构的调整，围绕"生态文明建设"建设，大力推进清洁能源置换步伐，结合城乡环境的整治，2020 年建成"全省天然气一张网"，形成完善的天然气供应体系，全面实现城乡居民生活和工业生产气化，以消费需求拉动生产供给，以利用促开发。

加快基础管网系统建设。借助中缅、中贵和规划中的渝黔3条主干线管网，加快县市和旅游区管网建设，尽可能将管网延伸至各主要煤层气资源开发基地，降低煤层气的开发末端成本，提高商品化率和管网利用率。按照就近利用与余气外输相结合的原则，支持地方和企业加快煤层气专用网管建设，逐步形成天然气、煤层气、煤制气协调发展的供气格局。

积极推进天然气定价市场化改革，利用价格杠杆引导市场快速发展。结合贵州省天然气市场价格，科学、合理地调整天然气价格，实施差别性天然气价格政策，引导天然气合理消费，提高天然气利用效率。试点放开部分直供大用户供气价格，形成一种与市场发展相适应的价格体系，利用价格杠杆引导市场快速发展。

3. 重视资源开发的生态环境保护

开发与环境保护齐头并进，推进生态文明试验区建设。坚守发展和生态两条底线，即在发展的同时严格保护生态环境，在保护生态环境的基础上寻求更快更好的发展。依照法律法规的规定和特殊功能区的要求等，划定的禁止开展煤层气开采活动的区域，为禁止开发区，主要包括国家级自然保护区、地质遗迹保护区、地质公园，重要饮用水源保护区，国家风景名胜区，国家级森林公园，以及国家重点保护的不能移动的历史文物和名胜古迹所在地等，全省划定的禁止开采发区共 19 处，合计面积为 5270.4km² （表 11-28）。

表 11-28　贵州省煤层气勘查开发的禁止开采区

序号	名称	东经	北纬	规划面积（km²）
1	马岭河国家级风景名胜区	104°31′～105°07′	24°44′06″～24°57′17″	508.41
2	大沙河自然保护区	107°21′53″～107°39′33″	29°06′47″～29°09′39″	174.63
3	麻阳河自然保护区	108°06′45″～108°19′48″	28°37′30″～28°54′20″	251.17
4	赤水风景名胜区	105°38′31″～105°51′48″	28°18′35″～28°27′48″	456.04
5	习水中亚热带森林自然保护区	105°50′～106°29′	28°07′～28°34′	549.24
6	宽阔水自然保护区	107°04′23″～107°09′03″	28°09′45″～29°19′11″	142.91
7	梵净山自然保护区	108°45′55″～108°48′30″	27°49′50″～28°01′30″	399.19
8	茂兰国家级自然保护区	107°52′10″～108°05′40″	25°09′20″～25°20′50″	14.12
9	百里杜鹃国家森林公园	105°46′37″～106°03′18″	27°21′27″～27°16′04″	17.90
10	百里杜鹃森林公园	106°30′～106°05′	27°09′～27°30′	85.27
11	潕阳河国家级风景名胜区	107°39′01″～108°31′37″	26°54′23″～27°11′21″	1239.54
12	草海国家级自然保护区	104°12′～104°18′	26°49′～26°53′	100.26
13	织金洞国家级自然保护区	105°46′58″～106°09′54″	26°51′20″～26°45′17″	158.62
14	百花湖水源保护区	106°29′09″～106°33′24″	26°38′21″～26°40′49″	22.03
15	红枫湖国家级风景名胜区	106°19′43″～106°27′34″	26°27′09″～26°34′23″	199.96
16	雷公山国家级风景名胜区	108°05′～108°24′	26°15′～26°32′	488.15

序号	名称	东经	北纬	规划面积（km²）
17	龙宫国家级自然保护区	105°49′54″~105°56′53″	26°03′40″~26°10′30″	40.21
18	黄果树国家级风景名胜区	105°35′49″~105°43′29″	25°59′46″~25°59′48″	124.80
19	荔波漳江国家级风景名胜区	107°38′51″~107°59′16″	25°18′10″~25°30′55″	297.96

煤层气资源开发过程中必须高度重视环境保护工作，除了投资和开发的企业准入论证外，还应该有生态、地质遗迹、环境保护、遗产保护和人文、社会科学等多学科的论证。

尽管目前贵州省还未实现煤层气资源大规模开发，对生态环境的破坏影响未表现出来，但开发经验表明，大规模开发煤层气对生态环境的破坏主要表现在以下三方面：①开采过程中的排水降压技术会在一定程度上引起地下水位严重下降，破坏地下水的循环系统，甚至造成地面沉降，破坏地表环境，进而使生态系统破坏；②钻井液、压裂液中含有的稠化剂、乳化剂、助排剂和杀菌剂等有毒化学液体，一旦进入地下水循环系统，就可能渗流、迁移，形成大面积的污染源，严重危害当地的饮水源；③大规模开发煤层气占有土地具有面积大、时间长的特点，会不可避免地造成土地损害。

针对煤层气开采对生态环境可能造成的破坏，基于可持续发展理论，结合贵州省提出的"五大理念、四大战略、两条底线"，在煤层气勘查开发过程中需提高环境保护意识，防患于未然，促进资源开发与环境保护协调发展，从而实现资源开发与生态保护双赢战略。

严格执行环境影响评价制度。相关政府部门应根据《中华人民共和国环境影响评价法》的要求，建立符合本省生态环境要求的煤层气资源开发环境评价指标体系，严格执行环境影响评价，并拟定有效的环境保护和治理措施。

4. 加大政府投入和政策扶持力度

贵州省煤层气开发仍处于初期阶段，以往政府重视程度不够，在一定程度上影响了煤层气勘查资金投入。从可持续发展的战略角度出发，应推进金融创新，引导多种资本参与煤层气产业的发展。

创新投融资模式。借鉴山西省与国外、央企合作融资模式，采取对外合作与自营勘探并举，以强化对外合作的方针，鼓励中央、地方国有资本和国内外民间资本以参股、合作、提供专业服务等方式参与煤层气勘查开发、煤层气储配及运输管道等基础设施建设；鼓励有条件的省内煤层气开发利用企业，通过发行股票、债券等方式筹集资金，加快煤层气勘查开发进度。

鼓励煤矿企业投资煤层气产业。严格执行"先抽后采"，增加煤矿安全资金在煤层气开发与井下瓦斯抽采中的比例，对参与煤层气开采的煤矿实行资源税减免或增收政策，以调动煤矿企业参与煤层气勘查开发的积极性。

推进政府和社会资本的合作模式。大力推进煤层气开发利用领域的 PPP 项目，充分发挥民营资本在煤层气产业发展中的作用，包括输气管道建设、储气库建设、分布式能源建设等。通过示范、推广，研究总结较为成熟的、有利于调动各方积极性的 PPP 实践模式，协调项目参与各方的利益与风险，保障项目的实施效果。

尽快落实国土资源部第 75 号部令相关条款，建议政府推进"两权合一"，即煤炭采矿权和煤层气探矿权同属一个开发主体，并鼓励拥有煤矿采矿区的煤矿业主与省内煤层气研发单位进行合作，共同登记煤层气探矿权，加快煤层气开发的进度和力度。

以建立贵州省三大煤层气产业基地为目标，以产业基地范围内的重点开发区为战略起点，以《贵州省能源发展"十三五"规划》（黔发改能源〔2017〕686 号）为依据，有序投放煤层气矿权，加快重点开发区的煤层气矿权申报和开发，建议给重点开发区内煤炭企业和所属政府下达明确的目标和任务。

建议政府每年安排一定资金对煤层气勘查程度较低的区域开展地质基础研究，便于招商引资；并建议设立煤层气开发试验区或示范区，前期政府给予资金扶持，可优先考虑煤层气井下和地面联合开发已取得成效的矿区。

建议调整能源结构的同时考虑积极推广使用煤层气，培育贵州省煤层气消费市场，如推广交通工具使用煤层气、对开展煤层气就近民用项目的企业给予企业补贴等。

5. 推进煤层气资源管理改革创新

目前，由于贵州省煤层气矿权过少，要完成"十三五"规划目标并实现煤层气资源可持续利用，首要解决的是通过政府高层推动矿权投放、常规油气区内加强协调的方式加快推进煤层气资源管理改革创新，增权增储。

加大勘查投入和矿权投放。在已获得矿权内（煤炭、煤层气矿权所属煤矿）做好探矿权转采矿权工作，合理配置资源，鼓励矿权人将井下抽采和地面开发相结合，将安全生产投入用于地面煤层气开发，建议的鼓励及优惠政策有降低煤炭资源税、地面煤层气开采免税等，尽快让地质资源量变储量；在煤层气矿权空白区，鼓励有技术资金的企业与政府、煤矿合作开发煤层气，同时出台补贴、减免税等政策鼓励煤矿与企业共同申报煤层气矿权；建议对地面煤层气开发已取得成效的煤矿降低申报煤层气矿权要求和条件。

建设完善、统一的煤层气矿权市场。推进"气权分离"和煤炭采矿权持有人优先申报煤层气探矿权。鼓励煤炭矿权空白区积极申报煤层气矿权。强化矿业权退出机制，即不主动申报煤层气矿权的煤矿企业实行退让机制、规定期限内达不到投入或产出要求的应强制退出。常规油气矿权持有人不允许开发煤层气，对区内煤层气矿权申报实行避让政策。对煤层气矿权持有人实行勘查投入政府监督，提高资源开发利用效率，解决"占而不勘、圈而不采"问题。煤层气开发地面投入已到达一定规模并取得产出成效的煤矿企业可直接申报煤层气矿权。鼓励具备资金、技术优势或从事煤层气勘查开发的优秀企业可采用股份形式与煤矿共同申报煤层气矿权。

完善资源协调开发机制。以"气随煤走、综合勘查、综合开发、试验先行，地上井下并举"为原则，统筹煤层气、煤炭资源勘查开发布局，严格执行"先采气、后采煤"制度，合理规划，先简后难，先浅后深，有效地开发利用煤层气资源。采取合作或调整煤层气矿业权范围等方式，妥善地解决矿业权重叠范围内资源协调开发问题。常规油气矿权范围内，未经贵州省国土资源主管部门许可，不能进行煤层气资源勘查和开发。

开发合作模式推广与借鉴。根据各地区煤层气地质和矿权分布特点，结合贵州省煤层气地面勘查、开发、利用的经验模式，进行借鉴、优化和推广，以促进在贵州省煤层气矿权问题严重情况下快速实现煤层气地面开发。

"松河模式"：以贵州盘江投资控股（集团）有限公司煤层气勘探权范围内的松河矿煤层气地面抽采为例，在已出让煤层气矿权的区块，由煤矿企业自主组织有技术的企业开展矿权范围内的煤层气资源开发、利用工作。该模式可加快煤层气地质资源量转变为地质储量。

"织金模式"：以织金文家坝煤矿区开展的煤层气地面开发为例，在已出让常规油气矿权的区块，由煤炭矿权人与常规油气矿权人协调，并经省国土资源主管部门许可，由煤炭矿权人自主组织从事煤层气开发的企业共同申报煤层气探矿权，并开展矿权范围内的煤层气勘查开发工作。该模式可有效地解决煤炭、煤层气矿权与常规油气矿权重叠背景下煤层气矿权的申报问题和常规油气矿权内煤层气的开发问题。

"金沙模式"：以西南能矿集团贵州天然气能源投资股份有限公司在金沙地区的煤层气勘查开发为例，省内外具有煤层气勘查开发技术和资金优势、专门从事煤层气地质综合研究及开发管理的企事业单位，与地方政府合作，进行煤层气勘查开发与利用工作，由政府出面协调与煤层气、油气矿权所有者及煤矿企业之间的权利与义务关系。该模式不仅利于加快贵州省煤层气勘查投入，也利于解决矿权重叠区和矿权空白区煤层气开发制约问题。

6. 加强科技创新和人才支撑建设

科技创新是推动煤层气产业发展的巨大引擎，也是推动煤层气井产量提高的原动力，要从科技层面保证贵州省煤层气资源的可持续发展。

积极推进科技创新。从贵州省地质条件特殊、开发抽采利用难度大等实际出发，加大对煤层气勘探开发重点、示范项目基金的投入。整合国内外科研技术资源，以战略突破点为依托，采用政府扶持、委托研发、联合研究、技术入股等形式，深化煤层气开发企业与高校、科研机构的合作，实现煤层气开发利用"政产学研用"无缝对接，进行开发模式优选、开发工艺优化与创新。

加强关键技术研发攻关。加快与本省低渗透、薄至中厚煤层群发育条件相匹配的、本土化的煤层气开发新模式、新技术、新工艺等开采关键技术的突破和井下瓦斯抽采、提纯工艺研发，在现有成果上继续提高开发技术，为煤层气产业的发展壮大提供技术支撑。

鼓励各事企业煤层气利用技术与装备自主研发。通过税收优惠、以奖代补、贷款贴息等方式，引导煤层气开发企业增加科研投入。加大煤层气技术研发平台共享力度，相关企业除核心技术研发设施以外，要以适当方式向其他煤层气开发企业开放，以解决贵州省煤层气（瓦斯）开发利用技术装备研发和煤层气地面开发关键共性技术难题。

强化资源人才队伍支撑。在贵州省高层次人才引进优惠政策下，加强煤层气领域高层次人才的引进和培养，建立煤层气专家库。依托省内煤层气企业，加强与国际、国内相关院校合作，多层次培养煤层气产业发展急需的专业技术人才和技能人才。实施技术人员员工持股制度，激励技术研发，稳定人才队伍。

充分利用大数据产业优势。将贵州省大数据高速发展的优势，运用到煤层气开采后期压裂排采过程中，保障了煤层气井的高效生产和全省宏观管理。

第四节 贵州省页岩气资源与可持续发展

页岩气作为新兴气体资源，是现代油气勘探的重要领域，它在成藏机理上具有吸附、游离、水溶等多重特征，具有自生、自储、自保、储层致密的特点，是一种低丰度、大规模分布式非常规天然气资源。贵州省发育多套含气页岩层系，厚度大、范围广，具有形成大规模页岩气资源的地质基础。页岩气开发利用对提升贵州省能源供给保障能力，推进能源结构优化，培育新的经济增长点，具有十分重要的意义。

一、页岩气资源的调查评价和勘探

1. 页岩气资源调查

目前，针对贵州省页岩气资源的地质调查与评价，国土资源部、贵州省国土资源厅及中石化、中石油等其他实施单位都已开展了大量的工作。主要包括：①2009 年，国土资源部启动"中国重点地区页岩气资源潜力及有利区优选"项目，由中国地质大学（北京）、成都地质矿产研究所等单位对贵州省北部页岩气进行了区域勘探、样品采集和初步研究，指出黔北地区是页岩气发育的有利区域。②从 2009 年起，国土资源部油气资源战略研究中心、中国地质大学（北京）、成都地质矿产研究所等单位，对黔北地区开展了更为深入的页岩气资源调查与评价工作。③2012～2013 年，由贵州省国土资源厅组织，在全国率先启动"页岩气调查评价"项目，系统地开展页岩气资源调查与评价工作，调查 26 口页岩气探井，测量了不同层系、不同埋深、不同地质条件下的页岩含气量及其变化特点。总投资约为 1.5 亿元。④2013 年，以贵州省北部地区为中心，国土资源部实施了页岩气探矿权二次招投标工作，推进下寒武统牛蹄塘组和下志留统龙马溪组页岩气的勘探。⑤2014 年，国土资源部设立黔北页岩气综合勘查试验区。黔北页岩气综合勘查试验区范围是金沙–遵义–湄潭–思南–印江一线以北至省界所圈闭范围，面积约 3.6 万 km^2。⑥2012～2014 年，中国华电集团有限公司、中国地质调查局油气资源调查中心对黔北下志留统龙马溪组开展调查和评价。⑦2015 年，中国地质调查局油气资源调查中心、贵州省国土资源厅、贵州黔能页岩气开发有限责任公司在贵阳召开会议，讨论并形成《黔北地区页岩气资源调查评价实施方案》。⑧2016 年，中国地质调查局油气资源调查中心启动"滇黔桂上古生界页岩气战略选区调查"项目，并在滇黔桂地区部署了第一口针对上古生界页岩气的参数井——黔紫页 1 井。⑨2015～2016 年，贵州省国土资源厅实施贵州省重点区域的页岩气资源调查评价，总投资约为 3.1 亿元。

根据页岩气调查评价等相关工作基础，可将贵州省页岩气资源调查区划分为黔北、黔西北、黔南、黔西南 4 个地区。目前，已积累了这些地区的地质、地层、地震、钻井、音频大地电磁测深、微生物勘探等大量的成果资料，并在调查区内设计并完钻了大量页岩气资源调查井（表 11-29）。

表 11-29　贵州省部分完钻页岩气资源调查井及分布

地区	井名	位置	目的层	实施单位
黔西北	习页 1 井	习水马临	龙马溪组	贵州省国土资源厅
	桐页 1 井	桐梓九坝		
	仁页 1 井	仁怀鲁班	牛蹄塘组	
	仁页 2 井	仁怀后山		
	乌页 1 井	乌当		
	西页 1 井	黔西甘棠	龙潭组	
	方页 1 井	大方羊场坝		
黔北	道页 1 井	道真玉溪	龙马溪组	贵州省国土资源厅
	绥页 1 井	绥阳青杠塘	牛蹄塘组	贵州省国土资源厅
	正页 1 井	正安柿坪		
	湄页 1 井	湄潭高台		
	松页 1 井	松桃大兴	变马冲组、牛蹄塘组	贵州省国土资源厅
			陡山沱组	
	德页 1 井	德江堰塘	牛蹄塘组	贵州省国土资源厅
	石页 1 井	石阡香屯		
	安页 1 井	遵义正安	松坎组	贵州黔能页岩气开发有限责任公司
黔南	罗页 1 井	罗甸沟亭	火烘组	贵州省国土资源厅
	长页 1 井	长顺敦操	打屋坝组	
	岑页 1 井	岑巩	牛蹄塘组	贵州铜仁中能天然气有限公司
	天星 1 井			
	天马 1 井			
	镇页 1 井	镇远羊场	变马冲组、牛蹄塘组	贵州省国土资源厅
			陡山沱组	
	麻页 1 井	麻江小茶	牛蹄塘组	贵州省国土资源厅
	三页 1 井	三都巫孟	渣拉沟组	
	黔紫页 1 井	安顺紫云	下石炭统	中国地质调查局油气资源调查中心
			打屋坝组	
黔西南	水页 1 井	水城俄脚	下石炭统旧司组	贵州省国土资源厅
	水页 2 井		下二叠统梁山组	
	晴页 1 井	晴隆花贡	下二叠统梁山组	
	晴页 2 井	晴隆竹塘	下石炭统旧司组	
	兴页 1 井	兴仁大山	上二叠统龙潭组	
	黔兴地 1 井	兴仁大桥河	上二叠统龙潭组	中国地质调查局油气资源调查中心
	贞页 1 井	贞丰沙坪	下石炭统旧司组	贵州省国土资源厅
			中泥盆统火烘组	
	威页 1 井	威宁盐仓	下石炭统旧司组	贵州省国土资源厅

页岩气资源调查评价，已经完成了对贵州省黔北、黔西北、黔南、黔西南等重点地区页岩气资源的地质条件、资源量评价与有利区优选等相关工作，为页岩气资源的勘探开发与可持续利用等提供了基础和依据。

2. 页岩气资源勘探

（1）黔北试验区

黔北试验区位于贵州省北部，以遵义市为主，是国土资源部首批"全国页岩气战略调查先导实验区建设"重点战略调查区之一。区内共实施调查井 13 口（含调查评价井）、探井 4 口、参数井 1 口及压裂试气、排采井 1 口。区内除施工 19 口钻井外，仅开展了少量地质调查、二维地震工作，目前勘查程度较低。

区内第二轮中标区块有 4 个，自 2012 年以来仅开展少量地质调查、二维地震工作，施工 7 口钻井。总体上，4 个区块勘查工程布局少、投入低，累计投入资金 2.52 亿元，短期内难以实现勘查突破。

2014 年以来，在试验区北部正安－务川地区进行了页岩气调查评价工作，仅完成二维地震 121km，正在施工 1 口以龙马溪组为目的层的探井。因开展工作晚且地方与中石化合作进展缓慢，勘探工作目前尚未取得突破性进展。2013 年，中石化在试验区北部綦江南区块完钻了以龙马溪组为目的层的丁页 2HF 探井 1 口，完钻后开始压裂试气，随后进入试采阶段，日产气量为 7.72 万 m^3，目前井口日稳产为 0.5 万~1.5 万 m^3，累计已产气 1052 万 m^3。丁页 2HF 探井是黔北试验区也是省内龙马溪组获工业气流的首口页岩气井。

（2）其他区域

A. 牛蹄塘组层系

2009 年，在贵州大方对方深 1 井老井进行了压裂测试复查，日产气量为 17.6m^3；2011~2013 年，在黄平－龙里区块内施工了黄页 1 井等 4 口井，黄页 1 井日产气量为 418m^3，龙页 1 井等 3 口井含气性较差，这 3 口勘探井均未获工业气流。2011 年，国土资源部油气中心组织勘查队伍在岑巩县境内施工了岑页 1 井，于 2012 年 3 月开始压裂实验，4 月点火成功，但未获工业气流，主要原因是井区页岩气保存条件较差。2013~2015 年，岑巩中标区块开展了二维地震、音频电磁测深等工作，实施调查井 2 口、探井 2 口、压裂试气井 1 口。通过天星 1 井压裂试气，连续 8 个月日产气量稳定在 400m^3 左右，未达工业气流产值，原因为：对牛蹄塘组层系储层理论、成藏规律、构造演化及水文地质条件研究不够，缺乏压裂等核心技术。以上压裂试气出气量虽低，但揭示了牛蹄塘组含气的存在，表明在本层系需掌握页岩气的成藏机理及成气地质特征、储层压裂改造技术、水文地质条件等，只有加大勘查投入及技术攻关力度，才能实现页岩气开发的战略性突破。

B. 旧司组等层系

2013 年，水城红桥新区钻探了以旧司组为目的层的水页 1 井，一次性点火成功且日产气量高达 $2×10^4 m^3$，是贵州旧司组点火成功并获工业气流的首口页岩气井，目前尚未商业开发利用。2013~2015 年，贵州省煤层气页岩气工程技术研究中心在盘县施行目的层为龙潭组的"三气"兼探合采调查井 5 口、参数井 9 口、压裂排采井 9 口，压裂排采单井日产气量高达 2000m³，暂未商业开发利用。旧司组是以陆棚—台盆为主的沉积环境层系，龙潭组是海陆交互相沉积环境层系，页岩发育层位稳定，目前勘查程度均较低，因此很有必要加大勘查力度。

（3）招标区块

A. 二次页岩气招标区块

首次页岩气招标出让渝黔南川页岩气勘查、贵州绥阳页岩气勘查、贵州凤冈页岩气勘查、渝黔湘秀山页岩气勘查四个区块，但贵州两个区块由于一些原因，没有招标成功。在第二轮页岩气探矿权招标（表 11-30）中，华电煤业集团有限公司、中煤地质工程总公司等 16 家企业中标。而涉及贵州省内的区块有贵州绥阳页岩气区块、贵州凤冈页岩气一区块、贵州凤冈页岩气二区块、贵州凤冈页岩气三区块、贵州岑巩页岩气区块。

表 11-30　贵州省二次页岩气区块招标结果

区块	负责单位
黄平、凯里、黔西等 11 个区块	中石化华东分公司
镇雄–毕节区块	中石油浙江油田分公司
贵州岑巩页岩气区块	铜仁市能源投资有限公司
贵州绥阳页岩气区块	华电煤业集团有限公司
贵州凤冈页岩气一区块	中煤地质工程总公司
贵州凤冈页岩气二区块	华瀛山西能源投资有限公司
贵州凤冈页岩气三区块	北京泰坦通源天然气资源技术有限公司

B. 中石化、中石油探矿权区块

中石化华东分公司在贵州境内拥有页岩气 11 个区块矿权（雪峰隆起 1 勘查、凯里勘查、黄平勘查黔西勘查、怀仁勘查等），总面积超过 4 万 km²；主要分布在贵州中北部，构造上处于四川盆地与雪峰隆起之间的褶皱带上；根据中石化华东分公司的汇报材料，近年来，该公司持续在贵州境内投资约 15 亿元开展了页岩气勘探工作，但至今未能压裂成功。

中国石油天然气股份有限公司浙江油田分公司在贵州境内拥有页岩气 1 个区块矿权（镇雄—毕节勘查），总面积达 1 万 km²，主要位于黔西北地区。

中石油浙江油田分公司在贵州的勘探开发情况是：镇雄–毕节地区完成页岩气井 8 口，其中浅井 2 口，预探井 6 口，累计进度超过 16 000m。

C. 其他实施主体

2012～2014 年，中国华电集团有限公司、中国地质调查局油气资源调查中心对黔北下志留统龙马溪组进行了研究。在此期间，页岩气探矿权二轮招投标中标企业分别在各自的区块中开展了有意义的页岩气地质勘探和钻探工作。2014 年，在黔西南地区实施的水页 1 井完钻，发现了壮观的页岩气显示。水页 1 井作为黔西南第一批参数井，采用能够适应贵州地质复杂、地层倾斜角度大的地面丛式井抽采工程，随着技术发展日渐成熟，将取得黔西南地区页岩气新突破。

2014 年全国页岩气二轮招标岑巩区块的第二口勘探井——"天马 1 井"，正式开钻。

2015 年，安页 1 井完井，松坎组钻遇气层取得重大突破，发现了新目的层的页岩气藏，确定了贵州正安地区的地层分布、地球化学、储集物性等参数，发现了工业性页岩气流。

2015 ~ 2016 年，在黔北试验区部署了 1 : 50 000 地质填图、二维地震、重磁电测量工作。牛蹄塘组、龙马溪组、龙潭组分别布置参数井、探井、"三气"兼探井，视页岩气显示情况改水平井，分段压裂试气。在黔西—黔南区突破石炭系、攻破二叠系、探索泥盆系，部署 1 : 50 000 地质填图、二维地震、重磁电测量等工作。火烘组、旧司组、龙潭组部署参数井，视页岩气显示情况分段压裂试气。

2016 年，中国地质调查局油气资源调查中心在兴仁县大桥河三道坑部署的页岩气地质调查井"黔兴地 1 井"正式开钻。该井钻探工程由湖南省煤田地质局第六勘探队承担，构造位置位于典母背斜西翼，主要目的层为上二叠统龙潭组。

2017 年，由中国地质调查局油气资源调查中心部署实施的黔紫页 1 井（位于安顺市紫云县水塘镇羊场村）正式开钻，这是在滇黔桂地区部署的第一口针对上古生界页岩气的参数井，设计井深为 2700m。钻探目的是获取页岩气评价参数，评价区带资源量，提供区块建议，力争钻获工业气流。

经过调查评价和资源勘探工作，基本查明贵州省潜质页岩发育层系有 7 个，页岩气地质资源量为 13.54 万亿 m³，可采资源量为 1.95 万亿 m³，居全国第三位。

3. 调查和勘探结论

（1）黔北地区

牛蹄塘组与龙马溪组具有较好的含气性。牛蹄塘组与龙马溪组总含气量基本相当，一般为 0.5 ~ 3m³/t，但前者现场解析含气量较低。地区性差异明显，正安、德江、镇远、岑巩等区域含气性较好；龙马溪组总含气量一般大于 1m³/t，最高可达 4m³/t，现场解析含气量较高，"可动用性"较好，尽管分布范围有限，但仍是重点页岩气勘探层段。富有机质页岩段岩芯微裂缝越发育，损失气量和解析含气量越高，进而表明游离状态的页岩气含量越高，测录井响应增强；相对完整段残留气含量较高，表明勘探"甜点"就是寻找的裂缝。

黔北地区牛蹄塘组有利保存条件主要分布在远离深断裂的宽缓背斜翼部-复向斜区域（地表出露志留系-三叠系地层），埋深不小于 2000m；龙马溪组主要分布在正安-务川-沿河以北的复向斜区域，地表出露二叠系-三叠系地层。

黔北地区页岩气成藏富集条件及分布规律。通过对长宁、彭水等典型页岩气成藏进行解剖，对比黔北地区地质特征，发现页岩气富集的有利条件主要包括有利的沉积微相、充足的储集空间、较高的有机质丰度、合适的矿物组成及较好的保存环境。页岩气纵向上分布于微裂隙、超压发育的富有机质页岩段，平面上分布于生烃潜力大、保存条件好的富有机质页岩区。

（2）黔南地区

黔南地区以打屋坝组现场解析含气性最好，渣拉沟组、牛蹄塘组次之；等温吸附实验结果显示：渣拉沟组、牛蹄塘组、火烘组、打屋坝组兰氏体积大于 $1.8m^3/t$。各目标层的含气性分析测试数据如下：渣拉沟组现场解析总含气量为 $0.007 \sim 0.09m^3/t$，平均为 $0.024m^3/t$；等温吸附实验兰氏体积为 $2.66 \sim 6.52m^3/t$；牛蹄塘组现场解析总含气量为 $0.01 \sim 1.13m^3/t$，平均为 $0.4m^3/t$ 左右；等温吸附实验兰氏体积为 $1.89 \sim 2.34m^3/t$；火烘组等温吸附兰氏体积为 $1.93m^3/t$；打屋坝组现场解析总含气量为 $0.9 \sim 2.84m^3/t$，平均为 $1.5m^3/t$ 左右；等温吸附兰氏体积为 $1.08 \sim 1.96m^3/t$。

对黔南地区渣拉沟组、牛蹄塘组、打屋坝组进行了远景区划分，并在此基础上对牛蹄塘组、打屋坝组进行有利区优选：牛蹄塘组共划分出 4 个远景区，即凯里-黄平远景区、福泉远景区、都匀远景区及龙里远景区；同时在远景区内优选出麻江-黄平、福泉、谷硐 3 个有利区；渣拉沟组对该目标层划分出周覃远景区；打屋坝组共划分出王佑-代化、紫云、黄果树 3 个远景区。

（3）黔西北地区

上二叠统龙潭组富有机质页岩含气量普遍较高，主体在 $2.5 \sim 10.0m^3/t$，最高值达到 $19.1m^3/t$。下志留统龙马溪组富有机质页岩含气量主体在 $1.0 \sim 2.8m^3/t$，最高值达到 $3.4m^3/t$。下寒武统牛蹄塘组富有机质页岩含气量较低，主体在 $0.1 \sim 0.7m^3/t$，最高值达到 $0.9m^3/t$。

等温吸附实验结果显示：龙潭组富有机质页岩饱和吸附量在 $1.88 \sim 8.8m^3/t$，平均为 $4.51m^3/t$；龙马溪组富有机质页岩饱和吸附量在 $0.54 \sim 3.84m^3/t$，平均为 $2.194m^3/t$；牛蹄塘组富有机质页岩饱和吸附量在 $0.68 \sim 7.17m^3/t$，平均为 $3.05m^3/t$，说明了三个目的层的页岩都具有较好的吸附潜力。

综合分析黑色页岩的沉积环境、有机碳含量、成熟度、厚度、埋深和总含气量等指标，选取了三个层位共 5 个有利区，发现黔西北地区下寒武统页岩气聚集发育的有利区位于遵义仁怀和毕节金沙地区；下志留统页岩气聚集发育的有利区位于仁怀以北的习水、桐梓地区；上二叠统页岩气聚集发育的有利区位于研究区的中部大片地区，包括金沙、大方、黔西、纳雍地区。

（4）黔西南地区

黔西南地区龙潭组富有机质页岩含气量普遍较高，主体在 $1.3 \sim 4.2m^3/t$，平均为 $2.4m^3/t$，最高可达 $5.1m^3/t$。梁山组富有机质页岩含气量较高，主体在 $1.5 \sim 4.0m^3/t$，平均为 $1.6m^3/t$；旧司组上段富有机质页岩含气量在 $0.1 \sim 2.9m^3/t$，平均为 $1.0m^3/t$，下段含气量较低，在埋深超过 $600m$ 时主体在 $0.4 \sim 0.7m^3/t$，平均为 $0.5m^3/t$。黔西南地区龙潭组、梁山组、旧司组富有机质页岩分别为优质、次优质、中等含气页岩，含气页岩层系较多，页岩气资源潜力较大，具有较好的开采价值。

综合分析本区目的层富有机质页岩的沉积环境、有机碳含量、成熟度、页岩厚度、埋深和总含气量等指标，发现旧司组有 2 个页岩气有利区块，分别位于威宁和晴隆地区；梁山组有 2 个页岩气有利区块，分别位于威宁盐仓-猴场和晴隆鸡场-关岭永宁地区；龙潭组有 3 个页岩气有利区块，分别位于关岭岗乌-花江、普安地瓜-青山和兴仁巴铃-安龙龙山地区。优选的 3 个目的层 7 个页岩气有利区总面积为 $9836.06km^2$。

二、页岩气资源的禀赋与分布特征

贵州省发育多套含气页岩层系，厚度大、范围广，具有形成大规模页岩气资源的地质基础。2011 年，全国页岩气资源潜力调查评价及有利区优选结果显示，贵州省页岩气地质资源量为 $10.48 \times 10^{12} \mathrm{m}^3$，全国排名第 4 位，具有良好的页岩气资源潜力；2013 年，对贵州省、四大区中的 7 个含气页岩层系、27 个有利区的系统评价结果显示，贵州省页岩气发育有利区页岩气地质资源量为 92 155.44×$10^8 \mathrm{m}^3$。2015 年，贵州省页岩气地质资源量为 $11.29 \times 10^{12} \mathrm{m}^3$，有利区资源量为 $1.9 \times 10^{12} \mathrm{m}^3$。

1. 资源的区块分布

贵州省页岩气发育有利区地质资源量为 92 155.44×$10^8 \mathrm{m}^3$。其中，黔南区为 8241.17×$10^8 \mathrm{m}^3$，占全省总量的 8.94%；黔北区为 31 134.16×$10^8 \mathrm{m}^3$，占全省总量的 33.79%；黔西南区为 22 209.96×$10^8 \mathrm{m}^3$，占全省总量的 24.10%；黔西北区为 30 570.15×$10^8 \mathrm{m}^3$，占全省总量的 33.17%（图 11-19）。

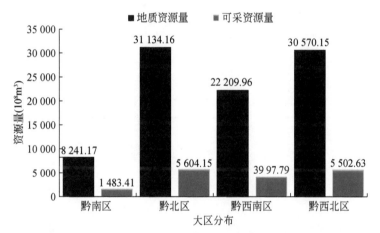

图 11-19　贵州省页岩气发育有利区资源量的大区分布

贵州省全省页岩气发育有利区的页岩气可采资源量为 16 587.98×$10^8 \mathrm{m}^3$。其中，黔南区为 1483.41×$10^8 \mathrm{m}^3$，占全省总量的 8.95%；黔北区为 5604.15×$10^8 \mathrm{m}^3$，占全省总量的 33.78%；黔西南区为 3997.79×$10^8 \mathrm{m}^3$，占全省总量的 24.10%；黔西北区为 5502.63×$10^8 \mathrm{m}^3$，占全省总量的 33.17%（图 11-20）。

2. 资源的层系分布

贵州省页岩气的地质资源量为 92 155.44×$10^8 \mathrm{m}^3$，可采资源量为 16 587.98×$10^8 \mathrm{m}^3$。主要分布在下寒武统牛蹄塘组、上二叠统梁山组、下志留统龙马溪组、下石炭统打屋坝组和下二叠统梁山组（表 11-31、图 11-21）。

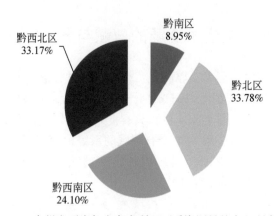

图 11-20　贵州省页岩气发育有利区可采资源量的大区所占比重

表 11-31　贵州省各层系页岩气的资源量及其比重

层系	地质资源量		可采资源量	
	储量（$10^8 m^3$）	比重（%）	储量（$10^8 m^3$）	比重（%）
上二叠统梁山组	17 265.16	18.74	3 107.73	18.74
下二叠统梁山组	8 689.86	9.43	1 564.17	9.43
下石炭统打屋坝组	14 429.70	15.66	2 597.35	15.66
下志留统龙马溪组	14 763.74	16.02	2 657.47	16.02
下寒武统变马冲组	1 513.76	1.64	272.48	1.64
下寒武统牛蹄塘组	35 493.22	38.51	6 388.78	38.51
合计	92 155.44	100.00	16 587.98	100.00

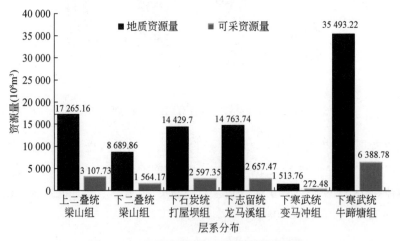

图 11-21　贵州省页岩气不同层系的资源量

在不同层系的分布中，下寒武统牛蹄塘组的地质资源量为 35 493.22×$10^8 m^3$，占全省总量的 38.51%，可采资源量为 6388.78×$10^8 m^3$；上二叠统梁山组的地质资源量为 17265.16×$10^8 m^3$，占全省总量的 18.73%，可采资源量为 3107.73×$10^8 m^3$；下志留统龙马溪组的地质资源量为 14 763.74×10^8m³，占全省总量的 16.02%，可采资源量为 2657.47×10^8m³；下石炭统打屋坝组的地质资源量为 14 429.70×10^8m³，占全省总量的 15.66%，可采资源量为 2597.35×10^8m³；下二叠统梁山组的地质资源量为 8689.86×10^8m³，占全省总量的 9.43%，可采资源量 1564.17×10^8m³；下寒武统变马冲组的地质资源量为 1513.76×10^8m³，仅占全省总量的 1.64%。

3. 资源的深度分布

贵州省页岩气有利区资源按埋深主要分布在 1000～4500m。其中，小于 1500m 埋深的有利区页岩气地质资源量为 4341.54×10^8m³，占贵州省总量的 4.71%，可采资源量为 781.48×10^8m³；1500～3000m 埋深范围内页岩气地质资源量为 60 391.62×10^8m³，占贵州省总量的 65.53%，可采资源量为 10 870.49×10^8m³；3000～4500m 埋深范围内页岩气地质资源量为 27422.28×10^8m³，占贵州省总量的 29.76%，可采资源量为 4936.01×10^8m³（表 11-32、图 11-22、图 11-23）。

表 11-32 贵州省页岩气资源量埋深分布 （单位：10^8m³）

资源量		概率分布				
		5%	25%	50%	75%	95%
<1500m	地质资源量	6 909.64	5 501.68	4 341.54	3 247.39	2 277.23
	可采资源量	1 243.74	990.30	781.48	584.53	409.90
1500～3000m	地质资源量	96 114.41	76 529.41	60 391.62	45 171.84	31 676.72
	可采资源量	17 300.59	13 775.29	10 870.49	8 130.93	5 701.81
3000～4500m	地质资源量	43 643.08	34 750.03	27 422.28	20 511.37	14 383.58
	可采资源量	7 855.75	6 255.01	4 936.01	3 692.05	2 589.04
合计	地质资源量	146 667.13	116 781.13	92 155.44	68 930.60	48 337.53
	可采资源量	26 400.08	21 020.60	16 587.98	12 407.51	8 700.76

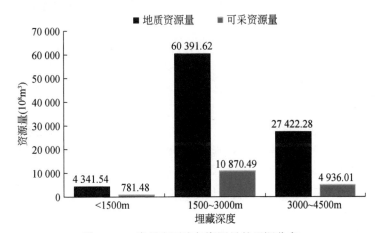

图 11-22 贵州省页岩气资源量的埋深分布

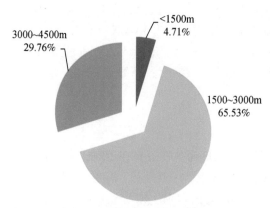

图 11-23　贵州省页岩气不同埋深可采资源量的比重

三、页岩气可持续发展目标和原则

1. 可持续发展目标

积极开发利用清洁低碳的页岩气资源，落实"气化贵州"目标，推动能源生产和消费革命，加快建设现代能源体系。开展重点地区页岩气基础地质调查工作，进一步落实全省页岩气资源潜力，优选勘查目标区；推进黔北页岩气综合勘查试验区的勘查评价和"甜点"预测，完成试验区建设工作；持续推进现有探矿权区块的页岩气勘查评价工作。

2020 年，落实页岩气勘查区块 10～11 个，力争落实页岩气资源量 $1500 \times 10^8 \text{m}^3$，将天然气一次能源消费占比提高到 5% 左右。加快页岩气产业规模化利用，尽快获得页岩气工业气流，实现工业化生产。

2020 年，全省力争实现页岩气 $20 \times 10^8 \text{m}^3$ 的产能，全省范围内建成完善、成熟的页岩气勘探开发配套设施。

2030 年，实现页岩气规模化、产业化的开发生产。推进页岩气的可持续利用，使页岩气资源成为实现"气化贵州"战略目标的主要支撑。

2. 可持续发展方针

针对贵州省的气体能源结构、页岩气赋存与地质条件、页岩气勘探现状、开发与环境保护等方面的特殊性，页岩气发展应遵循"统筹规划、政策支持、立体勘探、重点突破、贵州优先、突出特色、环境和谐、多方协作、科技攻关、培养专才"的"40 字方针"。

1）统筹规划：统筹各方资源、制定长远规划，包括"十三五"规划、"十四五"规划、"十五五"规划等。

2）政策支持：保持或加大政策支持的力度和广度。

3）立体勘探：面上多区、纵向多层、多类气体兼探共采。

4）重点突破：设置重点项目、划分重点区、建设示范区，实现开发突破。

5）贵州优先：强化贵州省在页岩管理、勘探、开发中的主体领导地位。

6）突出特色：地质研究、页岩气理论、勘探开发突出贵州特色。

7）环境和谐：制定环保法规、加强监管、促进页岩气发展和环境保护相和谐。

8）多方协作：加强与国家能源投资集团、美国等页岩气全产业链开发合作。在上游勘探开发、中游液化天然气存储、下游化工制造与发电等产业链各个环节开展合作，以及引进新技术、新经验。

9）科技攻关：在地质调查、工程技术、开发利用设备、管理规划等方面，加强与国内外相关结构、企业的联合攻关。

10）培养专才：培养专业的页岩气人才与勘探开发施工队伍，并在高校开设相关专业。

在"40字方针"指导下，进行立体式勘探，突破黔北、强化两翼、带动黔南；主攻志留系，实现商业开发；探索寒武系，寻求新突破；兼探二叠系，拓展新领域；关注梁山组，发展新层系；最终实现页岩气、煤层气与常规气兼探共采。

3. 可持续发展原则

贵州省页岩气资源的可持续发展应遵循如下几个方面的基本原则。

（1）坚持创新发展

加大能源新技术的引进和推广力度，提高贵州页岩气产业科技含量，增强能源发展动力。加快推进重点领域和关键环节改革，理顺能源价格机制，构建有利于促进能源可持续发展的体制机制。加快创新型人才队伍建设，加大能源创新的政策、资金扶持力度，增强能源创新能力。

（2）坚持协调发展

坚持能源和经济社会协调发展，进一步增强能源对全省经济社会发展的保障能力。优化能源结构布局，提高资源配置效率，大力发展页岩气，提高清洁能源生产能力。实施天然气调峰能力建设，着力推进能源系统优化。加快分布式能源发展，显著提高能源系统的智能化水平和运行效率。大力发展"互联网+"智慧能源，建设能源大数据平台。

（3）坚持绿色发展

按照生态文明先行示范区建设的要求，实施能源消费总量和强度双控制，积极发展新能源和可再生能源产业，特别是加强页岩气的开发利用，加快建设清洁低碳、安全高效的现代能源体系。

（4）坚持开放发展

抢抓"一带一路""长江经济带""珠江-西江经济带"发展机遇，加快油气管网互联互通步伐，大力拓展区域市场，将贵州页岩气的发展与国家战略的实施有机结合起来。加强政府指导，扩大能源开放，放宽准入限制，积极引进战略投资者，加大资金、技术、人才和管理引进力度，培育壮大能源支柱产业，促进页岩气资源优势转化为经济优势。

（5）坚持共享发展

统筹城乡和区域能源发展，加快城镇天然气管网建设，提高贫困地区能源保障能力，把页岩气产业的可持续发展与扶贫攻坚、同步小康有机结合起来。

四、页岩气资源的可持续发展规划

1. 时间布局

（1）2016～2020 年

"十三五"时期，即商业性试验开发阶段。加强贵州省页岩气勘探开发技术攻关，加强页岩气人才队伍建设，加快页岩气产业化、规模化利用，尽快获得页岩气工业气流，实现工业化生产。2020 年，落实页岩气勘查区块 10～11 个，力争落实页岩气资源量 1500 亿 m^3，实现页岩气 20 亿 m^3 产能，将全省天然气一次能源消费占比提高到 6% 左右。

（2）2021～2030 年

"十四五"、"十五五"时期，即商业性规模开发阶段。在全省范围内建成完善、成熟的页岩气勘探开发配套设施，到 2030 年实现页岩气产业化、规模化的开发生产。

（3）2030 年之后

即页岩气可持续发展阶段，成为实现"气化贵州"战略目标的主要支撑。

2. 勘查规划

（1）勘察规划的基本概况

A. 勘查规划分区

根据资源禀赋和环保要求等进行勘查规划分区，共 4 类，即勘查试验区、勘查有利区、接续勘查区、禁止勘查区（表 11-33）。

表 11-33　贵州省页岩气资源勘查规划分区

勘查试验区	黔北页岩气综合勘查试验区（1 个）
勘查有利区	黔西勘查有利区、黔南勘查有利区、黔东勘查有利区（3 个）
接续勘查区	赤水河流域环境治理区和环境控制区（1 个）
禁止勘查区	赤水河流域环境保护区等（20 个）

B. 勘查规划区块

根据"贵州省页岩气调查评价"成果中确定的 26 个有利区，结合页岩气目标层发育分布的基础地质背景条件，全省初步规划页岩气勘查区块 11 个，总面积为 28 207.11km²。

C. 探矿权的投放

2015～2020 年全省拟设置探矿权区块 11 个，2015～2017 年投放 5～6 个，2018～2020 年投放 5 个。

（2）推进勘查工作的措施

在基本要求下，实际勘探工作要做好如下几点：

A. 增加对黔西南和黔南等地的勘探

目前大部分的井集中在黔北地区，而黔南和黔西南地区地质资源量丰富，结合黔南和黔西南的地质特征及沉积特点，可以进一步加大测试范围，增加有利选区（表 11-34）。

表 11-34　贵州省页岩气资源评价结果 （单位：$10^8 m^3$）

地区	资源量	概率分布				
		5%	25%	50%	75%	95%
黔南区	地质资源量	12 408.46	10 405.29	8 241.17	5 960.30	4 039.02
	可采资源量	2 233.52	1 872.95	1 483.41	1 072.85	727.02
黔西南区	地质资源量	34 664.71	27 491.86	22 209.96	17 330.00	12 841.95
	可采资源量	6 239.65	4 948.53	3 997.79	3 119.40	2 311.55
黔北区	地质资源量	45 180.95	36 986.63	31 134.16	25 429.26	19 721.51
	可采资源量	8 132.57	6 657.59	5 604.15	4 577.27	3 549.87
黔西北区	地质资源量	54 413.01	41 897.35	30 570.15	20 211.04	11 735.05
	可采资源量	9 794.34	7 541.53	5 502.63	3 637.99	2 112.32
合计	地质资源量	146 667.13	116 781.13	92 155.44	68 930.60	48 337.53
	可采资源量	26 400.08	21 020.60	16 587.98	12 407.51	8 700.76

B. 加大勘探目标层深度

2014 年 2 月 12 日，中国贵州北部地区钻探出国内埋藏最深的页岩气水平井，日产气量最高可达 10.5 万 m^3，这也证明了黔北地区深层下志留统龙马溪组下部为页岩气富集区。现阶段可以在技术允许的情况下继续向更深目标层勘探。

C. 向古生界等层系进行勘探

目前，页岩气资源主要分布在下寒武统变马冲组、下寒武统牛蹄塘组、下志留统龙马溪组、下石炭统打屋坝组、下二叠统梁山组和上二叠统龙潭组（表 11-35）。

表 11-35　贵州省页岩气资源量层系分布 （单位：$10^8 m^3$）

层系	资源量	概率分布				
		5%	25%	50%	75%	95%
上二叠统龙潭组	地质资源量	32 296.42	24 326.22	17 265.16	11 024.13	5 982.6
	可采资源量	5 813.36	4 378.72	3 107.73	1 984.34	1 076.87
下二叠统梁山组	地质资源量	14 201.7	11 140.61	8 689.86	6 591.25	4 732.48
	可采资源量	2 556.31	2 005.31	1 564.17	1 186.43	851.85
下石炭统打屋坝组	地质资源量	21 084.89	17 208.06	14 429.7	11 625.61	8 787.65
	可采资源量	3 795.28	3 097.45	2 597.35	2 092.61	1 581.78
下志留统龙马溪组	地质资源量	23 951.65	18 825.23	14 763.74	10 724.5	7 247.09
	可采资源量	4 311.30	3 388.54	2 657.47	1 930.41	1 304.48

续表

层系	资源量	概率分布				
		5%	25%	50%	75%	95%
下寒武统牛蹄塘组	地质资源量	52 361.88	43 191.53	35 493.22	28 014.14	21 044.35
	可采资源量	9 425.14	7 774.47	6 388.78	5 042.55	3 787.98
下寒武统变马冲组	地质资源量	2 770.59	2 089.47	1 513.76	950.97	543.36
	可采资源量	498.71	376.10	272.48	171.17	97.80
合计	地质资源量	146 667.13	116 781.13	92 155.44	68 930.60	48 337.53
	可采资源量	26 400.08	21 020.60	16 587.98	12 407.51	8 700.76

2017 年 1 月，由中国地质调查局油气资源调查中心部署实施的黔紫页 1 井正式开钻，这是在滇黔桂地区部署的第一口针对上古生界页岩气的参数井。以后将加大对海陆过渡相的龙潭组等上古生界的研究。

D. 对空白区招标

矿权区有利区页岩气资源量为 43 815.98×10^8 m^3，占贵州总量的 47.5%，可采资源量为 7886.88×10^8 m^3；空白区有利区页岩气资源量为 48 339.46×10^8 m^3，占贵州省总量的 52.5%，可采资源量为 8701.10×10^8 m^3。应扩大招标，使企业公平竞争，充分发挥各自优势，对空白区进行充分勘探开采利用（表 11-36）。

表 11-36 贵州省页岩气资源量矿权区与空白区分布　　　　　　（单位：10^8 m^3）

资源量		概率分布				
		5%	25%	50%	75%	95%
矿权区	地质资源量	73 283.73	57 108.20	43 815.98	31 388.47	20 612.79
	可采资源量	13 190.87	10 279.47	7 886.88	5 649.93	3 710.30
空白区	地质资源量	73 383.40	59 672.93	48 339.46	37 542.13	27 724.75
	可采资源量	13 209.21	10 741.13	8 701.10	6 757.58	4 990.45
合计	地质资源量	146 667.13	116 781.13	92 155.44	68 930.60	48 337.53
	可采资源量	26 400.08	21 020.60	16 587.98	12 407.51	8 700.76

E. 加强企业间技术的相互合作

贵州省矿权区除了中石化、中石油、中联公司矿权区外，还包括国土资源部第二轮页岩气探矿权公开招标分别被五家企业中标的岑巩、绥阳、凤冈 1、凤冈 2 和凤冈 3 区块。今后可加强企业间的联合协作，发挥各家优势，统筹协作，推动页岩气勘探的进一步发展。

F. 加强政府政策的扶持

政府加大对本省页岩气项目的扶持，推出相关政策，督促页岩气相关项目的进行。作为可产业化的新能源，页岩气正在引发一场全球能源供给的深刻变革，为资源丰富的国家开辟了一条保障能源安全，实现能源自给的通路。中国作为页岩气储量丰富、能源需求巨大的国家，发展页岩气具有先天的优势和重大战略意义。中国页岩气行业的发展，不但可以改善能源结构、提高能源自给率，而且会通过技术进步带动整个产业链，为经济做出多重贡献。尽管在发展中需要面对产业化和市场化的挑战，但我们相信中国页岩气行业前景光明。

3. 开发规划

为加快实现页岩气资源勘查开发重大突破，国土资源部与贵州省政府签订了"关于共同推进页岩气勘探开发合作协议"，计划于 2016～2020 年完成页岩气示范区建设，实现页岩气规模化和产业化的开发利用。

根据页岩气勘探开发现状、勘探井测试油气情况及区块不同层系评价条件并参考该地区的自然、经济地理状况及人文景观等进行勘探开发规划分区，共 3 类，即试验区、接续区和禁止区（图 11-24）。

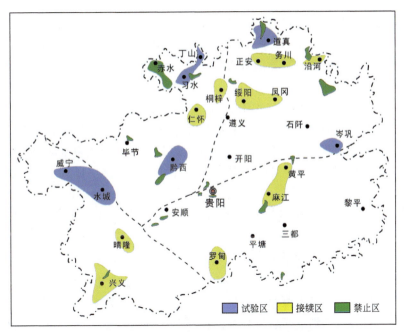

图 11-24　贵州省页岩气资源勘探开发规划分区

在开采时序上，首先对勘探取得突破的习水–丁山地区的龙马溪组进行开采试验。进而对勘探效果较好的岑巩、习水–威宁、道真、黔西区块进行开采试验和商业开发；接续开采区则以勘探评价为主，条件成熟后进行开采试验和商业开发。

（1）开发规划分区

根据页岩气勘探开发现状、勘探井测试油气情况及区块不同层系评价条件并参考该地区的自然、经济地理状况及人文景观等进行勘查规划分区，共 3 类，即试验开采区、接续开采区和禁止开采区（表 11-37）。

表 11-37 贵州省页岩气资源开发规划分区

开发规划分区	空间位置
试验开采区	习水–丁山页岩气试验开采区、威宁–水城页岩气试验开采区、岑巩页岩气试验开采区、道真页岩气试验开采区、黔西页岩气试验开采区（5处）
接续开采区	务川页岩气接续开采区、沿河页岩气接续开采区、桐梓页岩气接续开采区、仁怀页岩气接续开采区、晴隆页岩气接续开采区、黔西南页岩气接续开采区、绥阳–凤岗页岩气接续开采区、麻江–黄平页岩气接续开采区、罗甸页岩气接续开采区、赤水河流域接续开采区（10处）
禁止开采区	马岭河峡谷国家级风景名胜区、大沙河自然保护区、麻阳河自然保护区、赤水风景名胜区、赤水河流域环境保护区、习水中亚热带森林自然保护区、宽阔水自然保护区、梵净山自然保护区、茂兰国家及自然保护区、百里杜鹃国家级森林公园、百里杜鹃森林公园、㵲阳河国家级风景名胜区、草海国家级自然保护区、织金洞国家级风景名胜区、百花湖水源保护区、红枫湖国家级风景名胜区、雷公山国家级自然保护区、龙宫国家级风景名胜区、黄果树国家级风景名胜区、荔波樟江国家级风景名胜区（20处）

在开采时序上首先对勘探取得突破的习水–丁山地区的龙马溪组进行开采试验，进而对勘探效果较好的岑巩、习水–威宁、道真、黔西区块进行开采试验和商业开发；接续开采区则以勘探评价为主，条件成熟后进行开采试验和商业开发。

A. 试验开采区

加强页岩气资源在开发利用过程中的管理，在页岩气资源量丰富、地质工作程度高、页岩气成藏规律和分布清楚，并且开发利用条件好，有工业气流产出井或页岩气含气性高的地区作为页岩气试验开采区，本规划共设置试验开采区5处：习水–丁山页岩气试验开采区、威宁–水城页岩气试验开采区、岑巩页岩气试验开采区、道真页岩气试验开采区、黔西页岩气试验开采区。

其中，黔北页岩气综合勘查试验区的习水–丁山页岩气试验开采区页岩含气性高达 2.9m³/t，页岩气可采资源量为 $1338.51×10^8 m^3$，且该区丁页 2 井产能在 $1.0×10^4 \sim 4.3× 10^4 m^3/d$；威宁–水城页岩气试验开采区的水页 1 井产能在 $2×10^4 m^3/d$；岑巩地区天星 1 井产能在 $0.2×10^4 m^3/d$，为重点开发，重点开采习水–丁山地区龙马溪组、威宁–水城地区下石炭统打屋坝组和二叠系龙潭组页岩气和岑巩地区中–下寒武统牛蹄塘组和中寒武统变马冲组页岩气。另外位于黔北页岩气综合勘查试验区的道真页岩气试验开采区与习水–丁山及重庆的礁石坝地区构造演化过程相似，成藏条件有利，页岩含气性高达 $1.84 \sim 4.0m^3/t$，预计可采资源量 $662.10×10^8 m^3$，作为页岩气试验开采区；黔西地区煤层气、致密砂岩气和页岩均含气性较好，该地区资源量均较丰富，适合开展"三气合采"的试验开采区。

B. 接续开采区

按照资源的供需关系、国家产业政策、相关规划要求，将地质工作程度相对较高，并有一定的勘探工作量和获取页岩气较大地质资源量，有较好的开采技术经济条件，与此同时该地区尽管含气性较高，资源量较为丰富，但是该区域的页岩气成藏规律尚不十分清楚，没有工业气流井的区域设置为接续开采区，共9处，包括位于黔北页岩气综合勘查试验区的绥阳–凤岗页岩气接续开采区、务川页岩气接续开采区、沿河页岩气接续开采区、桐梓页岩气接续开采区、仁怀页岩气接续开采区；黔西南地区的晴隆页岩气接续开采区、黔西南页岩气接续开采区；黔南地区的麻江–黄平页岩气接续开采区、罗甸页岩气接续开采区；另将赤水河流域具有生态保护功能的环境恢复治理和控制区作为接续开采区，共计10处接续开采区。

C. 禁止开采区

按照国家页岩气产业政策、相关规划要求等因素划定以下区域为禁止开发区：国家级自然保护区、地质遗迹保护区、地质公园，重要饮用水水源保护区，国家级风景名胜区，国家级森林公园，国家重点保护的不能移动的历史文物和名胜古迹所在地等，共20处。以上区域禁止页岩气勘探开发。

（2）分区产能目标

各开采区产能目标如表 11-38 所示。

表 11-38　贵州省页岩气资源量矿权区与空白区分布　　　　（单位：$10^8 m^3$）

开发规划分工	名称	开采层系	产能	
			2015～2017 年	2018～2020 年
试验区	习水–丁山页岩气试验开采区	龙马溪组	4.0	7.0
	威宁–水城页岩气试验开采区	龙潭组、打屋坝组	0.5	2.0
	岑巩页岩气试验开采区	牛蹄塘组变马冲组	0.6	1.6
	道真页岩气试验开采区	龙马溪组	0.4	1.5
	黔西页岩气试验开采区	龙潭组	0.5	2.5
接续区	桐梓页岩气接续开采区	龙马溪组		1.0
	务川页岩气接续开采区	龙马溪组		0.6
	沿河页岩气接续开采区	龙马溪组		0.6
	仁怀页岩气接续开采区	牛蹄塘组	—	—
	晴隆页岩气接续开采区	龙潭组、打屋坝组		0.8
	麻江–黄平页岩气接续开采区	牛蹄塘组		0.6
	罗甸页岩气接续开采区	梁山组、打屋坝组	—	—
	绥阳–凤岗页岩气接续开采区	牛蹄塘组		1.0
	黔西南页岩气接续开采区	龙潭组		0.8
合计			6.0	20.0

注："—"代表无产能

（3）采矿权的投放

2015～2020 年，贵州省页岩气开发，以页岩气试验开采区的探矿权勘查工作为依据，待勘查程度及探明资源储量满足采矿权设置要求即时转为采矿权进行开采，实现页岩气开发利用产量目标。

4. 重点工程

（1）基础地质工程

以中国地质调查局"南方页岩气基础地质调查工程"为部署依据，结合贵州实际开展的基础地质工程，包括1：5万页岩气基础地质调查评价和页岩气地质特征专项研究。

（2）勘查开发重大工程

立足于黔北页岩气综合勘查试验区内已设置的页岩气探矿权区块和部分页岩气条件较好的油气区块，于黔北页岩气勘查开发基地建立重大勘查开发工程，力争在2020年建成产能达10亿 m^3/a 的页岩气勘查开发基地。

基于上述工程，鼓励开展石油天然气区块内的页岩气勘查开采，石油、天然气（含煤层气）矿业权人可在其矿业权范围内勘查、开采页岩气，但需依法办理矿业权变更手续或增列勘查、开采矿种，并提交页岩气勘查实施方案或开发利用方案。鼓励黔西北龙潭组、打屋坝组1000m以深煤层气、致密气、页岩气综合开发，提高资源利用率。鼓励探矿权区块内中国石油天然气股份有限公司、中国石油化工股份有限公司、贵州乌江水电开发有限责任公司、铜仁中能天然气有限公司等多家勘探单位加强合作，共同促进产能建设落实，实现页岩气的开采目标。

5. 保障措施

（1）政府引导和制定优惠政策

页岩气勘查开发投资大、投资回收期长，必须制定科学合理的政策来引导和鼓励民营资本、中央和地方国有资本等多方式参与页岩气投资开发。建议把页岩气勘探开发理论技术研究及开发示范工程列入国家重大专项栏目，引进和自主研制先进探采设备和技术。中央和地方政府可出台页岩气勘探开发用地、矿权设置、勘探开发合作、环境评估与管理、资料共享、页岩气入管网等相关政策或管理办法，建立、健全页岩气产业规制，制定有关行业标准，施行价格激励机制，继续鼓励和支持企业勘探开发页岩气。

制定优惠措施。国土资源厅、发展和改革委员会、能源局、财政厅等相关部门争取页岩气勘探开发利用的优惠政策和经费，结合省情对各类企业及投资者实行税收优惠或减免政策。鼓励高校、科研机构、企业建立页岩气开发研究基地，进行深入合作。

（2）建立激励引导机制

建立激励引导机制，设立"贵州省页岩气勘查开发与关键技术研发专项资金"，实现页岩气开发利用快速有效发展。页岩气勘查开发技术性强，要求高，风险大，在积极引进美国先进技术的同时，还应高度重视贵州地形、地质和页岩气资源条件的特殊性，有针对性地改进和研发关键技术，才能事半功倍。为最大限度地激发企业自主研发的积极性，充分发挥好政府有形之手的作用，建议可采取以下措施：一是从省财政资金中立专项，设立"贵州省页岩气勘查开发与关键技术研发专项资金"，引导和推动企业自主研发；二是在国家宏观政策控制下，在省内放开页岩气价格，由市场自由调控；三是设立页岩气单列用地指标计划，对页岩气勘查开发临时用地建立"绿色通道"，快速办理；对获取页岩气需建立工业基地的，用地指标直接由省级层面审批。

（3）培育多元投融资体系

贵州省页岩气的勘查开发正处在起步阶段，勘查评价、后期开采都需要大量的资金投入，应加大政府投资，融合多方力量，充分调动国有企业和民间有关企业的投资积极性，鼓励中央、地方国有资本和国内外民间资本或技术等以参股、合作、提供专业服务等方式参与页岩气勘查开发，以确保页岩气的先期开发、后期开采、管道铺设等不会因为资金短缺而开发停滞。

（4）建立合作运行机制

在中国石油化工股份有限公司、中国石油天然气股份有限公司尚未计划近期勘查开发的区块内，以中国石油化工股份有限公司、中国石油天然气股份有限公司、省属企业、地方政府为基础开展广泛合作，建立股份制公司共同进行产能建设。中国石油化工股份有限公司已有矿权的龙马溪组建产较为现实，建议由省政府与中国石油化工股份有限公司集团战略合作，指定省内相关企业（西南能矿集团股份有限公司、贵州乌江水电开发有限责任公司）与中国石油化工股份有限公司西南分公司、华东分公司合作，或扶持省内能源企业成立大型非常规油气勘探开发专业公司，就官渡、綦江-綦江南、道真地区开展合作。道真龙马溪组有利区与铝土矿整装勘查区重叠，铝土矿层位于二叠系下统梁山组，可考虑由矿权方西南能矿集团股份有限公司与中国石油化工股份有限公司合作，综合勘查开发。

（5）加快勘查开发技术攻关

加快页岩气勘探开发技术创新，主要解决以下技术难题：一是开展对多期构造叠加、断层非常发育等构造复杂背景下的页岩气储层地质及成藏主控因素研究，建立页岩气有利目标优选评价方法和标准，为勘探部署提供技术支撑；二是开展贵州喀斯特复杂地形和地质条件下，地震采集和处理解释、页岩气测井识别和储层精细描述等地球物理识别技术和评价标准研究，攻关二维地震低信噪比地区地震资料处理技术，逐步形成富含有机质页岩及含气性地球物理识别关键技术，建立页岩气储层参数识别技术，为确定页岩气"甜点区"提供技术手段；三是开展页岩气水平快速钻井和套管完井等研究，攻关直井浅层随钻防漏和堵漏技术，形成一套适用于贵州页岩气地质条件的钻完井技术；四是研究开发新型压裂液，探索压裂施工参数，研究同步压裂和微地震裂缝监测等技术，改善压裂效果；开展压裂液处理和再利用、储层伤害机理及保护、分段压裂、长井段射孔和体积改造等技术攻关，掌握适用于贵州省页岩气开发的增产改造核心技术，提高页岩气单井产量；五是开展不同参数条件下气井产能数值模拟和最终可采储量研究，形成页岩气开发产能评价技术；结合贵州省地质条件和页岩气井生产特点，开展不同井网与井距组合条件下的采收率研究，形成井网优化技术；开展影响经济效益的因素研究，形成页岩气开发经济技术评价指标体系。

（6）培养贵州省的专业人才

美国在进行页岩气开采时，就设立了专门的组织和基金来研究页岩气的基础理论和开采技术，这对美国的页岩气规模开采起了关键性作用。贵州省页岩气具有独特特征，其研究还处在起步阶段，建议在有关高校和相关企业建立专门的页岩气实验装备和成立专业的技术开发部门，培养贵州省页岩气研究和开发的专业人才，并与国内外加强合作，积极参与国内外先进的理论技术研究，争取早日实现贵州省页岩气的商业开发。

以省内国有大型企业为龙头，以合资、参股和并购等方式加强与国内外石油专业服务企业的合作，尤其是与国外掌握核心技术的单位合作。结合贵州省页岩气成藏条件，在引进吸收国内外先进技术的基础上，逐步形成水平钻井、完井、固井和分段压裂等工程，以及测井、实验测试等一整套的专业化技术服务体系，增强竞争力，建设专业较齐备的本地页岩气专业化服务队伍。

（7）加强环境保护与治理

根据页岩气实际情况，从环境准入、过程管理等方面建立环境监测体系，做好页岩气开发过程中的环境管理工作，要注意以下几个方面：页岩气规模开发之前应考虑水资源论证工作，以免大量取水给局部地区造成水资源短缺及匮乏；循环利用压裂液，减少用水量，节约水资源，压裂液无害排放，防止土壤和地表水污染；严格执行钻完井操作规程，避免地下水污染；坚持页岩气钻井、完井、压裂到生产和集输的全过程管理，尽量减少甲烷等温室气体和其他有害空气污染物的散逸性排放，做到节能减排，降低温室效应；重视页岩气开发的累积环境影响。

（8）加强规划实施的管控

明确规划管理职能，建立规划实施工作机制，落实规划实施情况。一是明确各部门职责分工，落实各项规划任务及目标完成情况；二是强化规划实施监管，建立规划实施监管机制，及时掌握规划任务和目标完成情况；三是加强统筹协调，建立定期或不定期沟通协调机制，及时协调解决规划实施过程中遇到的各类问题；四是加强跟踪评价，根据规划实施效果和行业发展实际，及时调整规划目标和重点任务。

（9）做好保障工作和基层协调工作

必须研究解决好页岩气产业发展中遇到的重大问题，省市相关部门和页岩气开发所在区域人民政府要加大协调力度，切实做好要素保障和基层协调工作。国土资源厅要指导各地研究制定征地拆迁办法和出台统一的征地拆迁标准和程序；要做好页岩气勘探开发中的补偿工作，加强沟通协调和疏导，确保当地群众和企业的合法权益，开创和谐发展的良好局面。

（10）实现页岩气安全绿色发展

加快推进页岩气勘探开发安全生产标准制定工作；督促相关单位认真落实安全生产法律法规，依法开展页岩气建设项目安全设施检查工作，开展页岩气开发利用的环保标准研究，督促页岩气开发企业认真落实相关环保制度，加快页岩气开发项目环评审批和环保竣工验收工作；推广钻井废弃物处理技术现场试验应用，规范油基泥浆管理，加强对含油岩屑收集、短期储存、转运和处理的监管，实现废物循环利用和减量化，确保清洁化生产；合理安排压裂作业计划，减少水资源消耗；强化噪声控制，配套相关设备，制定降噪措施，降低钻井、压裂噪声对周边环境的影响；加大油基泥浆、压裂返排液的回收和利用，确保实现零排放、零污染；制定页岩气勘探开发工程系列管理制度、工作流程、技术标准、操作规范，为页岩气科学、安全、清洁、高效勘探开发提供流程规范和制度保障。

第十二章　贵州省地质旅游资源与可持续发展

第一节　贵州省地质旅游资源禀赋特征

一、地质旅游资源类型及禀赋

　　地质旅游资源是在地球漫长的演化过程中，由于地壳构造变动、岩浆活动、古地理环境演变、古生物进化、气候变迁等因素而形成的岩石矿物、化石、岩体、构造形迹、矿床（包括地热）、地貌景观及天文气象等景象，具有观赏、科学研究与普及教育价值或能为人类养生健体提供物质或场所，能吸引游人进行旅游活动的资源。

　　贵州省地层发育齐全，自元古界到第四系均有出露，海相地层发育，沉积岩分布广，沉积环境变异多姿，相带发育齐全，化石丰富。沉积岩中又以碳酸盐岩分布最为广泛，因而形成了独特的喀斯特地质地貌景观和多彩多姿的山地景观。本书将《贵州省旅游资源大普查技术要求》中与地球科学关系密切的地文景观、水域风光、生物景观和天象与气候，以及山地体育和康体养生中与地球科学相关的旅游资源统称地质旅游资源。

1. 地文景观旅游资源

　　地文景观指在长期地质作用和地理过程中形成，并在地表或浅地表存留下来的各种景观。贵州省地文景观旅游资源单体共计 19 521 处[①]，其中新发现 15 653 处，涵盖综合自然旅游地、沉积与构造、地质地貌过程形迹、自然变动遗迹和岛礁 5 个亚类，进一步可分为 38 个基本类型。各亚类单体、基本类型单体的总数及新发现数和实例详见表 12-1。

---

　　① 本书有关旅游资源数据引自贵州省旅游资源大普查工作（2016 年）提交的《贵州省旅游资源大普查报告》（下同）。报告中明确，旅游资源单体部分存在"一对多"的情形，即一处单体属于多种基本类型、亚类、主类。但在统计时，为不至出现旅游资源总量数据虚大，主类均按排列在先的进行统计；而为了真实反映各个基本类型的数量，基本类型均按包含即统计的原则进行，亚类则是其下基本类型数量之和。

表 12-1 贵州省地文景观旅游资源　　　　　　　　　（单位：处）

亚类	亚类单体		基本类型	基本类型单体		实例
	总数	新发现数		总数	新发现数	
综合自然旅游地	1507	1096	山丘型旅游地	802	596	铜仁梵净山、丹寨龙泉山、黎平青山界、黄平新州冷屏山及冷屏石林、雷山雷公山、贵定斗篷山、贵阳黔灵山、白云区云雾山、息烽西望山、钟山区韭菜坪、桐梓七十二湾、湄潭仙谷山、赤水望乡山、碧江区六龙山、福泉云雾山、石阡佛顶山、水城云盘大山等
			谷地型旅游地	383	265	遵义丹霞谷、钟山区月亮大峡谷、绥阳观音岩、湄潭百面水景观带、习水漏仓沟、紫云大河峡谷、紫云剋混河峡谷、织金干河坝子、碧江七股水峡谷、思南蜂王河峡谷、德江乌江画廊、凯里平良十里古峡、岑巩龙王洞峡谷、龙里猴子沟峡谷等
			砂砾石地型旅游地	11	4	云岩区贵州耸秀、汇川区落炉峡谷风光、桐梓城墙岩、松桃云落屯山顶等
			滩地型旅游地	147	120	花溪公园芙蓉洲、花溪公园放鹤洲、紫云打锣寨沙洲、织金秋哨渡口、江口鱼粮大草原、印江河滩、贞丰罗丈海子、镇远木良边滩、岑巩桑坪河滩等
			奇异自然现象	74	59	平塘藏字石、瓮安仙桥山、七星关一日三涨水、息烽团圆山陨石坑、织金老小渡口、印江天生桥、瓮安穿洞河古道遗址、平塘石蛋群等
			自然标志地	61	37	赫章小韭菜坪最高峰、花溪皇帝坡、凤岗皇帝坡、印江挂榜山、黎平天生桥等
			垂直自然地带	29	15	仁怀云帱山、钟山韭菜坪、黎平平阳太平山森林等
沉积与构造	494	353	断层景观	80	66	西秀区小路沟生态旅游风景区峰丛、六枝水上地质长廊、关岭国画山、紫云破岩、锦屏隆里断陷盆地、罗甸花果山断崖、龙里金星"一线天"、余庆红渡景区攀岩基地等
			褶曲景观	84	75	织金鲤鱼跳龙门、六枝水上地质长廊、赤水四洞沟波状层理、紫云小褶曲、印江芙蓉坝组底砾岩及角度不整合遗迹、贞丰木角海子、三穗雪洞石棺材等
			节理景观	46	36	独山紫林幽谷一线天、绥阳地裂缝、赤水四洞沟大型X节理、龙里金星"一线天"、六枝水上地质长廊等
			地层剖面	68	55	桐梓红花园剖面、长顺睦化泥盆—石炭系地层剖面、赤水佛光岩波状层理、赤水二元结构、威宁地质景观直立岩层剖面、从江高芒花岗岩体
			钙华与泉华	52	23	凯里屯寨三十三浪、凤岗万佛大峡谷石灰华剖面、印江水帘瀑布、松桃响水洞钙华台、岑巩万佛长廊洞、瓮安钙化堆、开阳水上倒石莲等

亚类	亚类单体		基本类型	基本类型单体		实例
	总数	新发现数		总数	新发现数	
沉积与构造	494	353	矿点矿脉与矿石积聚地	74	49	贞丰水银洞金矿、江口紫袍玉带石矿点、红花岗114地质队忠庄基地地热井、天柱德辰重晶石矿区、松桃大塘坡锰矿积聚地等
			生物化石点	90	49	盘县新民化石群、兴义贵州龙化石群、关岭化石群、瓮安动物化石群、剑河革东古生物化石群、兴义乌沙古脊椎动物群等
地质地貌过程形迹	17 706	13 927	凸峰	440	3	贞丰双乳峰、大方仙宇峰、梵净山金顶、务川红叶峡谷披挂将军、赫章小韭菜坪最高峰、玉屏铁柱山等
			独峰	439	364	道真石笋峰（大白菜）、梵净山新金顶、正安顶菁山、余庆小竹笋、仁怀奶子山观景台、镇宁高荡峰林（丛）、大方公鸡山、思南香炉山、沿河龙头岩、松桃仙人桥、兴义将军峰等
			峰丛	587	467	施秉杉木峰丛、施秉云台山峰丛、六盘水峰丛、镇宁果寨峰丛、罗甸纳闹峰丛、平坝十八罗汉撞金钟、荔波樟江喀斯特、务川九天母石、西秀区小路沟峰丛、镇宁果寨峰丛、赫章万峰林、江口黄牯山、思南天台山、贵安新区高峰山峰丛、望谟启明峰、望谟麻山峰林、施秉金钟山、麻江苗疆万峰林、六枝播雨峰林等
			石（土）林	485	381	兴义泥凼石林、碧江石林、思南石林、七星关月亮山石林、赤水五柱峰、赫章天上石林、赫章石林迷宫、德江泉口石林、黄平新州冷屏山及冷屏石林、从江归省新寨石林、平塘甲青大盲谷、修文绿色石林（回水石林）、道真让坝石林、赤水生命谷等
			奇特与象形山石	3676	2908	梵净山蘑菇石、施秉黑冲一柱擎天、织金象鼻山、平塘藏字石、开阳香火岩、七星关"十八童子拜观音"、江口翻天印、江口万卷经书、江口黄岩睡佛、思南城头盖桌面山、安龙龙头大山、凯里黔阳第一山——香炉山、镇远孔雀开屏、天柱莲花山、福泉夜郎神妍、独山摇动石、平塘甲青"壶穴"群、花溪天生桥、花溪鬼架桥、花溪公园麟山、桐梓尧龙山、务川七柱山、赤水生命之源等
			岩壁与岩缝	1484	1203	水城乌蒙大地缝、开阳紫江地缝、纳雍幽灵谷、梵净山金顶摩崖、江口新金顶一线天、贞丰沙坪镇红岩岩画、西秀区蚌壳岩等

续表

亚类	亚类单体		基本类型	基本类型单体		实例
	总数	新发现数		总数	新发现数	
地质地貌过程形迹	17 706	13 927	峡谷段落	1178	900	水城北盘江大峡谷、七星关冲天大峡谷、兴义马岭河峡谷、开阳南江大峡谷、荔波七彩桫椤谷、威宁牛栏江大峡谷、织金歹阳大峡谷、江口鱼粮溪大峡谷、纳雍万象谷峡谷段落、水城北盘江大峡谷、江口浑水河大峡谷、江口黑湾河峡谷、德江洋山河峡谷、沿河乌江山峡、沿河黎芝峡、松桃三阳大峡谷、兴义清水河长廊、兴仁波阳大峡谷、兴仁梭江大峡谷、望谟六里峡谷、望谟桑郎峡谷、望谟羊架河峡谷、黄平㵲阳河峡谷、雷山高岩大峡谷、都匀凤啭河峡谷、惠水海里大峡谷、花溪红岩峡谷、花溪鬼架桥峡谷、开阳谷撒河峡谷、开阳十万溪峡谷、息烽息烽温泉峡谷、修文六广河峡谷、修文猫跳河峡谷、汇川板水峡谷等
			沟壑地	178	167	思南蜂桶沟、赫章麻塘沟谷地、黄平团仓古战场遗址、贵定遇处关等
			丹霞	114	76	赤水五柱峰、赤水佛光岩、赤水丹霞、赤水蜂窝石、赤水生命谷、赤水燕子岩、松桃盘石红石林、松桃盘石怪石群、松桃盘石大湾组紫红色地层、施秉金钟山、罗甸联明村丹霞地貌、习水粉碧岩、习水赤壁神州等
			雅丹	4	4	施秉三台山、沿河石磐岩壳等
			堆石洞	9	6	锦屏凉脚盘、盘县白岩洞等
			岩石洞与岩穴	8921	7296	织金洞、绥阳双河洞、紫云苗厅、德江傩仙洞、大方九洞天、黔西水西洞、黎平高屯天生桥、水城金盆天生桥、西秀区龙宫水溶洞、紫云苗厅、平塘-罗甸打岱河天坑群、花溪水洞"峾灵洞"、开阳猴耳天坑、开阳二洞天生桥、开阳金鸡洞、开阳大山溶洞群、息烽多缤洞、盘县龙滩口溶洞、盘县白雨洞、红花岗区云门囤景区-水上天门、绥阳水洞、湄潭藏龙洞、湄潭金龙洞、湄潭天生桥、余庆朝阳洞、镇宁黄果树水帘洞、镇宁夜郎洞、镇宁石花洞、紫云大穿洞、紫云响水洞、大方清虚洞、大方南天门、织金海子洞、纳雍黑沙垮六畜洞、碧江区九龙洞、松桃潜龙洞等
			沙丘地	3	3	望谟乐旺油菜花、望谟伏开村坝子等

亚类	亚类单体		基本类型	基本类型单体		实例
	总数	新发现数		总数	新发现数	
地质地貌过程形迹	17 706	13 927	岸滩	136	117	罗甸大贵州滩、望谟双江口、凤岗三跌水下游岩滩、镇宁河滩风光、江口乱石窖、江口红边塘岸滩、岑巩大河坝心滩、岑巩老街心滩、麻江富江河滩等
			峰林	52	32	兴义万峰林、纳雍金蟾万峰林、施秉喀斯特、汇川万峰林、普定五叉田峰林、兴义坡岗峰林、册亨秧庆万重山、册亨亿峰林、西秀区油菜湖等
自然变动遗迹	241	185	重力堆积体	66	43	纳雍枪杆岩古滑坡体、思南滚印坡、印江亚洲第一垮、赤水转石奇观、赤水四洞沟崩塌堆积体、道真石笋峰（大白菜）等
			泥石流堆积	12	11	正安茶林沟、道真月亮湾滚石林等
			地震遗迹	1	1	纳雍垮岩
			陷落地	149	121	万山黄腊洞、务川石朝天坑群、罗甸天德洞天坑、水城花夏溶斗、水城大洞、盘县黄金坑、绥阳天坑、道真东流河天坑、七星关锅圈岩陷落地、织金大落圈、织金锅底冲落圈、德江桥上天坑、望谟拉袍天坑群、望谟伏开天坑群等
			火山与熔岩	6	4	江口枕状玄武岩、水城玄武岩等
			冰川堆积体	1	1	江口坝梅寺第四纪冰川遗迹
			冰川侵蚀遗迹	6	4	汇川区两岔河冰川峡谷、江口冰川石臼等
岛礁	175	120	岛区	164	114	兴义纳聋岛群、六枝黔中半岛、普定夜郎湖、天柱远口百花岛、天柱辞兵洲、湄潭琴洲岛、余庆飞龙群岛、平坝邢江河白鹤岛、平坝四道坝河仙岛、普定湖中岛、黔西桐山半岛、织金八寨半岛、织金红艳半岛、碧江水晶阁半岛、思南桃花岛、德江贵州钓鱼岛等
			岩礁	11	6	思南白鹭湖岛等

2. 水域风光旅游资源

水域风光指水体及所依存的地表环境构成的景观或现象。贵州省水域风光旅游资源单体共计8823处，其中新发现6340处，涵盖河段、天然湖泊与池沼、瀑布、泉和河口与海面5个亚类，进一步可分为13个基本类型。各亚类单体、基本类型单体的总数及新发现数和实例详见表12-2。

表12-2　贵州省水域风光旅游资源分类　　　　　　　（单位：处）

亚类	亚类单体		基本类型	基本类型单体		实例
	总数	新发现数		总数	新发现数	
河段	3354	2411	观光游憩河段	3076	2203	乌江百里画廊、清水江、长顺乌麻河、镇远-施秉-黄平㵲阳河、赤水半岛水域风光、平坝羊昌河-邢江河水域风光、习水三岔河、正安九道水、紫云格凸河、黔西-织金乌江源百里画廊、江口太平河、水城北盘江大峡谷、道真十里长峡、望谟乐康河峡谷、凯里平良十里古峡、独山深沟、花溪河、乌当区九曲峡、观山湖区猫跳河、开阳洛旺河河谷、道真小山峡、湄潭湄江河等
			暗河河段	246	186	紫云黄鹤营地下河、凤岗跌水溶洞、纳雍马槽河、镇宁夜郎洞暗河、安龙犀牛洞、开阳白龙潭、息烽龙滩洞地下暗河、清镇地下暗河、钟山区落水洞、凤岗三跌水-溶洞、镇宁夜郎洞暗河、织金金鱼池、江口游鱼井、独山九十九滩湿地、龙里渔洞十里暗河等
			古河道段落	32	22	岑巩磨角湾古河道、紫云古河道、瓮安花龙口瀑布、开阳金钟瀑布、开阳一唱三和瀑布等
天然湖泊与池沼	1646	944	观光游憩湖区	605	240	大方-黔西-织金支嘎阿鲁湖、兴义万峰湖、修文红岩湖、普定夜郎湖小花扎景观、普定小三峡、黔西-织金-修文东风湖、罗甸千岛湖、六枝牂牁江、余庆飞龙湖等
			沼泽与湿地	254	137	威宁草海、镇宁芦坝沼泽地、兴义草碳土湿、盘县-水城娘娘山湿地、花溪阿哈湖湿地、钟山区明湖村湿地、红花岗区新浦湿地等
			潭池	787	567	花溪天河潭、沿河龙清潭、荔波尧花河-潭、普定夜郎湖、江口神龙潭、安龙荷花池、镇远龙潭等
瀑布	2654	2079	悬瀑	1595	1225	乌当白水河梯级瀑布群、六枝可布瀑布群、施秉飞水岩瀑布、荔波拉滩瀑布、普定风滩山瀑布群、瓮安深河瀑布群、赤水水帘洞瀑布、赤水白龙潭瀑布、关岭滴水滩瀑布、兴义马岭河峡谷瀑布群、黄平飞水岩九层瀑布群等
			跌水	1059	854	赤水狮子岩瀑布群、黄果树大瀑布、赤水大洞瀑布、荔波68级跌水瀑布、兴仁马堡树瀑布、关岭银链坠瀑布、镇宁老鹰洞瀑布、赤水四洞沟瀑布群、西秀区龙门飞瀑、镇宁陡坡塘瀑布、镇宁银链坠潭瀑布、荔波拉雅瀑布等

亚类	亚类单体		基本类型	基本类型单体		实例
	总数	新发现数		总数	新发现数	
泉	1739	1260	冷泉	1579	1195	威宁乌江源头、贵安新区兰安大龙潭、岑巩孔塘龙井、玉屏龙泉、黎平喊泉、长顺潮井间隙泉、紫云珍珠泉、织金黑鱼洞、赫章九股水、江口般若泉、印江来木泉、松桃瀿玉泉等
			地热与温泉	160	65	开阳马岔河溪麓温泉、盘县胜境温泉、盘县石牛角温泉、绥阳水晶温泉、黄平浪洞温泉、岑巩思州温泉等
河口与海面	9	9	观光游憩海域	7	7	册亨平华码头、册亨八望码头等
			涌潮现象	1	1	纳雍曾底坝七股水
			击浪现象	1	1	凯里沸水湾

3. 生物景观旅游资源

生物景观指以生物群体构成的总体景观和个别具有珍稀品种和奇异形状的个体。贵州省生物景观旅游资源单体共计 14 254 处,其中新发现 10 076 处,涵盖树木、草原和草地、花卉地、野生动物栖息地 4 个亚类,进一步可分为 12 个基本类型。各亚类单体、基本类型单体的总数及新发现数和实例详见表 12-3。

表 12-3 贵州省生物景观旅游资源

亚类	亚类单体		基本类型	基本类型单体		实例
	总数	新发现数		总数	新发现数	
树木	13 432	9618	林地	2336	1518	贵安新区万亩樱花园、盘县妥乐古银杏、水城珙桐群、遵义宽阔水原始森林、大方古银杏林、普安千年古茶树群、荔波水上森林、荔波漏斗森林、荔波茂兰喀斯特原始森林等
			丛树	2804	2157	大方-黔西百里杜鹃、荔波七彩桫椤谷——桫椤群、水城牛棚梁子高山杜鹃、西秀区金银山森林、兴义岔江风光、花溪高坡红豆杉群、息烽沙石坡团圆山森林、水城玉舍珙桐之乡、汇川紫薇、汇川珍稀古柏树群、正安玉塘楠木古树群、平坝千年古藤、石阡千年古树群、思南楠木群、印江古树群等
			独树	8292	5943	印江紫薇王、思南楠木王、长顺中华银杏王、习水中国杉王、兴义贵州苏铁王、岑巩周家湾千年红豆杉、福泉银杏王等

续表

亚类	亚类单体		基本类型	基本类型单体		实例
	总数	新发现数		总数	新发现数	
草原与草地	353	228	草地	287	186	兴仁放马坪高山草原、赫章大韭菜坪、赤水桫椤群、盘县乌蒙大草原、赤水竹海、兴仁放马坪国际滑草场等
			疏林草地	66	42	汇川仙人山万亩竹海、赤水仙草谷石斛桫椤立体生态园、威宁草海北坡、兴义赵家渡自然园林等
花卉地	529	274	草场花卉地	176	65	贵定金海雪山、绥阳牡丹园、绥阳十里龙潭、务川龙潭百合花海、习水华润希望小镇花海、赤水庙沱花海、赤水小黄花茶、西秀区金银山杜鹃花海、普定菏海、碧江百花渡花卉、江口云舍花海、长顺湿地公园花海等
			林间花卉地	266	173	水城求雨山万亩杜鹃、盘县高山花海、黄平大高山万亩映山红等
			水生花卉地	87	36	锦平映寨荷田、花溪湿地公园绣水浮径、花溪湿地公园玉环摇碧等
野生动物栖息地	155	86	水生动物栖息地	28	18	贵定野生娃娃鱼栖息地、贞丰洛凡燕子洞等
			陆地动物栖息地	65	32	沿河黑叶猴栖息地、思南白鹭湖鸟类栖息地、梵净山黔金丝猴栖息地、水城黑叶猴栖息地、道真大沙河黑叶猴栖息地等
			鸟类栖息地	58	34	花溪湿地公园鹭羽凌波、威宁—黑颈鹤栖息地、思南白鹭湖鸟类栖息地、安龙仙鹤坪森林等
			蝶类栖息地	4	2	碧江六龙山蝶类栖息地

4. 天象与气候景观旅游资源

天象指发生在地球大气层外的现象，泛指各种天文现象。气候现象指在一定的天气条件下在大气中、地面上出现的许多可以观测到的物理现象。贵州省天象与气候景观旅游资源单体共计 271 处，其中新发现 186 处，涵盖光现象、天气与气候现象 2 个亚类，进一步可分为 7 个基本类型。各亚类单体、基本类型单体的总数及新发现数和实例详见表 12-4。

表 12-4　贵州省天象与气候景观旅游资源　　　（单位：处）

亚类	亚类单体		基本类型	基本类型单体		实例
	总数	新发现数		总数	新发现数	
光现象	77	44	日月星辰观察地	61	34	平塘中国天眼（FAST）、黄平牛场日出–云海景观等
			光环现象观察地	16	10	梵净山佛光、盘县乌蒙佛光、紫云穿上洞晨曦、盘县丹霞山云雾霞光、望谟六里峡谷等
天气与气候现象	277	190	云雾多发区	193	142	梵净山云海、钟山–威宁梅花山云海、施秉黑冲云海、习水飞鸽景区寨门云海、普定新民云海、黄平五星云海等
			避暑气候地	61	32	黎平青山界、桐梓南天门度假区、碧江茶园山避暑胜地、德江花莲界避暑地、贵安避暑避寒地、桐梓上天池旅游度假区等
			避寒气候地	7	6	罗甸罗妥避寒地、罗甸交算码头等
			极端与特殊气候显示地	3	2	钟山韭菜坪佛光、雷山秀灵坡等
			物候景观	13	8	平塘平里河云海等

5. 山地体育旅游资源

山地体育旅游是人们以参加和观看山地体育运动为目的，或以山地体育运动项目为主要内容的一种旅游形式。贵州是山地公园省，有非常好的山地户外运动资源，发展户外运动前景广阔。黔西南州也成为国际山地旅游大会的永久会址，自 2015 年以来，连续举办了四届（每年一届）国际山地旅游暨户外运动大会，促进了贵州省山地户外运动更好、更快发展。贵州省山地体育旅游资源单体共计 424 处，涵盖基地、赛事与活动、装备制造业 3 个亚类 17 个基本类型。本书仅将山地体育旅游资源中基地亚类归入地质旅游资源，它包含了 9 个基本类型，其亚类单体、基本类型单体的总数及新发现数和实例详见表 12-5。

表 12-5　贵州省山地体育旅游资源中基地亚类资源　　　（单位：处）

亚类	亚类单体		基本类型	基本类型单体		实例
	总数	新发现数		总数	新发现数	
基地	376	138	山地户外运动基地	147	66	兴义万峰林户外运动基地、安龙攀岩岩壁、水城玉舍滑雪场/滑草场、六枝牂牁江滑翔基地、钟山梅花山滑雪场、威宁高原运动基地、环雷公山超 100km 国际马拉松比赛雷山段等

亚类	亚类单体		基本类型	基本类型单体		实例
	总数	新发现数		总数	新发现数	
基地	376	138	生态体育公园	38	13	福泉双谷山地、麻江马鞍山体育休闲公园、惠水野梅岭森林山地、观山湖区百花湖、余庆松烟骑游公园等
			水上运动基地	66	26	凯里下司皮划艇激流回旋训练基地、施秉杉木河漂流、荔波樟江漂流、兴义马岭河五环漂流、黄平野洞河漂流、台江翁密河漂流、从江平正三百河漂流、贵定洛北河漂流、桐梓古夜郎河漂流、务川洪渡河漂流等
			航空运动基地	2	0	赤水风夯滑翔基地等
			民族民间体育基地	11	4	岑巩体育公园、思南义阳沙洲节、岑巩户外运动基地、惠水大保村斗牛场等
			青少年户外活动营地	13	3	湄潭户外拓展基地等
			人才培训基地	8	4	水城六盘水野玉海山地景观等
			汽车露营地	17	2	荔波茂兰生态汽车营地、贞丰三岔河国际露营基地、赤水帐篷露营地、西秀区下九溪帐篷酒店露营区、西秀区"中航·爱游客"安顺溪桥汽车营地、关岭冒寨林场、盘县草原牧歌自驾车营地等
			绿道	74	20	晴隆森林越野赛道、荔波思凡谷、江口云舍健身步道、榕江滨江健身步道、汇川彩色公路绿道、凤岗九龙栈道等

6. 康体养生旅游资源

康体养生旅游是以生态环境、特殊资源、传统文化、现代科技为依托，以改善身体机能、保障心理安适、实现身心和谐为主要动机，以护养身心健康、提升生活质量、激发生命潜能为核心功能的系列旅游活动。

贵州省康体养生旅游资源共计 257 处，涵盖养生地、养生文化 2 个亚类，进一步可分为 8 个基本类型。本书仅将康体养生旅游资源中养生地亚类归入地质旅游资源，它包含了 3 个基本类型，其亚类单体、基本类型单体的总数及新发现数和实例详见表 12-6。

表 12-6　贵州省康体养生旅游资源中养生地亚类资源　　　（单位：处）

亚类	亚类单体		基本类型	基本类型单体		实例
	总数	新发现数		总数	新发现数	
养生地	269	110	自然生态养生地	167	86	雷公山森林氧库南明区阿哈湖国家湿地公园森林氧吧、习水习部康体养生基地、普安茶文化生态休闲旅游度假区、平塘京舟养生乐园、罗甸茂井休闲垂钓、江口鱼粮溪大峡谷、黎平青山界、思南白鹭湖湿地、天柱莲花山、遵义凤凰山国家森林公园等
			特殊资源养生地	57	12	剑河温泉、息烽温泉、石阡温泉群、贵定东山水乡、开阳马岔河溪麓温泉、盘县胜境温泉、汇川国际温泉旅游城、绥阳水晶温泉、黄平浪洞温泉、赤水望云峰等
			人文养生地	45	12	兴仁长寿之乡—兴仁、汇川林秀山庄、天柱凤园

二、地质旅游资源禀赋特征

明代著名学者王阳明曾感叹"天下之山聚于云贵"；唐代诗人孟郊有"旧说天下山，半在黔中青。又闻天下泉，半落黔中鸣"之说。贵州省地质构造背景独特，既不同于东部，也不同于西部其他省份。既是全球罕见的能矿资源王国、沉积岩王国和古生物王国。贵州省内主要发育海拔为 200～3000m 的山岭与山间谷地、山间盆地构成的独特山地地貌，山清水秀、环境优美、气候宜人。因此，贵州省地质旅游资源确实得天独厚，完全具备建设多彩贵州公园省的先天基础和条件。

1. 量大、质优、类型全

漫长的地质演化过程，为贵州省铸就了总量大、质量高、类型丰富多彩的地质旅游资源。

贵州省地质旅游资源有 43 514 处，占旅游资源总量（82 679 处）的 52.6%，优良级地质旅游资源有 3861 处，占优良级旅游资源（7607 处）的 50.8%。这些地质资源包括了6 个大类、18 个亚类和 82 个基本类型。各类地质旅游资源类别、亚类、基本类型、资源总量、优良级资源数及占比详见表 12-7。

表 12-7　贵州省地质旅游资源类型和优良级资源统计

序号	资源类别	亚类（个）	基本类型（个）	资源总量（处）	优良级资源（处）	优良级资源占比（%）
1	地文景观	5	38	19 521	1 782	9.1
2	水域风光	5	13	8 823	1 253	14.2
3	生物景观	4	12	14 254	652	4.6

序号	资源类别	亚类（个）	基本类型（个）	资源总量（处）	优良级资源（处）	优良级资源占比（%）
4	天象与气候	2	7	271	45	16.6
5	山地体育	1	9	376	79	21.0
6	康体养生	1	3	269	50	18.6
	合计	18	82	43 514	3 861	8.9

2. 山美、水美、空气清新

贵州省地质旅游资源尤其以"黔山贵水、奇石异洞"独具特色。长期的地质作用，特别是喀斯特广泛发育，使得贵州省92.5%的面积地貌类型是山地、丘陵、山原、高原、台地等，形成了数量多、规模大、形态多样、内容各异的诸如漏斗、落水洞、竖井、溶蚀洼地、盲谷、暗河、伏流、天生桥、溶洞、喀斯特湖、潭等，造就了峡山险拔、风光绚丽、奇峰异石、异洞嶙峋的自然景观。

贵州省主要山脉有东北面的武陵山、西部的乌蒙山、北部的大娄山和东南面的苗岭。贵州省的河流处在长江和珠江两大水系上游交错地带。全省水系顺地势由西部、中部向北东南三面分流。苗岭是长江和珠江两流域的分水岭，以北属长江流域，主要河流有乌江、赤水河、清水江、洪州河、潕阳河、锦江、松桃河、松坎河、牛栏江、横江等；苗岭以南属珠江流域，主要河流有南盘江、北盘江、红水河、都柳江、打狗河等。

主要的"黔山贵水、奇石异洞"景点有铜仁梵净山、丹寨龙泉山、黎平青山界、黄平新州冷屏山及冷屏石林、雷山雷公山、贵定斗篷山、贵阳黔灵山、遵义丹霞谷、钟山区月亮大峡谷、紫云大河峡谷、凯里平良十里古峡、岑巩龙王洞峡谷、水城北盘江大峡谷、七星关冲天大峡谷、兴义马岭河峡谷、南江大峡谷、荔波七彩桫椤谷、威宁牛栏江大峡谷、织金大峡谷、江口鱼粮溪大峡谷、纳雍万象谷峡谷段落、贞丰双乳峰、大方仙宇峰、施秉杉木峰峰丛、施秉云台山峰丛、六盘水峰丛、镇宁果寨峰丛景观、罗甸纳闹峰丛、平坝十八罗汉撞金钟、兴义泥凼石林、碧江石林、思南石林、七星关月亮山石林、织金洞、绥阳双河洞、紫云苗厅、德江傩仙洞、梵净山蘑菇石、施秉黑冲一柱擎天、织金象鼻山等。

贵州省的气候属于亚热带湿润季风气候，四季分明，平均气温在15℃左右，由于纬度较低，许多地区的气候冬无严寒，夏无酷夏，最冷的1月，平均温度在3~8℃，而最热的7月，平均温度也在18~26℃，有"爽爽的贵阳、避暑的天堂"等美誉。除黔东北、黔东南以外，其余地方皆宜避暑。贵州省森林覆盖率达52%，其中6个市州的森林覆盖率已经超过了52%，即黔东南州66.68%、黔南州62%、铜仁市60.1%、遵义市57.69%、黔西南州54.87%、六盘水市53.94%，是天然的"氧吧"。

3. 温泉资源丰富，水质好

贵州省地热与温泉资源丰富，全省有地热与温泉160多处，覆盖了全省89个县（区、市，含贵安新区）。有 72 个区县具备建设"中国温泉省"的基础和条件。温泉主要分布于兴义–都匀–剑河一线以北、毕节–兴义以东和剑河–石阡–印江以西的广大地区，尤以黔北、黔东北、黔中和黔西南分布较广。有 7 个类型达到理疗热矿水标准，分别为碳酸水、硫化氢水、氟水、锶水、锂水、硅水、氡水；含有对人体有益元素的天然优质饮用矿泉水达 5 种，分别为锂水、含锶水、含锌水、含偏硅酸水、含游离二氧化碳水。这些优质资源，按类别分为外用理疗和饮用，对皮肤病、心血管疾病、风湿关节炎等疾病有着良好的疗效。近年来，贵阳市、铜仁市、黔东南州等地温泉产业链初具规模，初步形成了温泉+综合体、会议、民族文化等经营模式，息烽温泉、剑河温泉、石阡温泉等在市场上已有一定知名度，受到游客青睐。

4. "人文与地文"深度交融

贵州省的红色文化、佛教文化、少数民族文化等文化底蕴深厚，地质旅游资源与各类文化结合紧密，深度融合。例如，铜仁梵净山的闻名与开发均起源于佛教，遍及梵净山区的四大皇庵、四十八脚庵庞大寺庙群，奠定了梵净山著名"古佛道场"的佛教地位，为中国五大佛教名山中的弥勒菩萨道场，同时，梵净山地文景观奇特，有耸入云霄、气势磅礴的金顶，有上大下小、形状若一初出土的蘑菇状的蘑菇石（也称天书），有数十亿年的奇特地质景观枕状玄武岩等。又如"四渡赤水""娄山关"等红色战役旧址，与贵州省的奇山秀水相互交融、互为衬托，构筑深度交融的"人文与地文"旅游资源格局。

三、典型地质旅游资源

1. 梵净山（山丘型旅游地）

梵净山，得名于"梵天净土"，位于铜仁市印江土家族苗族自治县、江口县、松桃苗族自治县交界处。系武陵山脉主峰，最高峰海拔 2572m，总面积 567km²。梵净山于 1982 年被联合国列为一级世界生态保护区，2018 年列入世界自然遗产名录，是联合国"人与生物圈保护网"成员，是国家级自然保护区和中国十大避暑名山之一，与山西五台山、浙江普陀山、四川峨眉山、安徽九华山并称为中国五大佛教名山，2018 年被评为国家 5A 级旅游景区。

梵净山全区岩石以 8 亿多年前的梵净山群碎屑岩为主，间有火山侵入岩（花岗岩、辉绿岩、枕状玄武岩等）。古老且长期的地质作用形成了特殊地质结构，塑造了千姿百态、峥嵘奇伟的山岳地貌景观——全境山势雄伟，层峦叠嶂；坡陡谷深，群峰高耸；溪流纵横，飞瀑悬泻；主峰的"蘑菇石"是其中最为著名的一道景观。

梵净山主要保护以黔金丝猴、珙桐等为代表的珍稀物种和原始森林生态系统。梵净山森林覆盖率为 95%，拥有丰富的野生动植物资源，有植物 2000 余种（其中有国家保护植物 31 种），动物 800 多种（其中有国家保护动物 19 种），被誉为"地球绿洲""动植物基因库"，是人类的宝贵遗产。

梵净山的闻名与开发均起源于佛教，遍及梵净山区的四大皇庵、四十八脚庵庞大寺庙群，奠定了梵净山著名"古佛道场"的佛教地位，佛教文化为苍茫的梵净山披上一层肃穆而神奇的色彩，梵净山也因其作为弥勒菩萨道场，位列中国五大佛教名山之列（图 12-1）。

图 12-1　梵净山

2. 青山界（山丘型旅游地）

青山界位于黔东南苗族侗族自治州黎平、锦屏、剑河三县交界处，素有三县屋脊之称。青山界海拔在 900 ~ 1250m，总面积 3000km²，山势起伏波澜，山脉绵延不断，放眼是一望无际的原始森林，山上树木葱郁，种类繁多，常年云雾缭绕、气候凉爽（图 12-2）。青山界主要为青白口系下江群粉砂岩、粉砂质板岩形成山体，经过长期风化夷平作用，形成较为平整山顶。

青山界既有如诗如画的自然风光，又有古朴的民族风情和宝贵的文物古迹。立于山顶，可俯瞰远方错落有致的村落和层层叠叠的梯田，其气势磅礴，异常壮观。阳光透过厚厚的云层，照射在下方升起的云雾之上，恍若仙境，给人一种安静、祥和、舒适的体验。在青山界半山腰上居住着大量以苗族为主的少数民族群众，有着丰富多彩、富有民族特色的风土习俗，尤以一年一度的土王大戊（即立夏前十八天）传统唱歌节——青山界四十八苗寨歌会最为热闹，周边的青年男女于此对歌相聚，盛况空前。

3. 冷屏山及冷屏山石林（山丘型旅游地）

冷屏山，位于黔东南苗族侗族自治州黄平县新州镇，距县城 14km，主体海拔为 1220 ~ 1270m，最高峰海拔约为 1356m，山顶平坦，中间点缀着几处小山丘及几片石林（图 12-3）。冷屏山石林由灰岩经长期风化及溶蚀作用自然形成，灰岩层总厚度约 30 m。石林共有 3 处，总面积约 1000 亩，其中两片石林规模较大，一片石林规模较小。石林形态各异，高矮不一，最高的 3 ~ 4m，一处处天然巨石像牛、像狮、像象、像虎，或立或

图 12-2 黎平青山界

卧，情态万千，栩栩如生。走在石林之间，无不感叹大自然的鬼斧神工。

冷屏山平坦的山顶是徒步、露营的理想场所；置身于冷屏山山顶环顾四周，空旷无物，视野开阔，是观赏日出、日落的绝佳圣地。在这里，万亩草场，一望无际，风景如画，夏天似绿洲，秋天似色彩斑斓的地毯，不知名的野花让人赏心悦目，置身于这碧草蓝天下会使你的忧愁与烦恼荡然无存。

图 12-3 冷屏山石林

4. 遵义丹霞谷（谷地型旅游地）

遵义丹霞谷，位于遵义市习水县三岔河乡，距习水县城 45km，景区面积达 30km²。地处贵州习水国家级自然保护区内，系国家级森林公园，森林覆盖率达 95% 以上，有野生动物和野生植物约 1600 多种。

遵义丹霞谷是地球上高原峡谷青年期丹霞地貌的典型代表，为地球同纬度上面积最广、保存最完好的中亚热带常绿阔叶林带，景色宜人，空气极佳。丹霞谷中主要分布白垩系红色石英砂岩，岩石色彩斑斓、鲜艳夺目，风化后形成各种象形石，似人似物，形态万千，让人浮想联翩。丹霞谷九沟十八岔涧谷纵横，条条沟谷叠翠千丈，一根根红色石柱在浓绿中拔地而起，傲视林层。瀑布跌水隐匿于青山翠谷之中，宛如铺在绿树丛中的一张张网，悬挂在红岩之上的一道道帘，散发出高山流水的悠悠情思。深邃幽静的峡谷曲流，千奇百怪的峰林石柱，神奇灵秀的丹霞洞穴，形成神奇而美丽的"峡谷大观园"（图12-4）。

图12-4　遵义丹霞谷景观

5. 藏字石（奇异自然现象）

藏字石，位于黔南布依族苗族自治州平塘县掌布镇掌布村。藏字石为一灰岩崩塌体，崖高15m，长约7m，体积约60m³，重余百吨，崖间相距可容三人并行。2002年6月一村干部发现其中一石上从左往右横排着"中国共产党"五个字，每个字约1尺见方（1尺约为33.33cm），平均高25.2cm，宽18.7cm，字迹清晰，匀称完整，凸起高出石面0.5～1.2cm，呈浮雕状（图12-5）。这里由于这套灰岩形成于2.7亿年前的二叠系，其中发育海绵、腕足类等生物化石，在长期的风化溶蚀作用过程中，因化石钙质含量相对较高而发生差异风化，形成了凸起如字迹样图案。

图12-5　平塘藏字石

6. 一日三涨水（奇异自然现象）

一日三涨水，即间歇泉，位于毕节市七星关区阿市苗族彝族乡中寨村。"一日三涨水"即一地下泉（间歇泉）出口。泉水出口在半山腰上，呈近方形，长宽约有 80cm，周围树木茂盛，其水质清澈、透明、清凉。

令人称奇的是该泉每天早（5～6 时）、中（12～13 时）、晚（19～20 时）各涨水一次，故称"三涨水"或"三潮水"。泉水即将上涨时，泉孔里发出轰隆隆声响，其声如鼓响似雷鸣，乍听又好像是两军厮杀，万人搏斗，仿佛大地在震荡，山峰在摇晃，使人心生恐惧，战栗不已。俄顷水至，如珍珠成串奔涌而出，其声哗哗，从下、中、上三层洞依次涨涌，然后倾泻而下，汇集流淌。30 分钟左右，水从上、中、下三层洞依次缓缓退去，如此周而复始。

据地质学家介绍，这种地质现象叫间歇泉，有热泉，也有冷泉，适宜的地质结构和充足的地下水源是形成间歇泉最根本的原因。

7. 小韭菜坪最高峰（自然标志地）

小韭菜坪最高峰，位于赫章县与水城县交界处乌蒙山主峰，海拔为 2900.6m，为贵州省的最高峰，人称"贵州屋脊"（图 12-6）。小韭菜坪一带属暖温带温凉气候区，具有夏季气温低、多阴雨云雾、海拔高度适宜人的生活与生产劳动，具有独特的自然地理风貌与多样的生物组成。平均气温为 17.8～22.4℃，夏季气候条件很适宜山地避暑旅游。登上小韭菜坪，极目远眺，乌蒙千里，峰峦叠嶂，云山雾海，气势磅礴，雄伟壮丽。若是晴空万里的天气，蓝天白云交相辉映之下的群山和赫章、威宁、六盘水等城市尽收眼底，仿佛置身于九天之上，真是"一览众山小"；若是浓雾弥漫的天气登上顶峰，山上却是阳光灿烂，大大小小的山峰在茫茫的云海雾罩之中，在阳光照耀下，云雾随风翻滚，山峰时隐时现。

图 12-6　"贵州屋脊"小韭菜坪最高峰景观

8. 鲤鱼跳龙门（褶曲景观）

鲤鱼跳龙门，位于毕节市织金县八步街道辖区，为一典型的褶曲景观。该景点为一独立的山峰，高约 40m，宽约 25m。岩石上覆盖少量植被，远观极似一条鲤鱼的鱼头，在岩壁下方有一个水池，就好像是水池中的鲤鱼刚好跳出水面的画面，故称为鲤鱼跳龙门。

该处岩石为薄层灰岩，岩层被挤压形成尖棱褶皱，主褶皱两翼发育大量次级复合褶皱，站在山前，感叹大自然的鬼斧神工、天工造物。

9. 红花园剖面（地层剖面）

红花园剖面，位于遵义市桐梓县娄山关镇红花园村，为奥陶系–志留系地层剖面。该剖面位于半山腰，2007年6月，由中科院南京古生物研究所与桐梓县政府共同立有"红花园剖面"石碑一座。

贵州桐梓红花园剖面是贵州省研究奥陶系最详细的一条剖面，主要研究桐梓组和红花园组，岩性为浅海相碳酸盐岩夹少量碎屑岩组合。

10. 屯寨三十三浪（钙华与泉华）

屯寨三十三浪，位于黔东南苗族侗族自治州凯里市旁海镇屯寨村西部，为一呈V形山间沟谷，落差较大，两岸山体圆润，植被茂盛。沟谷内有一跌水群，跌水高矮不一，最高达5m，宽度一般为15m左右。高度达5m以上的跌水有7个，其余为高度在$0.5\sim1m$的小型跌水，跌水河谷段长度约为300m。每个跌水下都泄成一个水潭，和跌水组成了一幅美丽的画面（图12-7）。跌水面上为流水沉积形成的钙华，钙华颜色为淡黄色，表面粗糙。

沟谷谷底相对平坦，被流水冲刷成球面状，表面光滑；沟谷里水流湍急，流量约为$5m^3/s$。在沟谷有落差处，流水从陡坡上流下，形成跌水，似一幕幕水帘，如箭矢般直插入坡脚的深潭。沟谷里全为基岩，岩性为浅灰色石灰岩，产状平缓，垂直节理发育，节理走向垂直于沟谷，岩石沿节理发生破裂崩塌形成陡坎，水流在陡坎处倾泻而下形成跌水，在长期的流水作用下，陡坎上沉积碳酸钙而形成钙华，从而造就了跌水加钙华的地质景观。

图12-7　三十三浪钙华瀑布景观

11. 水银洞金矿（矿点矿脉与矿石积聚地）

水银洞金矿，位于黔西南布依族苗族自治州贞丰县小屯镇水银洞村。水银洞金矿床属于卡林型金矿，矿化分带明显受强烈的区域构造控制。金矿主要赋存在碳酸盐岩、含钙的细碎屑岩、硅质岩中。成矿热液沿深大断裂向上运移，并向两侧有利成矿的岩层渗透，次级断裂和褶皱滑脱面提供了导矿、容矿构造，让成矿物质得以达到有利的容矿场所富集成矿，形成了沿岩层或断裂或褶皱滑脱面产出的矿体。

水银洞金矿床由五个主要金矿体组成，其储量高达 45 571.18kg。金矿体赋存于上二叠统龙潭组海陆交互相的地层中，为以层控型为主、断裂型为辅的复合型隐伏矿体（矿体埋藏于地表下 150m 以下）。

12. 新民鱼龙化石群（生物化石点）

新民化鱼龙石群，位于六盘水市盘州市新民镇雨那村。新民化石群产于三叠纪海相地层中，化石层厚 1.5～2m，含有丰富的生物化石。该化石产地除了鱼龙化石，还共生有少量的鳍龙类、海龙类、原龙和比较原始的木盾齿龙类、混鱼龙类化石，以及鳞齿鱼、肋鳞鱼等鱼类化石，距今有 2.4 亿年的历史。这些化石在世界范围内都罕见，具有很高的科研和科普价值（图 12-8）。

13. 贵州龙化石群（生物化石点）

贵州龙化石群，位于黔西南布依族苗族自治州兴义市乌沙镇。贵州龙化石群属三叠纪海生爬行动物群的代表，在国际学术界具有相当的知名度。贵州省人民政府将该化石产地公布为省级文物保护单位。

三叠纪贵州龙化石 1957 年被中国地质博物馆胡承志研究员发现，经我国著名古生物学家杨钟健院士研究，命名为胡氏贵州龙（图 12-9），其生存年代距今 2.4 亿年，在中国、亚洲都属首次发现。近年来，随着研究工作的不断开展，在中国西南地区发现大量的海生爬行类化石，包括鱼龙类、海龙类、幻龙类、盾齿龙类和原龙类，它们构成了从早三叠纪末期至晚三叠纪早期的一个持续时间长、门类齐全的海生脊椎动物群，命名为贵州龙动物群。因动物群产地面积宽阔、品种新、藏量丰，而使兴义被誉为"龙的故乡"。

图 12-8　新民鱼龙化石　　　　　　　图 12-9　兴义"贵州龙"

14. 关岭生物群化石（生物化石点）

关岭生物群，位于安顺市关岭布依族苗族自治县新铺乡一带。生物群化石产于晚三叠纪地层中，距今约 2.2 亿年的古海洋生物世界。

关岭生物群是一个以海生爬行动物和海百合化石为主要特色，并伴生有多门类脊椎动物、无脊椎动物的珍稀生物群（图 12-10）。主要包括海生爬行动物、鹦鹉螺、腕足动物、海百合、鱼类、菊石、双壳类和牙形石等，此外还有裸子植物和蕨类植物。

图 12-10　关岭生物群中的海百合化石

关岭生物群与盘县生物群、罗平生物群处于二叠纪末期生物大绝灭后，经早三叠世的生物缓慢复苏之后的中三叠世的生物快速辐射阶段，它的多门类化石构成了一幅奇妙的古海洋动物生态系统，对探讨三叠纪海洋生物复苏、三叠纪海洋生物演化和辐射、古海洋动物地理区系，以及重塑当时的古海洋环境，包括古生物学、古生态学、古海洋系、古地理学、埋藏学和地层学等均有着十分重要的意义。

关岭生物圈因其数量多、保存完好和形态精美乃国外同期地层所罕见，是难得的珍稀化石的璀璨瑰宝，被地质古生物专家誉为"全球三叠纪独一无二的化石宝库"，同时填补了国际研究海生爬行动物进化的空白。

15. 杉木峰（峰丛）

杉木峰位于黔东南苗族侗族自治州施秉县城关镇杉木河。峰丛面积约为 14km²，分布于杉木河两岸，河谷底的平均海拔为 500～600m，而两岸峰丛高度多在 900～1000m，相对高差达 400m 左右。峰丛以发育在刃状山梁上的柱状、塔状、台状峰丛为特色，以大规模刃状峰脊、岩壁及较多的人面象形山石最具吸引力。杉木峰多云雾天气，可登高欣赏云雾；晴朗天气，视野宽阔，可俯视杉木河全景，远眺云台山南西部雄伟而又静谧的山景（图 12-11）。

16. 思南石林（石林）

思南石林，位于铜仁市思南县长坝镇。出露面积为 4.9km²，为地表水沿可溶性碳酸盐岩的裂隙进行溶蚀和侵蚀，而形成丛林状蚀余残留体。石林间有很深的溶沟。石林整体被植被和风化土壤所覆盖，属于埋藏型石林。思南石林是中国同纬度地区迄今发现的发育

图 12-11 杉木峰（峰丛）

最好、生态保持最佳、保存最完整、出露面积最大的连片喀斯特石林。空间上连片分布，类型众多，景色秀丽，能从小中见大、大中见巧、巧中见奇、奇中见幽，包含了石芽发育从青年到老年的各种形态（针状、剑状、塔状、柱状、城堡状）（图 12-12）。思南石林中许多惟妙惟肖的象形景观，如伏虎石、雄鹰对峙、吉祥如意、四大金刚、三仙迎客等，极具观赏性。

图 12-12 思南石林景观

17. 梵净山蘑菇石（奇特与象形山石）

梵净山蘑菇石，位于铜仁市江口县太平镇梵净山村。蘑菇石高约 10m，上半部分高约 4m，下半部分高约 6m，上大下小，形状若一初出土的蘑菇，让人叹为观止（图 12-13）。由于柱体下部岩性较软而风化速率较快，年深日久遂成上大下小、头重脚轻之状，上部硕大的桌状岩块一半悬空，仿佛一触即倾之势，然而它岿然不动，已经风雨亿万年，却依然顶天立地，傲视苍穹，稳稳站立，最具鬼斧神工之奇韵。蘑菇石是梵净山标志性景点，已成为梵净山的精魂和象征。

图 12-13　梵净山蘑菇石

图 12-14　黑冲一柱擎天

18. 黑冲一柱擎天（奇特与象形山石）

黑冲一柱擎天，位于黔东南苗族侗族自治州施秉县白垛乡白垛村。石柱高约 10m，下段直径约 2m，上段直径约 4m，犹如一朵未盛开的蘑菇挺立在山谷的陡崖上（图 12-14）。石柱造型奇特，上大下小，有种风吹即倒之感。站在石柱前，环视四周，山峰秀丽奇特，形态各异——有的酷似骆驼，有的像雄狮，有的像铁塔，让人感到大自然的伟大与神奇。

19. 北盘江大峡谷（营盘至野钟段）（峡谷段落）

北盘江大峡谷，位于六盘水市水城县营盘苗族彝族白族乡高峰村。峡谷内峰林怒拔，崇山峻岭依岸对列，河谷深切，相对高差在 300～800m。谷内有河流，水势变化无常，时急时缓，江水或静静流淌，或跌落咆哮。峡谷两岸多奇峰异石，生态自然纯朴，山上云腾雾绕。各种类型的瀑布群颇为壮观。走进北盘江大峡谷，溶洞星罗棋布，奇形怪状，神奇无比。

20. 冲天大峡谷（峡谷段落）

冲天大峡谷，位于云南省镇雄县和威信县、四川省叙永县、贵州省毕节市七星关区三省交界处，属于典型的喀斯特地貌。渭水河奔流而下涌入赤水河，与赤水河相交切割把这片神奇的土地一分为三，使人不由脱口而出一句：二水三分云贵川。从"鸡鸣三省"高处极目远方，顿生一种"会当凌绝顶，一览众山小"的豪气。环视四野，云南境内山脉由西北方向延缓而至，形如象鼻吸水；四川境内的绝壁高耸，其上人工开凿出了一条沟渠和驿道，远看如蜀古栈道，有"蜀道难难于上青天"之险；贵州境内地势险要，绝壁耸立，峰峦叠嶂，沟壑纵横，河谷幽深，岩石盘踞，气势恢宏，大有虎踞龙盘之势。面对如此壮观景象，使人不由高呼"铁画银钩出毓秀，神工鬼斧砌山河"（图 12-15）。

图 12-15　冲天大峡谷

21. 七彩桫椤谷（峡谷段落）

七彩桫椤谷，位于黔南布依族苗族自治州荔波县佳荣镇。七彩桫椤谷为一条北东至南西走向的高山–峡谷–河流–跌水瀑布组成的景观长廊，其景观由桫椤沟、威滩瀑布群和七彩河谷三部分组成。其中威滩瀑布群和桫椤沟位于北部。威滩瀑布群从北至南发育多级悬瀑、叠水瀑布及深潭，最大的瀑布，宽约为 40m，落差约为 20m。桫椤沟河谷深切，崖壁陡峻，沿谷两岸生长约 5000 株称为"活化石"之桫椤树，最大"桫椤王"树高有 6m 多高，胸径 20cm，枝叶覆盖 7~8m。七彩河两岸壁立千仞，陡峻异常，原始森林植被保存完好，古木参天，河谷平缓处砾石沙滩呈串珠状展布，沙滩由各色鹅卵石天然堆积，色彩斑斓（图 12-16）。

22. 佛光岩（丹霞）

佛光岩，位于大娄山及北麓崖的高原与四川盆地急剧沉降地段，弧长 1000 余米，高 380 余米。佛光岩景区素有"世界丹霞之冠""世界丹霞第一园"之美誉，以丹霞绝壁、天下奇观的大白岩和"天造地设、鬼斧神工"的五柱峰为主体，丹霞地貌、奇峰异石、绝壁岩穴、五柱峰、白龙瀑、丹霞城堡、茶花林等 30 多个靓景奇观；由小金驿沟、世外桃源、太阳谷、犁辕沟、豹子沟五大景段构成，面积为 20km²，集新、奇、险、秀、幽、野六大特色为一体，是赤水国家级风景名胜区的重要组成部分。佛光岩中间有一条高 260m、宽 42m 的柱状大瀑布，犹如赤云中飞身而下的小白龙，飘逸俊洒，午后阳光照射下佛光岩丹霞似火，血红的岩壁与雪白的瀑布相互融合，白云弥漫，圆光五色观其中，幻身幻色，如

图 12-16　七彩桫椤峡谷

佛光普照，赋予赤壁灵动的活力，享有"丹霞绝壁，天下奇观"的美誉（图 12-17）。

佛光岩岩石为侏罗纪、白垩纪河湖相红色砂岩、黏土岩，经过差异风化，在重力崩塌、风雨侵溶等物理生化综合作用下，形成宝塔状、城堡状、针状、柱状、棒状、方山状、峰林状等无数奇异的丹霞地貌景观，丹岩绝壁、奇峰异石、崖廊岩穴比比皆是、多不胜数，大地山崖呈现出红艳艳的赤红色彩，是我国丹霞地貌面积最大、出露最齐、特色最典型的景区。

图 12-17　赤水佛光岩

23. 织金洞（岩石洞与岩穴）

织金洞位于毕节市织金县官寨苗族乡，是世界范围内喀斯特洞穴中最具代表性的典范，其宏伟的规模、奇特的造型、形态类型繁多的沉积物，被誉为"集古今奇观于一洞，汇天下美景于一堂"，是大自然赠送给人类的一件稀世珍宝，具有极高的观赏和科研价值，地位及重要性极为突出。

织金洞总长为 12.1km，有 13 处大厅，47 个厅堂，总面积达 70 多万平方米。洞道最宽跨度达 175m，最大高度达 150m，有 5 个洞厅面积上万平方米。织金洞最为突出的景观是银雨树、霸王盔和大壁画。①银雨树高 17m，犹如象牙雕刻的玲珑塔，披金撒银。②霸王盔为织金洞洞内"三绝"之一，高 14m，珠玑点缀、银光闪烁，似古代楚霸王的头盔（图 12-18）。其为巨大的复合型石笋，由下部的帽石笋和上部的细长杆状石笋组成，形成如此形态，说明早期滴水含物质丰富，多呈线状下流，沉积速度快，后期滴水含物质减少、分散，下滴速度减慢。③大壁画是由众多的石帘、石柱、石幔、石钟乳融汇而成的一幅巨大的岩溶透雕壁画，高近百米，连绵 200 余米，气势非凡，景象万千，充分体现了织金洞"大"的特点，在世界溶洞中极为罕见。

图 12-18　织金洞霸王盔

24. 万峰林（峰林）

万峰林，位于黔西南布依族苗族自治州兴义市万峰林街，距兴义市约 4.5km，是典型的喀斯特盆谷峰林地貌。

万峰林北起耳寨、西起布雄、东南至翁本一带，总面积约为 55km²。区内以三叠系碳酸盐岩出露为主。峰林主要发育在永宁镇组、关岭组、杨柳井组的灰岩中，岩溶锥峰沿山坡层层向上分布，其间封闭性的岩溶洼地、漏斗不甚发育，代之而起的则是比降不大的岩溶沟谷。峰、谷高差一般小于 100m，整体构成巍峨雄伟的峰丛地貌景观（图 12-19）。

贵州省的锥状岩溶是中国西南三大岩溶景观之一，而万峰林则是锥状岩溶的典型代表，已被联合国教科文组织列入中国喀斯特世界自然遗产预备名单。

25. 枕状玄武岩（火山与熔岩）

枕状玄武岩是玄武岩的一种，属于基性火山岩，为水下环境火山喷发，熔岩在水中迅

图 12-19 万峰林景观

速冷却、凝结而成的产物。枕状是指外形呈不规则的椭圆状、浑圆状，形似枕头。

梵净山枕状玄武岩形成于距今8.4亿年前的新元古代，层位为梵净山群回香坪组。国内外地质科学家曾前往黑湾河考察，大家一致认为枕状玄武岩完整、标准、精美。中国科学院院士肖序常观察完后说"梵净山枕状玄武岩是世界上同时期同类火山岩中最具代表性的、最有科学价值的、最完美的"（图 12-20）。

图 12-20 梵净山黑湾河枕状玄武岩外观

26. 乌麻河（观光游憩河段）

乌麻河发源于黔南布依族苗族自治州长顺县长寨街道办事处北2km的转拐龙潭。流经长寨街道所辖的长寨、电站两村，穿山出于威远乡永增村的潮井附近，经威远乡的永增、光明、联合3村，在青龙山脚与洗布河汇合，于简槽冲寨马达岩入惠水境内，汇入蒙江。

乌麻河沿途分布大片碳酸盐岩，景观以溶蚀作用为主形成的岩溶地貌（图 12-21），下部连座的峰林，峰与峰之间常形成 U 形谷地等千姿百态的地形，每座峰高 50～300m。

乌麻河两岸峡谷风光、田园风光交相辉映，和四周的山形成一幅美丽的山水画。

图 12-21　乌麻河山地风光

27. 潕阳河（观光游憩河段）

潕阳河，位于黔东南苗族侗族自治州镇远县和施秉县的交界。潕阳河风光以高峡平湖、瀑泉飞流、喀斯特景观为主体，山色水韵风光迷人。河段全长95km，分为上潕阳和下潕阳。两段河流特点各异，上潕阳看山，下潕阳看峡（图12-22）。上潕阳有头峡、无路峡、老洞峡、观音峡。下潕阳有龙王峡、西峡、东峡和诸葛峡，以诸葛峡最为突出。诸葛峡有火烧赤壁、高碑湖，有咆哮奔腾的急流险滩，有开阔宁静的湖泊水面。龙王峡拥有一线天、龙王宫、孔雀峰、三叠水，奇峰林立，水道曲折，沿岸的人面石、卧龙石、婆婆背背篓等，形态栩栩如生，十分逼真。纵观潕阳河沿岸，风景秀丽，河水水质清澈，峡中河曲水缓，潭深滩平，两岸群峦直冲云霄，景色宜人，让人流连忘返。

图 12-22　潕阳河风光

28. 万峰湖（观光游憩湖区）

万峰湖位于黔西南布依族苗族自治州兴义市东南部，与万峰林和马岭河大峡谷相邻。该湖因周围万峰环绕而得名，是云贵高原上的一颗平湖明珠，享有"万峰之湖，西南之最，南国风光，山水画卷"之美誉。水域湖深面广，水质好，溶氧高，温度适宜，中下层水流交换快，水体透明度深达 2m 以上。万峰湖规模是仅次于鄱阳湖、洞庭湖、太湖和洪泽湖的全国第五大淡水湖，湖面平均宽度超过 4km，湖面面积 176km²，内有 30 多个全岛、58 个半岛、82 个港湾。万峰湖以红椿坡阳口内湖最为优美，湖面烟波浩渺，湖光潋滟，湖水碧绿如镜，山顶烟雾缭绕，山下微波拂岸。湖边有吉隆堡、半岛酒店两个休闲度假村，还有农家小房、饭菜、钓具等，是休闲娱乐的好去处（图 12-23）。

图 12-23 兴义万峰湖

29. 威宁草海（沼泽与湿地）

威宁草海位于毕节市威宁县城边。威宁草海呈不规则形态，湖泊面积约为 25km²，平均深度为 2.4m，最深为 5m，水面海拔为 2170m。威宁草海在 15 万年前，由于地壳的强烈运动，草海四周断块不断上升，而且湖盆相对下陷，成为一个断陷盆地，后来由于岩溶阻塞并积水，成为一个高原湖泊。

草海素有"鸟的天堂、草的世界、鱼的王国"美誉，每年到此越冬的鸟类有 200 多种、10 余万只，其中有国家一级保护鸟类黑颈鹤、金雕、白尾海雕等 7 种，二级保护鸟类灰鹤、白鹭等 20 余种，国家珍稀濒危重点保护动物 27 种。草海湖风光优美、独特，夏季的草海空气清爽，草木繁盛，花鸟虫鱼等自然生灵众多，生机勃勃；秋冬季的草海则是鸟的天堂，湖面、湿地候鸟云集，场面壮观绮丽（图 12-24）。

30. 黄果树大瀑布（悬瀑/跌水）

黄果树大瀑布位于安顺市镇宁县黄果树镇。瀑布高约为 77.8m，宽约为 101m；其中主瀑高为 67m，瀑顶宽为 83.3m（图 12-25）。黄果树瀑布发育于碳酸盐岩地层中，瀑布前

图 12-24　威宁草海

的箱形峡谷，原为一落水溶洞，后来随着洞穴的发育，水流的侵蚀，使洞顶坍落，而形成瀑布。

瀑布飞泻入犀牛潭，发出震天巨响，如千人击鼓，万马奔腾，声似雷鸣，远震数里之外，使人惊心动魄。走近大瀑布，让人神移魂飞，在大瀑布里面穿行，不免神悚，让人真正领略到黄果树瀑布的雄奇和壮观。在瀑布 40~47m 的高度上发育溶洞，称之水帘洞，全长为 134m，有 6 个洞窗、5 个洞厅、3 股洞泉和 6 个通道。天晴时，穿越水帘洞，从各个洞窗中可观赏犀牛潭上的彩虹，这里的彩虹不仅是七彩俱全的双道而且是动态的，并随游人的走动而变化和移动。

图 12-25　黄果树大瀑布

31. 万亩樱花园（林地）

万亩樱花园，位于贵安新区高峰镇樟缘社区，有 6100 多亩约 51 万株的名贵樱花树，外围近 2000 亩，分早樱、晚樱两个品种。每年 3 月中下旬到 4 月中旬，是樱花最适宜观赏的季节。万亩樱花园色彩缤纷，犹如广袤的锦缎华章铺山盖岭，百态千姿，似一条彩带把红枫湖围成一个天然的大花园（图 12-26）。

　　　　樱花园俯视　　　　　　　　　　　　　　　　樱花园远视

图 12-26　贵安新区万亩樱花园

32. 放马坪高山草原（草地）

　　放马坪高山草原位于兴仁县下山镇马乃营村。草场以多年生禾草为主，分布较为均匀。草场在一个巨大的平顶山山顶，地表呈波状起伏，山体四周为陡峻的山坡。草场铺设的木栈道将草场划分为心形，又称"心形草原"，辽阔雄宏又不失浪漫温馨。放马坪高山草原风光旖旎，素有"高原塞外"之称。其独特而典型的自然生态环境和动植物区系，对涵养生源、水土保持等有着极其深远的意义，亦有极为重要的科学研究价值，同时也是旅游观光、休闲娱乐的极佳场所（图 12-27）。

图 12-27　兴仁县放马坪高山草原

33. 牛场日出、云海景观（日月星辰观察地）

　　牛场日出、云海景观，位于黔南苗族侗族自治州黄平县牛场村到谷陇镇公路上。日出时间为早上 5~6 点钟，蔚为壮观。放眼向东望去，茫茫的天际弥漫着一层轻飘飘的白雾，白雾远处挂着一片淡淡的桃红色的云霞，而太阳则是娇羞的时隐时现，眼帘前的村寨民居，也是若隐若现于雾中，如梦如幻。其美，无法用语言表达，唯亲自体验，才知其味（图 12-28）。

图 12-28　牛场云海日出

34. 乌蒙佛光（光环现象观察地）

乌蒙佛光，位于六盘水市盘州市乌蒙镇坡上村。该处出现佛光的地方地势险峻，一面是平坦广阔的乌蒙大草原，另一面是 500~600m 高的陡峭悬崖，与远处巍巍的大山形成一个特大的山谷。当阳光明媚时，夕阳西照，站在涯顶俯瞰山谷，可见眼前云卷云舒，给人一种处于仙境的美妙感觉。而此时如果谷内大量的雾气涌上崖顶，且草原上阳光也好的时候，神奇的"佛光"就有很大的概率出现（图 12-29）。佛光观光台修建在乌蒙大草原边缘的一处悬崖顶，是绝佳的佛光观赏处。

图 12-29　乌蒙佛光

35. 水城玉舍滑雪场/滑草场（山地户外运动基地）

水城玉舍滑雪场/滑草场，位于六盘水市水城县玉舍镇玉舍森林公园内，是贵州省第一个高山滑雪场。滑雪场面积达 80 000km^2，位于北纬 26°以南，为全国纬度最低的滑雪场，具有较高的实用价值及旅游观赏价值，让民众在南方也能领域到北国风光景致与乐趣。该基地冬季作为滑雪场使用，夏季则作为滑草场使用。

36. 石阡温泉群（特殊资源养生地）

石阡温泉群，位于铜仁市石阡县城南松明山下，又名城南温泉，是中国最古老的温泉之一。石阡温泉延续至今已有 400 多年的历史，温泉设施初具规模始于明万历年间，由云南人江大鲲任石阡知府时所创建。自那以来，历代官府百姓几经筹款重建，终于形成设施完善、规模宏大的风景名胜。中华人民共和国成立后，新修二座浴楼，耸立江边，四周乔木参天，亭阁隐隐，垂柳盈堤，俯瞰龙底江，碧波山影，抬头瞭望，白云缭绕。

石阡温泉的泉水是全国唯有、世界少有既可洗浴又能直接饮用的天然矿泉温泉。泉水从松明山麓石缝间潺潺流出，常年恒温 45℃，日出水量 3000 余吨，且富含丰富的硒、锶、锂、氡、锌、碘、偏硅酸等多种对人体养生保健有益的微量元素，对糖尿病、冠心病、高血压、关节炎、神经炎、皮肤病等有很好的辅助医疗效果，是全国闻名的"泉都之乡"。

37. 息烽温泉（特殊资源养生地）

息烽温泉，位于贵阳市息烽县温泉镇。息烽温泉是一个较大的矿泉群，主要有 3 个泉眼，即生活泉、治疗泉、游泳池泉。温泉水温为 54~55℃，流量为 11.5L/s，日涌水量达 1 千多吨。

息烽温泉的形成是由大气降水渗透经循环后沿构造断裂上升出露地表，总的循环时间在三四十年以上。经科学方法分析和水质比检测，息烽热矿泉为无色、无味透明的地下水。水质类型属重碳酸、硫酸钙镁型，矿化度在 316.66~318mg/L，属低钠、低矿化度淡矿水。息烽温泉含有 30 余种微量元素，其中锶、硒、铜、锌、氟、铁、锰、铬、钒等 14 种矿物元素是人体必需的，所有元素含量均符合我国生活饮用水标准；锶、钡、偏硅酸、氟已达到我国饮用矿泉水标准；属中性软水，无有毒成分；氡含量适中，已达氡泉标准。

息烽热矿泉有较高的医疗价值。入浴氡泉，氡气透过皮肤进入体内，有扩张血管、改善循环、促进新陈代谢、调整内分泌和安抚神经的作用。之后再由肺脏呼出和皮肤排出，对风湿病、慢性消化道疾病、慢性肝病、胆道疾病、糖尿病和痛风、心血管病、高血压等均有辅助疗效。偏硅酸对人体的医疗作用主要表现为对心脏病、高血压、动脉硬化、神经功能紊乱、消化道疾病具有较好的辅助疗养作用。低钠、低矿化度矿泉水可以避免血管硬化，减轻心脏负担。温泉疗养院四周还有著名的息烽温泉八景：天台丛林、白石涌泉、犭角凌云、清流鸣琴、奇石观瀑、洪水古营、慈云生佛、高桥天生。这天然八景，多姿多彩，独具风格，为温泉风光锦上添花，吸引了不少中外游客。

38. 剑河温泉（特殊资源养生地）

剑河温泉，位于黔东南苗族侗族自治州剑河县新城东北部岑松镇。剑河温泉是苗族文化主题 5A 级温泉景区。景区集健康、养生、休闲、度假、美容美体、旅游于一体，占地面积约为 429 亩，配套总建筑面积约为 79400m²。区内有 6 口温泉眼，富含氡、硫、铁、钙等元素，为国内稀有的氡硫温泉，对慢性风湿、腰肌劳损、原发性高血压、冠心病、神经衰弱、妇科病、糖尿病、肠炎等疾病有辅助疗养作用。

第二节　贵州省地质旅游资源开发利用机遇与挑战

一、贵州省地质旅游资源开发利用的机遇

地质旅游是以地学景观为载体，以其所承载的地球科学、历史文化信息为内涵，以寓教于游、提高游客科学素质、满足游客身心愉悦为宗旨，以观光游览、研学旅行、科学考察、寻奇探险、养生康体、休闲娱乐为主要形式的益智、益身旅游活动。因此，发展新时代地学旅游，正是解决这一矛盾的最佳途径。

1. 国家生态文明试验区建设"多彩贵州公园省"机遇

《国家生态文明试验区（贵州）实施方案》明确以建设"多彩贵州公园省"为总体目标，要求开展生态旅游发展制度创新试验，而地质旅游可实现与生态旅游融合发展，互为补充。

一是建立生态旅游开发保护统筹机制。制定贵州省生态旅游资源管理办法，建立旅游资源数据库，健全生态旅游开发与生态资源保护衔接机制，推动生态与旅游有效融合。完善旅游资源分级分类立档管理制度，对重点旅游景区景点资源和新发现的三级及以上旅游资源，由省进行统筹规划、开发、利用，禁止低水平重复建设景区景点，统筹做好旅游资源开发全过程保护，建立旅游资源保护情况通报制度。在重点生态功能区实行游客容量、旅游活动、旅游基础设施建设限制制度。探索建立资源共用、市场共建、客源共享、利益共分的区域生态旅游合作机制。

二是建立生态旅游融合发展机制。积极创建全域旅游示范区、生态旅游示范区。以黄果树景区、赤水旅游度假区、荔波樟江风景名胜区、梵净山国家级自然保护区为重点，探索建立资源权属明晰、管理机构统一、产业融合发展、利益分配合理的生态旅游管理体制。2017 年制定了《贵州省山地全域旅游发展规划》，以推进山地旅游业与生态农业、林业、康养业融合发展为重点，在黔北、黔东北、黔东南等生态农业、森林旅游功能区，建立生态旅游资源合作开发机制、市场联合营销机制和协作维护管理机制，推进生态旅游、农业旅游、森林旅游，建立发展规划协调、项目整合、产品融合、品牌共建等一体化发展机制，形成多层次、多业态的生态旅游产业发展体系。

2. 打造"山地公园省，多彩贵州风"，将贵州省建成世界知名旅游目的地的机遇

贵州省旅游发展的定位就是"山地公园省，多彩贵州风"。要求准确把握旅游业在全省发展大局中的地位和目标，立足"公园省"资源优势，大力发展全域旅游，实现全景式打造、全季节体验、全产业发展、全社会参与、全方位服务、全区域管理，全力打造旅游发展升级版，推动旅游业实现井喷式增长，加快建设国内一流、世界知名的山地旅游目的地。这是贵州省地质旅游资源开发利用的重大机遇。

2016 年，通过全省以县为单元的旅游资源大普查，全省共普查登记旅游资源 82 679处（新发现 51 626 处，占总量的 62.44%），其中，地质旅游资源 43 550 处，占总量的52.7%。全省优良级（三级、四级、五级）旅游资源共 7607 处（其中，新发现 2689 处），占全省旅游资源总数的 9.20%。新发现了一批有震撼力的优质资源，如赤水市狮子岩瀑布群、碧江区石林、荔波县七彩桫椤谷、七星关区冲天大峡谷等，均具有很好的观赏性和开发前景。

3. 实施"乡村振兴战略"和"乡村旅游扶贫工程"的机遇

国家实施"乡村振兴战略"是为了解决好关系国计民生的农业农村农民问题。坚持农业农村优先发展，深度融合地质旅游资源要素，结合好农业结构调整和布局，深入推进乡村旅游创客行动，推动乡村旅游转型升级、提质增效，积极打造"遵义市播州区枫香镇花茂村乡村"和"黔南州惠水县好花红乡"等一批中国乡村旅游创客示范基地。地质旅游资源在建设生态宜居的美丽乡村、实现农业农村现代化、助推"乡村振兴战略"落地落实落细的过程中将发挥重要作用。

国家将通过发展乡村旅游带动 2.26 万个建档立卡贫困村实现脱贫。贵州省"武陵山区"和"乌蒙山区"是扶贫攻坚区，2020 年要同全国人民共同实现建设小康社会的任务艰巨。同时，这些山区地质旅游资源丰富、资源禀赋好、原生态保存完整，具备打造"地质旅游文化村"的良好条件。充分利用地质旅游资源将是打赢脱贫攻坚战的重要保障。

二、贵州省地质旅游资源开发利用的挑战

1. 地质公园建设明显滞后，多数地质旅游资源待开发利用

我国发展地质旅游已有 30 多年的历史。目前，人民群众在旅游中探求地球科学知识的需求空前高涨，地质旅游已成为我国旅游业重要组成部分和新兴旅游热点。很多地区把地质旅游作为促进旅游业转型升级的重要举措，形成了政府引导、部门支持、企业主体、合力推动的喜人态势。截至 2017 年 5 月，我国已拥有 35 家世界地质公园、204 家国家地质公园、72 家国家矿山公园、135 家国土资源科普基地、84 家野外科学观测研究基地、数百家省级地质公园。此外，还有以地学景观资源为主的众多的世界自然遗产地、自然保护区、风景名胜区、森林公园等，为开展地质旅游搭建了很好的平台。据不完全统计，在我

国现有的 7359 家各类 A 级旅游景区中，以地学景观为主的 A 级旅游区有 2184 家，年接待游客 9.98 亿人次，占所有 A 级景区游客总量的 31%；年收入 1132 亿元，占所有 A 级景区总收入的 36%。地质旅游呈现出了资源依托全域化、市场拓展大众化、辐射带动综合化的趋势。

贵州省建设山地公园省，实则主要靠建设地质公园省支撑。然而贵州省尽管地质旅游资源优势十分突出，但地质旅游开发利用任重道远，地质公园建设明显滞后。目前，世界地质公园仅 1 个，国家地质公园 8 个，国家矿山公园 1 个，严重低于全国平均水平，多数地质旅游资源待开发利用。

2. 贵州省地质旅游资源科学和科普价值内涵挖掘不足

随着政府重视旅游业的发展，贵州省旅游业取得了长足发展。但对旅游资源本身研究不够，尤其是对地质旅游资源的科学和科普价值内涵挖掘不足，严重制约了地质旅游精品线路的合理规划和品牌形象的塑造。在景区宣传、指示标语和标牌介绍等景区建设中，也未体现地质旅游资源的科普价值，从而不能使游客更加深刻地了解地质旅游观赏价值。

3. 贵州旅游地学专业技术人才匮乏

目前，贵州省既懂旅游又懂地学的专业技术人才非常紧缺，尤其是顶尖人才十分匮乏，完全不能满足当前地质旅游蓬勃发展的需求。贵州省高校尚未建立培养旅游地学人才的学科体系，未来旅游地学专业人才仍将长期处于匮乏状态。如何快速培养一批旅游地学人才，适应当前地质旅游发展态势，是当前地质旅游资源开发利用面临的主要挑战。

第三节　贵州省地质旅游资源可持续利用战略

一、可持续利用原则

1. 保护优先，合理利用

把保护放在首位，科学适度利用地学景观资源。发展地质旅游要和生态文明建设结合起来，要和促进山区、边远地区、少数民族地区等贫困地区脱贫致富结合起来，实现生态效益、社会效益和经济效益的统一。

2. 因地制宜，突出特色

立足本地的地质、地理景观和地域文化特色，因地、因时制宜，打造具有浓郁地方特色的地质旅游产品。

3. 政府引导，有序推进

发挥政府引导和监管作用，提供良好的政策环境和公共服务。以市场需求为导向，采取分类指导、分区推进、重点突破的步骤，全面推进跨区域地学旅游资源要素整合，加快地质旅游产业集聚发展，构筑新型地质旅游功能区，构建地质旅游业发展新格局，选择重点领域和重点区域，有序开展地质旅游示范。

4. 创新机制，多方参与

探索创新地质旅游投融资和运营机制，吸引社会各方参与地质旅游开发，按照运行市场化、要素规范化、经营规模化和网络化的方式，提高地质旅游产业化水平。拓宽参与化渠道，让当地居民更多分享到地质旅游发展带来的利益。

二、发 展 目 标

1. 第一阶段（2017~2020年）

制定地质旅游的相关地方标准，为地学旅游资源调查、规划、产品开发、人才培训、地质旅游基础设施提升奠定基础。充分挖掘各地资源特色，开发一批能够满足旅游者地质景观观赏、研学旅行、探奇旅游、休闲娱乐、养生康体等多样化需求的地质旅游精品。全省基本形成种类多样、层次有序、特色突出的地质旅游产品体系，地质旅游产业初步形成。地质旅游产品的科学解说质量和效果大幅度提升。参加地质旅游活动人数的年增长速度达到12%左右，对接教育部等《关于推进中小学生研学旅行的意见》，青少年学生每人每年参加一次以上。我国成为全球具有重要影响力的地质旅游目的地。

2. 第二阶段（2021~2035年）

地质旅游得到快速发展，参加地质旅游活动的人数年均增长15%左右，总人数达到全省旅游人数的1/3，其中青少年学生每人每年参加地质旅游两次以上，以地质旅游示范区、地质旅游研学基地、地质旅游精品线路、地质文化创意产业园、地质旅游商品研发基地及地质文化镇为主体的地质旅游产业体系基本确立。形成比较完善的地质旅游科学普及设施、条件保障、监测评估体系，游客地球科学素质整体上有大幅度提高，基本达到全国领先水平，率先成为全国地质旅游主要中心之一和地质旅游强省。

三、主 要 任 务

1. 地质旅游标准制定与规划编制工程

制定地质旅游地方和行业标准体系。主要包括地质旅游示范区建设标准、地质旅游研学基地建设标准、地学文化创意产业园建设标准、地质旅游科学解说体系建设标准等。鼓励各地以国家和行业标准为基础，制定地方地质旅游标准和服务质量规范。

积极推进地质公园、地质旅游示范区、研学基地、精品线路、文化创意产业园、地质旅游基础设施等的规划编制工作，加强与区域旅游总体规划和其他专项规划的有效衔接与配合。

2. 地质旅游产品开发工程

建设发展一批"不同层次的地质公园"。依托旅游资源大普查成果中优良级的地质旅游资源，建设一批不同层次的地质公园。2017～2020年建设世界地质公园1个，国家地质公园5个，省级地质公园50个，鼓励市（州）县结合精准脱贫，推进鼓励市（州）县级地质公园建设；2021～2035年再建设世界地质公园2个，国家地质10个，省级地质公园50个和多个市（州）县级地质公园，构成山地公园省的主要支撑。

建设发展一批"地学旅游示范区"。地学景观资源集中，拥有多个大型地质公园、大型A级景区，旅游产业有一定基础的市、县和资源枯竭型矿业城市，可率先建立主题鲜明、产品丰富、产业融合的"地学旅游示范区"。2017～2020年示范建设5个，2021～2035年再示范建设50个。

创建一批"地质旅游研学基地"。依托地质公园、矿山公园和地学景观资源为主A级旅游区、自然类科技场馆等，创建一批地学内涵丰富、功能多样、有一定规模和较高管理服务水准的"地质旅游研学基地"。2017～2020年示范建设5家，2021～2035年再建设50家。

规划推动一批"地质旅游精品线路"。2017～2020年示范规划建设10条，2021～2025年再规划建设30条。

培养打造一批"地学文化创意产业园"。在地学景观资源丰富、独特，可进入性好，具有广阔客源市场的地区，规划建设有地学特色的"地学文化创意产业园"。2017～2020年示范建设2家，2021～2035年再建设5家。

培育打造一批"地质旅游商品研发生产基地"。科技力量雄厚、有地学特色、且有一定基础的企事业，采用"产学研"相结合的方式培育2～3家"地质旅游商品研发生产基地"，以提高地质旅游纪念品在旅游商品中的特色。

培育打造一批"地学文化特色小镇"。依照国家小镇建设要求，对处于地质公园内及周边的小镇，从精准扶贫和普及地学知识角度培育为"地学文化特色小镇"。2017～2020培育2家，2021～2035再培育5家。

3. 地质旅游科普宣传与推广工程

规划期内，编辑出版系列"贵州地质旅游研学基地导游指南""贵州地质科普旅游精品线路导游词"。与中央、省级电视台等电视媒体合作，拍摄系列地学知识电视科普片；开展地学景观十大美景评选活动，举办中国（贵州）地质旅游科普大会，举办地学科学导游电视大奖赛，承办世界地质旅游大会，通过国际交流实现互联互通、资源共享，使贵州省成为世界地质旅游的研发中心、交流中心和最重要的地质旅游目的地之一。

各级国土、旅游部门认真抓好地质旅游精品建设和示范推广工作，将地质旅游示范项目纳入当地旅游市场产品营销体系，加强市场宣传，塑造地方品牌。

4. 地质旅游人才教育与培训工程

对接国家旅游局和教育部《加快发展旅游职业教育的指导意见》，支持协助大专学校开展地质旅游专业教师培养培训；支持协助相关高校、职校在地球科学领域的地质、地理、生态、生物、环保、林学等专业中增设旅游地学课程，甚至设置旅游地学专业，培养旅游地学博士、硕士、本科生和技工，为地质旅游示范区、研学基地等输送旅游地学领域各层次急需人才。

依托高等职业学校、科研单位、中国地质学会旅游地学与地质公园研究分会、贵州省地质学会等机构，深化校企合作，开展创新型示范性校企合作项目，建立一批地质旅游职业教育实习实训培训基地，制定专项培训计划，对地质旅游管理人员、导游人员等分类、分级、分期进行培训。规划期内力争每年培训1000～2000名地学导游。

整合各方面智力资源，加强我国地质旅游业发展战略、布局、管理、制度等研究，形成一批基础性、战略性研究成果。支持中国地质学会旅游地学与地质公园研究分会、贵州省地质学会等专业智库建设。推动成立贵州省地质学会旅游地质学与地质公园研究分会，逐步构建贵州省地质旅游智库群，形成产学研互动的地质旅游学术共同体。推进中国特色地质旅游发展理论体系建设，培养和造就一批具有国际视野、学术功底深厚、作风扎实的国家级地质旅游基础研究专家队伍。

第十三章　贵州省地质环境与可持续发展

第一节　贵州省地质环境基本特征

一、贵州省地质环境本底特征

1. 贵州省地质环境主要类型

贵州省位于云贵高原东部，属陆地生态环境系统，主要包括喀斯特和非喀斯特两大地质环境类型区。

（1）喀斯特地质环境类型

贵州省地处我国西南的连片喀斯特核心部位，是全球罕见的"喀斯特博物馆"。广泛分布的碳酸盐岩是喀斯特地貌的物质基础，新近纪以来地壳的间歇性大面积隆升和表生带复杂的地质作用，则是贵州省丰富多彩的喀斯特地貌形成的重要条件。贵州省喀斯特地层的不同岩性在溶蚀方式及构造运动作用下，地貌形态多样且差异较大，以碳酸盐岩连片区进行区域性划分，大体可分为 3 个地貌类型区。

黔中–黔西南喀斯特峰林区：大面积分布在黔中和黔西南高原，以喀斯特峰林（峰林谷地、洼地）为主的地貌景观遍及高原面以上，其中，锥状喀斯特尤为典型。其物质基础主要是中下三叠统的白云岩和石灰岩，以及白云岩类泥质白云岩和钙质白云岩等。

黔南–黔西北喀斯特峰丛区：连片集中分布在贵州高原南部斜坡的独山–紫云一带，西部乌江上游的赫章、威宁，以及北盘江中上游的水城–盘县一带的深切河谷沿岸亦有广泛分布。其特征为起伏甚大的喀斯特峰丛地貌（峰丛洼地），锥峰多、坡度陡，直立如壮观的峰塔。本区峰丛地貌主要发育于上古生界二叠系中统碳酸盐岩，尤以下石炭统上部至中二叠统石灰岩最为发育，为贵州省喀斯特峰丛地貌最为发育的地层单元。

黔北–黔东北喀斯特丘丛–峰丛区：大面积分布在长江与珠江水系分水岭以北的贵州省北东部，尤以黔东北和黔北最为典型。此类喀斯特地貌发育的物质基础主要是下寒武统上部至下奥陶统下部白云岩，以及下三叠统白云岩。其中，中上统娄山关群喀斯特发育程度一般不高，多形成独特的喀斯特丘丛地貌（丘丛山地）。

（2）非喀斯特地质环境类型

非喀斯特地质环境，指以碳酸盐岩分布区以外的非可溶性岩石为基础的地质环境，包括以硅质陆源碎屑岩为主的沉积岩分布区、浅变质岩分布区和玄武岩及煤系地层分布区。按形成地貌的物质基础——岩性的不同，贵州省内连片的非喀斯特岩石地貌分为4个分区。

东部变质岩山地丘陵区：位于梵净山–凯里–三都一线以东，贵州省中部丘原山地向中国中南丘陵过渡的斜坡至丘陵地带，位于贵州省内的第三梯级面上，发育浅变质岩系。该区长期隆升遭受侵蚀、风化剥蚀和构造作用，以流水（侵蚀）作用为主，分为黔东南中山、低山、丘陵亚区和梵净山、佛顶山中山亚区两个亚区。

黔西南南部低山丘陵盆谷区：位于黔西南南部南、北盘江下游及红水河地区，地处云贵高原向南急剧降低的斜坡地带，发育于三叠系中上统浊流沉积的硅质陆源碎屑岩。

贵州北隅（赤水、习水）中低山丘陵丹霞地貌区：位于贵州高原向四川盆地过渡的斜坡边缘地带，岩石主要为白垩纪和侏罗纪红色硅质陆源碎屑岩（红色砂砾岩，习称"红层"），分布区域为贵州北隅的赤水、习水和桐梓西北部。本区以流水侵蚀、风化剥蚀形成的低中山、低山、丘陵和台地为主，最具代表性的丘陵和台地主要分布于赤水河、习水河下游，呈浑圆的山丘和梯形坡。

黔西北煤系及玄武岩高原山地区：处于贵州省内的第一梯级面及向第二梯级面的过渡地带，多为高中山和中山区，总体地势西高东低，以流水侵蚀–风化剥蚀的高中山斜坡和谷地为主，煤系地层及玄武岩往往出露于斜坡和谷地中。区内的峨眉山玄武岩主要分布于黔西–织金–普安一线以西地区，形成于晚二叠世早期。

2. 贵州省地下水系统特征

（1）喀斯特区地下水系统

可溶性岩层溶蚀空间环境及赋存的地下水状态，统称为喀斯特地下水系统。贵州省的喀斯特地下水形成的自然地理条件十分复杂，具有显著的区域特征，并呈现出以下基本特点：喀斯特地下水由大气降水入渗补给的广泛性；喀斯特含水层位产水能力的差异性；地下水类型的多样性；三水转化的频繁性；地下水系统的可调蓄性；深层地下水形成条件的复杂性等。贵州喀斯特地下水系统，按陈梦熊拟定的分类方案，属陈氏分类的第一大类，即喀斯特石山裸露型地下水系统，并包括表层喀斯特地下水系统和浅层喀斯特地下水系统（喀斯特大泉或地下河系统）两大亚类。

表层喀斯特地下水系统，多为分散的表层泉，一般汇水面积小，但数量多，不少为季节性涌水泉。表层喀斯特泉大部分属风化裂隙带下降泉，风化带的厚度一般较浅，在地表以下2~10m处最为发育。

浅层喀斯特地下水系统，主要为溶隙、溶洞及管道等多种介质所构成的地下河系统，石山地区的一般埋藏深度为50~300m，汇水面积较大，流量也比较大，大部分在河谷排泄。地下河的发育主要受构造条件控制，其流量主要决定于汇水面积和岩性。

（2）非喀斯特区地下水系统

贵州省的非喀斯特区的地下水不甚发育，以基岩裂隙水为主，可分为硅质陆源碎屑岩裂隙水、变质岩裂隙水和岩浆岩裂隙水三类，其区域分布与所处的地质构造和水文地质条件密切相关。

根据非喀斯特区的岩性特征、地域分布、地质构造、地下水赋存状态及水动力特征，结合地形地貌、地下水补给、径流条件及排泄场所差异，贵州省的非喀斯特地下水可划分为长江和珠江两个一级水文地质单元，其分水岭沿威宁–六盘水–安顺–贵阳市青岩–都匀尖山–雷公山–南加–水口一线呈近东西向延伸。其中长江一级水文地质单元可分出 3 个二级单元（赤水河–綦江、乌江、沅江）和 11 个三级单元（赤水河、松坎–桐梓河、三岔河、六冲河、清水江、石阡河–甘龙河、洪渡河、松桃河、锦江、潕阳河）；珠江一级水文地质单元则可分出 4 个二级单元和 4 个三级单元（南盘江、北盘江、红水河、都柳江）。

3. 贵州省地质环境本底特征

（1）多样性特征

贵州省地处云贵高原向湘桂丘陵区过渡的斜坡地带，地形起伏较大，境内最高点韭菜坪海拔为 2900.6m，最低点黔东南州黎平县水口河出省界处海拔为 147.8m，相对高差达到 2752.8m。境内山脉众多，重峦叠嶂，山高谷深，92.5% 的面积为山地和丘陵，地貌形态多样。地质构造作用在区域上控制着地形地貌发育，进而影响区域内的气候、植被等的分布，使贵州省的地质环境形成丰富多样的特征。

（2）独特性特征

贵州省有 61.9% 的面积为喀斯特地层，是我国西南连片喀斯特的核心区域，在地形地貌、地质构造、气象水文等因素共同作用下，形成了其他地区所没有的地质环境独特性，使贵州省成为全球罕见的"喀斯特博物馆"。喀斯特地区特有的强烈溶蚀作用，造就了享誉国内外的黄果树瀑布、织金洞、万峰林、马岭河峡谷、双河溶洞等独特的地质景观。

贵州省地层出露齐全，从中元古界蓟县系到新生界第四系基本出露，素有"地层古生物宝库"之称，发育厚度约为 30 000m。境内地层发育齐全、连续，古生物化石丰富，特别是三叠系特提斯海生爬行动物化石非常丰富，是地层古生物研究和厘定某些断代界线层的理想地区。形成于晚二叠世的陆源碎屑煤系地层在贵州省西部广泛分布，是"江南煤海"的资源基础和环境基础。

（3）脆弱性特征

贵州省地质环境除与漫长的地质演化不可分割外，也与人们的持续保护息息相关。但人类工程活动的扩展，如矿业开发、城市建设、交通建设等，破坏了地质环境的原有平衡关系，各要素之间的联系和相互作用被迫重构，造成部分地质遗迹和独特的地貌景观遭到损毁甚至灭失。往往一个因素的改变、一点点人类工程活动的扰动，都可能使原有的地质环境发生较大的改变，使得地质环境在日趋强烈的人类工程活动面前表现出极为脆弱的特征。

二、贵州省主要环境地质问题

环境地质问题，指由自然因素和人类工程活动作用影响发生，使人类赖以生存的地质环境遭到破坏并在质量上发生不良变化，进而直接或间接威胁人类生产生活或造成生命财产损失的事件。环境地质问题按不同诱发因素，可分为原生环境地质问题和次生环境地质问题。原生环境地质问题主要指自然因素引起的地质环境问题，如地震、火山喷发、地方病等；次生环境地质主要指人为活动引发的地球表层物质组成、性质、状态和地质结构变化及其他有关的地质作用和现象，如超采地下水引起的地面沉降、矿业开发引起的地面塌陷、地下水资源破坏、工程活动引起的地质灾害等。

20 世纪 50 年代前，贵州省由于人口少、生产力低、生产力水平不高，地质环境对人类赋予的轻微扰动作用几乎没有显出特别的响应。50 年代中期起，特别是 60 年代和 80 年代至 21 世纪初，人口增多，资源需求量猛增，人类干扰作用趋向剧烈，地质环境亦发出了特别响应。主要表现为：有毒有害物质污染面积增加、地下水系统破坏、地表水体污染、土地资源压占破坏、地貌景观损毁，以及崩塌、滑坡、泥石流地质灾害，岩溶石漠化，水土流失等环境地质问题频频发生。

1. 地质灾害高发易发且危害大

（1）贵州省地质灾害概况

贵州省地势西高东低，地形切割强烈，地质环境条件复杂，降水量丰富，地质环境脆弱，地质灾害隐患点多面广。在人类工程活动强度日渐加剧的影响下，极易发生地质灾害和人员因灾伤亡事件。据 2016 年底调查统计数据，在新增 202 处和核销 1133 处已治理隐患点后，全省仍有地质灾害隐患 10 230 处。其中，滑坡 5823 处、崩塌 2324 处、泥石流 149 处、地面塌陷 586 处、地裂缝 293 处、不稳定斜坡 1055 处。地质灾害隐患威胁人口达 120 万人，威胁财产为 410 亿元。

（2）贵州省地质灾害危害概况

本就十分脆弱的地质环境，在不合理的人类工程活动作用下愈加脆弱，致地质灾害隐患表现出"点多面广、隐蔽性强、突发性强、灾害损失大"的特点，极大地威胁着城镇、建筑、交通、重要工程设施，危害面积达全省土地面积的 60% 以上。其中，铜仁市大部、黔东南州大部、黔南州东部、六盘水市全域、黔西南州西北部及南部、毕节市南部等地均是贵州省地质灾害多发区，所造成的损失约占全省自然灾害损失的 50% 以上。

贵州省每年地质灾害发生次数、造成的人员伤亡和直接经济损失，持续多年居于各省市的前列，并成为影响和制约地方社会经济发展的关键性因素之一。仅 2016 年就发生各类地质灾害 86 起，造成 54 人死亡，5 人失踪，25 人受伤，直接经济损失 12 256.9 万元。贵州省发生的地质灾害 90% 以上为中小规模，但几乎每年都有重大级以上受损规模的灾情发生。1993 年以来全省共发生重大级以上的地质灾害逾 50 起，其中一次死亡 30 人以上或经济损失 1000 万元以上的特大地质灾害近 20 起。

频繁发生的地质灾害摧毁了大量城乡建筑设施、耕地、工厂和交通干线，如乌江源头的大方县城滑坡，中游地段的思南、石阡、沿河等县城滑坡，印江县城的岩口杉树完小滑坡，以及赤水大同滑坡等，灾害体规模大，危害严重。地质灾害损坏铁路、公路、航道事件时有发生，2003 年 5 月 11 日 1 时 55 分，黔东南州三穗县台烈镇台烈村三穗至凯里高速公路平溪特大桥 3 号桥墩附近发生滑坡，造成 35 人死亡、1 人受伤、16 间工棚被毁；

2010 年 7 月 9 日 8 时，川黔铁路贵州省桐梓县境内塘水溪大桥南端发生山体滑坡，导致铁路中断，近 40 户被围困群众紧急转移。地质灾害还多次破坏水利、水电工程，如 1996 年 9 月 19 日凌晨 1 时，印江县岩口发生 260 万 m³ 体量的滑坡，造成 3 人死亡、2 人失踪，滑体阻断印江河形成堰塞湖，上游 10 余千米的朗溪镇 1 座小型电站、3 个提水站、4 个村 1830 户居民房屋，以及 3000 亩良田被淹没，直接经济损失达 1.5 亿元。

2. 地质旅游资源丰富但脆弱易损

（1）地质旅游资源分布特征

贵州省类型多样的喀斯特地层分布广泛，强烈的溶蚀作用和多样的沉积环境，造就了省内丰富的地质旅游资源。根据地质旅游资源的特点、区域分布的相对完整性和连续性及主体地貌类型，全省可划分为 5 个地质旅游景观区。

1）黔北赤水丹霞地质旅游景观区：本区是赤水及习水的中生代红色硅质陆源碎屑岩（习称"红层"）分布区，位于贵州高原向四川盆地过渡的斜坡边缘地带。区内侏罗系−白垩系巨厚的陆相碎屑岩在流水侵蚀、风化剥蚀作用下形成了方山、陡崖、峰丛、峰林、孤峰、石柱等特殊的丹霞地貌组合，是国内丹霞地貌连片分布最广、发育最典型、最有特色的地质旅游资源集中区。

2）黔北−黔东北喀斯特丘丛−峰丛地质旅游景观区：本区主要分布在黔北和黔东北地区，区内喀斯特地貌发育的物质基础主要是下寒武统上部至下奥陶统下部白云岩，以及下三叠统白云岩。其中的寒武纪中上统娄山关群，因喀斯特发育程度一般不高，多形成喀斯特丘丛−峰丛地貌。由于地层条件差异及锥体形态不同，其地貌类型的最大特点是丘峰之间地表河流（溪流）较少发育，多为密集分布的干沟（谷）和谷地。

3）黔中−黔西南喀斯特峰林地质旅游景观区：主要分布在黔中和黔西南地区，发育有遍及高原台面上的以喀斯特峰林（峰林谷地、洼地）为主的地貌景观，其中，锥状喀斯特尤为典型。形成的物质基础主要是中下三叠统的白云岩和石灰岩，以及泥质白云岩和钙质白云岩等。

4）黔南陆源碎屑岩地质旅游景观区：本区位于贵州高原向南急剧降低斜坡地带的黔南州西南部，出露地层主要是三叠系海相陆源碎屑岩。区内三叠系硅质陆源碎屑沉积岩出露范围广、厚度大，断裂发育，多期（次）褶皱叠加明显。地形以流水侵蚀—风化剥蚀形成的低山、低中山、丘陵和盆地为主。

5）黔东南变质岩地质旅游景观区：本区大面积分布在黔东南地区，地势自西向东倾斜，地貌类型依次为低中山、低山和丘陵。出露岩石主要为浅变质岩，其次为碳酸盐岩，少部分为基性侵入岩。在浅变质陆源碎屑岩系中，广泛分布有剥蚀−侵蚀山地、丘陵及断块山地和断陷盆地。

（2）地质旅游资源开发利用面临的问题

在省委省政府的高度重视下，地质旅游资源保护和开发利用，已成为贵州省产业结构调整和经济社会可持续发展的重要基础性工作。但由于规范化的保护工作起步晚，政策法规尚不健全，社会公众保护意识薄弱，叠加人类活动影响与破坏，资源开发利用缺乏地质专业人员和持续的资金支持等原因，地质旅游资源保护及合理开发利用还面临着许多问题。当前的总体情况如下。

1）保护与开发利用程度不平衡：散布在地质公园、自然保护区、森林公园、风景名胜区中的地质旅游资源，在国土资源、住建、文保、旅游等部门的管护下，通过园（区）建设、运营管理、景点维护等方式，基本都获得了较好保护。但也有个别园（区），对地质遗迹的保护工作力度也远低于开发利用的力度，采取的保护措施过于简单甚至没有保护措施。

更多未纳入园（区）范围，在原地出露的地层剖面、古生物化石等地质遗迹，因没有落实责任主体，管护工作远未全面覆盖，多数既没有采取保护措施也未进行开发利用，以致一些不可再生、极具观赏价值和科研价值的重要地质遗迹遭到严重破坏。例如，瓮安生物群化石产地被采矿掩埋，关岭古生物遗迹、兴义贵州龙化石在未建公园前被盗采盗挖等。据2016年旅游资源调查统计资料，包括各园区在内，全省212处省级以上重要地质遗迹仅有38%得到妥善保护，有21%得到一定保护，约41%自然散布景区之外的资源未获任何形式的保护。

2）地质公园数与资源保护要求不协调：自2000年以来，贵州全省已经开园揭碑的地质公园中，分别有1个世界级地质公园、8个国家级地质公园，审批建设的省级地质公园3个，预命名的省级地质公园6个。总体来看，地质公园建设起步较晚数量少，与全省极其丰富的地质遗迹资源相比很不协调，且保护措施和开发利用方式层次较低，远不能满足地质旅游资源保护和开发利用的需要。

3）古生物化石及产地保护管理需要加强：仅以古生物化石的保护及管理为例，贵州省目前仅有台江（今剑河）古生物自然保护区、兴义国家地质公园和关岭化石群国家地质公园等处。虽然对当地古生物化石及产地起到了很好的保护作用，但是与贵州省丰富的古生物资源相比，数量还是太少，尚不能覆盖重要的古生物化石产出地。

目前，国内外专家对贵州省古生物研究的深度、广度均达到了较高水平，但是对其产出地层的研究及对保护方式的研究却少之又少。同时，有关部门对古生物化石的关注也多偏重在如何利用上，对资源本身及产地保护往往不够重视。例如，具有高知名度的瓮安生物群，就几乎没有采取任何保护措施。

4）民众保护地质旅游资源的意识淡薄：地质旅游资源是不可再生的、具有观赏和科研价值的珍贵资源，并没有成为全社会的共同认识，以致破坏损毁地质旅游资源的事件时有发生。例如，削坡建房、修（改、扩建）公路、矿产资源采掘等工程活动，损毁破坏地貌景观、地质遗迹等旅游资源的问题无人过问；有些化石产地甚至任凭游人随意采集化石而不制止；在科研活动引起的好奇心驱使下，当地群众随便盗挖滥采，将化石售卖获利等。

5）地质及地学支持旅游发展的作用不明显：当前，人们的旅游目的已不再满足于一般的观光游览，反倒希望能在旅游过程中了解更多知识，由此开启了地质及地学支持服务旅游产业发展的巨大空间。贵州省众多的地质旅游资源景观，正好适应了以文化旅游、知识旅游、探索旅游为特点的产业发展趋势。但由于尚未找准地质和地学融入并推动旅游业提质增效的结合点，地学服务旅游的功能暂未形成，以致参观了地质旅游景点后，游客对形成条件、演变过程及科研价值仍不了解，旅游体验还不能升华到精神层面。迫切需要从增加知识性、趣味性等方面进行探索，用地质地学知识地服务旅游产业发展，助推贵州省成为国内外文化、知识、探索型游客的旅游目的地。

3. 土地质量退化及岩溶石漠化

（1）土壤污染及土壤退化

贵州省土壤地质环境问题在国内较严重，主要表现为土壤污染、退化、流失等。人类生产、生活所产生的各种污染物，通过各种途径进入土壤，造成土壤性质、组成及理化指标发生变化，导致土壤正常功能失调、质量下降，影响农作物的生长发育和农产品品质、产量，甚至通过食物链对生物和人类产生危害。

其中最突出的问题，是矿业活动排放的重金属元素，造成土壤大面积遭受严重污染。赫章等地的土法炼铅锌，排出的废渣除尚未取尽的 Pb、Zn 外，还含有大量 Ag、Cr、Cd 等有害元素，在淋滤下渗作用下污染了大片土地。铜仁、务川等地汞矿开采过程中，造成的汞污染使矿区附近土壤中的 Hg 含量比背景值高出 2 ~ 3 倍。黔西南州的一些小型锑冶炼厂，随意排放的 As、Hg、F、Sb 和 Se，同样严重污染了附近的土壤环境。渗入污染土壤的重金属，经农作物吸收富集，致产出的粮食、蔬菜、水果等食物中的 Cd、As、Pb、Hg 等重金属含量超标或接近临界值。

另外，为追求农业生产经济效益而过量使用农药，农药残留物不仅污染了土壤、水体，还直接危害农产品质量和饮水安全。农业生产中过量使用化肥的问题十分普遍，致土壤板结并和硝酸盐富集，结构及酸碱度被破坏，微生物数量降低。在物理、化学和生物学被人为改变的情况下，肥力下降、生物适宜性改变、可耕地面积减小等土壤退化的现象，已成为制约全省农业发展的重要原因。

贵州省土壤退化主要发生在 25° 以上陡坡耕地中，主要表现为贫瘠化问题。本就十分贫瘠的坡耕地，由于喀斯特山区特有的侵蚀作用，其中的氮、磷、钾和有机物等有机物及养分发生退化性流失，以致土壤贫瘠化大面积发生。

贵州省土壤结构性退化主要表现为 DC 值升高，松结态/紧结态值下降，土壤团聚体的稳定性降低，造成有机物含量减少，抗侵蚀能力降低；保水及通气性及土壤团粒结构恶化，容重增加，总孔隙度和持水量较林地均明显下降；随着表土层逐年减薄，原土体中埋藏的障碍土层逐渐上升。此类结构性退化问题，尤以坡耕地最为明显。

（2）水土流失及岩溶石漠化

贵州省碳酸盐岩广泛发育，地形坡度大，高陡斜坡上的土体易被降水冲刷难以稳固留存，造成水土流失非常严重。2005 年贵州省地矿局地调院牵头，协同贵州省地矿局第一工程勘察院、第二工程勘察院开展"贵州岩溶区地质环境调查"，成果报告述及：石漠化面积达到 32476.2km²，为全省碳酸盐岩分布面积的 25%，比 1993 年多出 2.05 万 km²。其中，重度石漠化面积为 5249.5km²，中度石漠化面积为 11 895.5km²，轻度石漠化面积为 15 331.2km²。虽然近年加快了水土流失的治理速度，但治理面积远赶不上不断增加的流失面积，恶化趋势尚未有效遏制。碳酸盐岩系抗风化能力较强，成土过程缓慢，地表原生残坡积土层较薄，加上山多坡陡的地表结构，十分不利于土壤资源的留存。而在诸多因素综合作用下造成的水土流失，破坏了原本就非常脆弱的生态环境，导致贵州省西部、西南部基岩大面积裸露，形成大面积喀斯特石漠化区域。

贵州省岩溶山区石漠化问题，主要分布在黔西、黔西南的北盘江和黔西北的乌江上游三岔河及六冲河流域内。其中，威宁县、六盘水市、大方县、黔西县、盘县、安顺市、兴义市、织金县、长顺县，是省内石漠化分布面积位列前10的区域。日趋严重的喀斯特石漠化，使得可耕地面积减少，人地矛盾加剧；引发人畜饮水困难、生态环境持续恶化、旱涝灾害频发、生物多样性受损等环境问题。

4. 工程活动扰动破坏作用强烈

20世纪90年代以来，随着人口增加和经济建设规模、范围的不断扩大，贵州加快了经济建设步伐，水利、交通、城乡建设及矿业开发等工程活动，以前所未有的强度、速度铺开，对地质环境扰动破坏作用趋向强烈。

（1）矿业开发

贵州省矿产资源丰富，分布相对集中，全省已发现矿种137种，占全国172种的79.65%，其中查明资源储量的有88种。截至2015年底，全省查明矿产地3266处，其中，能源矿产824处，金属矿产1183处，非金属矿产1259处。资源储量在全国排名居前的有煤炭、锰矿、铝土矿、磷矿、重晶石、锑矿、金矿等。

丰富的矿产资源，使得采掘、洗选、冶炼等矿业开发产业壮大成贵州省的重要经济支柱，在带动经济社会发展的同时，也引发了大量生态环境问题，主要表现为三废污染环境、破坏景观及长期抽排地下水导致区域地下水位下降，严重影响居民的生产生活及矿山地质灾害等。

据2016年完成的"贵州省矿山地质灾害和地质环境调查"统计，全省共有矿山6556个，其中，煤矿山1848个、非煤非砂石矿山687个、砂石矿4021个。采矿区域内查明的矿山地质灾害共有1165处，其中，滑坡345处、崩塌281处、泥石流24处、地裂缝216条、地面塌陷299个。

矿山开采对地形地貌景观的损毁作用强烈，且多集中于缓斜坡、沟谷地段，主要破坏形式为矿山工业广场建设、煤矸石堆、废石（土、渣）堆场污染及矿山地质灾害等。经统计，截至2015年底，矿山占用及破坏土地总面积为498.39km²，其中，工业广场面积为238.22km²，固体废弃物面积为85.33km²，地质灾害面积为140.96km²，其他面积为33.88km²。被破坏的土地类型以耕地、林地为主，草地、荒地及其他类次之。

经调查统计，贵州省矿坑水年产出量为54 795.98万t，年排放量为42 768.55万t；尾矿库（坝）2535处，共积存煤矸石及废弃矿渣35 552.34万t。部分矿山的矿坑废水未经处理，直接排向附近的河流、溪沟、水库、湖泊或岩溶洼地，有的则通过岩溶管道、裂隙、落水洞和地下暗河排泄，溶解携带着有害元素的矿坑水混入地下水中。堆积于尾矿库的煤矸石、尾矿渣等固体废弃物，经渗滤下渗直接污染了土壤和地表水，其中，煤、锰、铁、硫铁、汞等矿种开采、选冶排放的固型废弃物造成的污染最为严重。

按全省矿山分布情况，贵州省可划分为 34 个矿山地质环境问题集中分布区。分别是：遵义市桐梓县北部煤矿集中开采区、遵义市习水县煤矿集中开采区、遵义市桐梓县南部–汇川区煤矿集中开采区、铜仁市沿河县–印江县煤矿集中开采区、铜仁市松桃县锰矿集中开采区、播州区北西部–仁怀市南部煤矿集中开采区、播州区–红花岗区铝土矿–锰矿集中开采区、万山汞矿集中开采区、毕节市金沙县南西部–大方县煤矿集中开采区、毕节市金沙县南东部煤矿集中开采区、开阳县磷矿集中开采区、毕节市黔西县煤矿集中开采区、瓮安县–开阳县–福泉市煤矿集中开采区、黔东南州天柱县重晶石、金矿集中开采区、赫章县铅锌矿–铁矿集中开采区、毕节威宁–六盘水大湾集中开采区、六盘水钟山–水城北部煤矿集中开采区、毕节纳雍县煤矿集中开采区、毕节织金县煤矿集中开采区、修文县–白云区铝土矿开采集中区、六盘水水城中部煤矿集中开采区、六盘水水城西北煤矿集中开采区、六盘水六枝–安顺普定煤矿集中开采区、普定–西秀区–平坝煤矿集中开采区、凯里市北西部煤矿集中开采区、黔东南州麻江县–都匀市煤矿集中开采区、六盘水盘县煤矿集中开采区、黔西南晴隆–兴仁煤矿集中开采区、黔西南普安煤矿集中开采区、黔西南贞丰–兴仁煤矿集中开采区、黔西南安龙煤矿–金矿集中开采区、黔西南兴义煤矿集中开采区、荔波县煤矿集中开采区。这些区域的土地损毁、环境污染及地质灾害等问题，较其他地区都要严重得多。

（2）交通建设

历史跨入 21 世纪后，贵州省原有的交通设施远不能适应经济建设的要求，成为制约经济社会发展的重要因素。为冲破发展瓶颈，贵州省近年来实施了铁路建设大会战、高速公路和水运建设三年会战等系列工程。但境内地形起伏、河谷纵横、相对高差明显，迫使交通建设大量采用挖高填深方式施工，大量土石方的位移，破坏了原生地质环境的原有平衡，成为滑坡、崩塌、泥石流、地面塌陷、地裂缝等地质灾害的重要诱因，引发了地下含水层破坏、地貌景观损毁等地质环境问题。

（3）城市建设

贵州省城市化进程，随着经济社会建设不断加快。但城市化建设过程中，不恰当的人类工程活动对地质环境的影响越来越强，并不同程度地诱发出地下水资源衰减、地下水体污染、地质灾害等地质环境问题。

贵州省地下水系统为气象成因型，主要接受大气降雨补给，部分地区为地表水体的侧向和垂直补给，地下水位受降雨和开采量控制，随降雨量和开采量变化而变化。据省内 5 个主要城市监测数据，城区地下水位多表现出以下降为主的特征。近年来，162 个地下水监测点中，有 92 处的水位呈持续下降趋势，其中缓慢下降水点有 46 处，中速下降水点有 32 处，极速下降水点有 17 处，个别城市的部分地段还产生了区域性降落漏斗。

贵州省在 20 世纪 60 年代以前地下水基本处于天然状态，然而随着城市和工矿建设的迅速发展，一些地段的地下水遭受污染，局部达到严重程度，直接影响了当地的工农业生产和居民的身体健康。近年，随着城市规模不断扩大，生产和生活产生的各类固体废弃物数量呈不断增长的趋势，废弃物中的有毒有害成分也越来越复杂，堆放空间和处置场地分布不合理，加之处理不当，也加剧了对土壤、地下水等地质环境的污染，甚至危害人类健康。

（4）其他工程活动

其他工程活动包括水利水电建设、工业建设、耕植活动等。其中，水利建设过程中水库储水、客水补充、水渠输送、农田灌溉等产生的浸润、渗漏，使岩土体力学性质改变，造成岩土体软化、淤泥化，进而引发地质灾害、地下水系统改变等地质环境问题。

工业建设工程形成的高陡边坡，在雨水和其他因素的诱发下极易产生崩塌、滑坡等地质灾害现象。同时房屋建设及建筑垃圾大量堆积于斜坡体上，改变了斜坡体的平衡状态，从而诱发地质灾害。

不合理的过度垦殖、开荒等活动，造成植被覆盖率下降，水土涵养能力降低，使大气降水很容易渗入松散土体中，强化了岩土体风化作用，以致经常发生水土流失、土壤退化及地质灾害等地质环境问题。

第二节　贵州省地质环境承载力评价

地质环境承载力，指一定时期内的一定区域，在维持地质环境系统结构不发生质的变化，地质环境系统功能不朝着不利于人类社会、经济活动方向发展的条件下，地质环境所能承受人类活动影响与改变的最大潜能。

地质环境承载力评价，以与人的身体健康和生命财产安全相关的生态地质环境退化、地质灾害、环境地球化学脆弱性为重点。既是认识地质环境质量优劣及其对人类生存适宜程度的过程，也是服务地质环境保护与改善的重要基础性工作。地质环境承载力评价涉及的变量很多，只有筛选出具有代表性的评价因子，选取正确的评价方法，才能保证评价结果的科学性、可操作性及可比性。

一、地质环境承载力评价方法

开展地质环境承载力评价工作，首先对评价区进行评价单元划分；其次依据收集到的资料，结合各单元地质环境特征构建评价指标系统；最后根据关键性指标的权重，引用或创建评估模型进行评价并确定分区。

地质环境承载力评价单元的传统划分方法，主要有三角形剖分法、正方形网格法、不规则多边形网格法三种。随着计算机技术发展，基于GIS的地质环境评估技术日益成熟，新的评价单位划分方法涌现出来。例如，基于栅格数据和矢量数据的栅格/矢量点单元法，划分单元相对较小，对复杂地形区域的评价也更精确。因此将该方法用于贵州省地质环境承载力评价单元划分更为适宜。

评估指标选取需对地质环境状况进行充分的分析，并根据针对性、简明性、普适性及数据易取得、指标可量化、动态与静态相结合等原则进行筛选。选取的指标主要为两个大类：一类是地质环境的基础类指标，重在反映地质环境承载能力的背景值。包括地形地貌、地层岩性、地质构造、地震、地下水、工程地质条件、水文地质条件、植被覆盖情况、气象水文等；第二类是地质环境的影响类指标，主要表达区内地质环境变量及承载力响应因素。包括地质灾害、矿产资源开发、城市建设、交通工程建设等造成的土地压占破坏、地下水资源污染破坏、元素地球化学超标及对人类生存环境影响等。

评价因素权重是反映不同评估因子之间重要性的差异数值。权重的确定有多种方法，目前比较成熟的主要有专家打分法、序列综合法、数理统计法、层次分析法（analytic hierarchy process，AHP）、熵值法等。这些方法各有利弊，运用时都需引入其他方法进行相互验证。根据贵州省地质环境特点，以层次分析法为基础，引入专家打分法、数理统计法等确定评价因子权重较为科学也比较合理。

地质环境承载力评价，是建立在系统的环境地质研究、地质环境调查和变化趋势研究等基础上，按一定要求、目的和方法进行的工作。其中的关键环节，在于运用区域地质环境要素的参数指标，利用数学手段构建相应的数学模型，以客观反映地质环境要素和总体地质环境质量的属性，从而评价地质环境承载力的高低及预测人类活动对地质环境的影响。借鉴目前许多专家提出的地质环境承载力评价方法，考虑现有 GIS 平台的特点，经比较认为采用模糊层次综合评估方法较符合贵州省情。该方法结合模糊评判法与层次分析法，能够较好地提高评估结果的精度和可信度。采用模糊层次综合评价的步骤如下。

（1）确定影响地质环境承载力评价对象的因素论域

$$U = \{u_1, u_2, \cdots, u_p\} \tag{13-1}$$

p 个评价指标 $u_1, u_2, \cdots, u_p$ 为参与评价的影响因子数值。

（2）确定评价因素等级论域

$$V = \{v_1, v_2, \cdots, v_n\} \tag{13-2}$$

$v_1, v_2, \cdots, v_n$ 为相应的评价标准集合，每一个等级可对应一个模糊子集。

（3）建立模糊关系矩阵 $\boldsymbol{R}$

在构建了等级模糊子集后，要逐个对影响地质环境承载力问题发生的每个因素 u_i（$i = 1, 2, \cdots, p$）进行量化，即确定单个致灾因素对等级模糊子集的隶属度（$R \mid u_i$），进而得到模糊关系矩阵：

$$\boldsymbol{R} = \begin{bmatrix} R \mid & u_1 \\ R \mid & u_2 \\ & \vdots \\ R \mid & u_p \end{bmatrix} = \begin{bmatrix} r_{11} & r_{12} & \cdots & r_{1n} \\ r_{21} & r_{22} & \cdots & r_{2n} \\ \vdots & \vdots & \vdots & \vdots \\ r_{p1} & r_{p2} & \cdots & r_{pn} \end{bmatrix}_{p,n} \tag{13-3}$$

矩阵 $\boldsymbol{R}$ 中第 i 行第 j 列元素 r_{ij}，表示从某个评价因子 u_i 来看对等级 v_j 的隶属度。在模糊关系矩阵中，第 i 行（$R \mid u_i$）$= (r_{i1}, r_{i2}, \cdots, r_{in})$ 表示第 i 级易发性标准的隶属度，而模糊矩阵中第 j 列（$R \mid v_j$）$= (r_{1j}, r_{2j}, \cdots, r_{pj})$ 代表着各影响因子对第 j 级易发性标准的隶属度。

（4）确定评价因素的权向量

在模糊综合评价表达式中 $B = \boldsymbol{W} \circ \boldsymbol{R}$，评价因素的权向量 $\boldsymbol{A}$ 是影响评价结果的重要因素，可表示为 $\boldsymbol{W} = (w_1, w_2, \cdots, w_p)$，其中，元素 w_i 本质上是因素 u_i 对模糊子 ｛对被评事物重要因素｝的隶属度。使用层次分析法来确定评价指标间的权系数，需要在合成之前归一化，即 $\sum_{i=1}^{p} w_i = 1$，$w_i \geq 0$，$i = 1$，2，$\cdots$，p

（5）合成模糊层次综合评价结果向量

将权重向量 $\boldsymbol{W}$ 与各地质环境承载力评价向量 $\boldsymbol{R}$ 进行合成，得到各影响因素的模糊综合评价结果向量 $\boldsymbol{B}$。即

$$\boldsymbol{W} \circ \boldsymbol{R} = (w_1，w_2，\cdots，w_p) \circ \begin{bmatrix} r_{11} & r_{12} & \cdots & r_{1n} \\ r_{21} & r_{22} & \cdots & r_{2n} \\ \vdots & \vdots & \vdots & \vdots \\ r_{p1} & r_{p2} & \cdots & r_{pn} \end{bmatrix} = (b_1，b_2，\cdots，b_n) = \boldsymbol{B} \quad (13\text{-}4)$$

式中，b_1 由 $\boldsymbol{W}$ 与 $\boldsymbol{R}$ 的第 j 列运算得到，它表示影响因素从整体上看对 v_j 等级模糊子集的隶属程度；"$\circ$" 为模糊合成算子。目前计算向量 $\boldsymbol{B}$ 值的计算模型有四种，根据贵州省实际情况及选取的评价方法，以加权平均型 M（$\cdot$，$\oplus$）作为模型算子的计算方法比较合适。

M（$\cdot$，$\oplus$）模型公式为

$$b_k = \min\left(1，\sum_{j=1}^{m} \mu_j r_{jk}\right)，\quad k = 1，2，\cdots，n \quad (13\text{-}5)$$

二、地质环境承载力评价

根据贵州省地质环境现状，结合层次分析法中对评价因子的选取要求，考虑以往工作成果资料的获取程度，在地质环境基础类指标中选取地形坡度、地质构造、工程岩组、植被覆盖、年降雨量作为评价指标；同时选取地质灾害、土地压占破坏、地下水资源破坏、元素化学超标等影响类指标，以构建起对区域地质环境进行综合评价的指标体系。

根据以上指标因素论域，即 $U = \{$地形坡度、地质构造、工程岩组、植被覆盖、年降雨量、地质灾害、土地压占破坏、地下水资源破坏、元素化学超标$\}$，并依据该 9 项指标顺序构建研究区判别矩阵，应用层次分析法中的方根法对该矩阵求解，得到矩阵的特征向量为

$$\boldsymbol{W} = (0.043，0.057，0.079，0.116，0.074，0.151，0.222，0.118，0.140)^{\mathrm{T}}$$

$$(13\text{-}6)$$

根据一致性检验标准和满足一致性的要求，需依据地形坡度、地质构造、工程岩组、植被覆盖、年降雨量、地质灾害、土地压占破坏、地下水资源破坏、元素化学超标等评价因子的特征，将各评价指标对地质环境承载力的影响程度进行量化，并划分为严重、较严重和较轻微三个级别，并将评价结果划分三级。然后再根据研究区地质环境承载力评价指标体系的分级标准，分别建立各评价因子的分级图层。

1. 地形坡度

地形坡度是地质环境问题产生的基础，是影响地质环境承载力的重要因素。根据研究区地形地貌条件，采用国际科学数据服务平台获得的 ASTER GDEM 数据（精度约 30m×

30m）进行坡度统计分析，经数据整理并重分类后，并将地形坡度大于30°的区域赋予地质环境承载力等级1；地形坡度在15°～30°的区域赋予地质环境承载力等级2；地形坡度在小于15°的区域赋予地质环境承载力等级3。

2. 地质构造

地质构造对岩体原生结构、岩体节理裂隙发育等影响很大。距离构造线越近，岩体破碎程度越高、节理越发育，发生地质环境问题的可能性也越大，地质环境承载力也就越低。根据对贵州省矿山地质环境问题分布与构造位置关系的统计分析，将距离主要构造两侧小于500m的区域，赋予地质环境承载力等级1，划为地质构造影响严重区；距主要构造两侧500～2000m的区域，赋予地质环境承载力等级2，划为地质构造影响较严重区；距主要构造两侧大于2000m的，赋予地质环境承载力等级3，划为地质构造影响较轻微区。

3. 工程岩组

地层岩性及其组合也是影响地质环境问题发生的重要因素，不同岩性决定着地质环境问题的不同类型。根据贵州省岩土体工程地质特征分析，结合地质环境问题与地层岩组的统计关系，将研究区工程岩组分为极易发岩组、易发岩组和一般岩组三类。极易发岩组区域，赋予地质环境承载力等级1，划为工程地质岩组影响地质环境承载力的严重区；易发岩组区域，赋予地质环境承载力等级2，划为工程地质岩组影响地质环境承载力的较严重区；一般岩组区域，赋予地质环境承载力等级3，划为工程地质岩组影响地质环境承载力的较轻微区。

4. 植被覆盖

植被是反映一个区域地质环境质量及地壳表层岩土体稳定性的重要因素。而列入评价模型中的归一化植被指数（normalized differential vegetation index，NDVI），是反映地表植被覆盖程度的重要表征因子。借助中国科学院计算机网络信息中心的地理空间数据云网站获取贵州省各地 NDVI 数据，经对数据再分析再处理，得到了各地质环境单元的 NDVI 值。按自然间断点分级法，将 NDVI 值在 0.158～0.795 的区域，赋予地质环境承载力等级1，划为地质环境承载力差区；NDVI 值在 0.795～0.871 的，赋予影响地质环境承载力等级2，划为地质环境承载力较差区；NDVI 值在 0.871～1.00 的，赋予影响地质环境承载力等级3，划为地质环境承载力较好区。

5. 年降雨量

降雨是诱发地质环境问题的重要因素，也是最常见的影响因素。当降雨强度过大时，诱发滑坡、崩塌、泥石流、地面塌陷、地裂缝等地质灾害的可能增大，洪水造成坡面冲刷、水土流失等地质环境问题的发生概率加大，进而降低地质环境承载力。一般情况下，可根据多年降雨统计资料，对影响地质环境的程度进行分析和赋值。但由于贵州省降水监测站密度不够，获得区域性的降雨分布资料不能覆盖各地质环境分区，只得按基本降雨分布趋势，结合地形地貌对降雨的响应程度，概略划分为降雨影响大区、降雨影响中区和降雨影响小区 3 个等级区域，降雨对地质环境承载力的影响等级分别赋值为 1、2、3。

6. 地质灾害

地质灾害现状是地质环境承载力评价的重要指标。根据工程地质类比原则，现状地质灾害隐患较为发育的区域，其工程地质条件一般较差，将来发生地质灾害的可能性较大，地质环境承载力较差。根据对地质灾害隐患点分布密度进行统计分析，可划分为地质灾害强烈发育、中等发育和低发育 3 个等级。其中，地质灾害强烈发育区域，赋予地质环境承载力等级 1，划为地质灾害影响严重区；地质灾害中等发育区域，赋予地质环境承载力等级 2，划为地质灾害影响较严重区；地质灾害低发育区域，赋予地质环境承载力等级 3，划为地质灾害影响轻微区。

7. 土地压占破坏

土地压占破坏是地质环境评价的重要指标之一，尤其在矿产资源开发、城市建设、道路工程等都要破坏和占用大量土地资源的情况下更为重要。根据各种类型土地压占破坏影响区域及规模等特征，以及其可能造成的影响程度，可将土地压占严重区域的地质环境承载力赋予等级为 1；将土地压占较严重区域的地质环境承载力赋予等级为 2；将土地压占较轻微区域的地质环境承载力赋予等级为 3。

8. 地下水资源破坏

各类工程活动常大量抽排地下水，造成地下水位下降、地表水漏失、水体污染等问题，对当地的地质环境承载力影响深远。根据工程活动抽排地下水的位置及抽排水量，插值计算出的地下水资源破坏情况，可将地下水资源破坏严重区，赋值为地质环境承载力 1；将地下水资源破坏较严重区，赋值为地质环境承载力 2；将地下水资源破坏轻微区，赋值为地质环境承载力 3。

9. 元素化学超标

贵州省地表土壤和水系沉积物中，元素化学富集程度直接影响着地质环境质量，其中，有害元素超标则直接影响地质环境承载力等级。根据贵州省耕地调查的 39 种元素（氧化物）测试分析，在区域化学元素超标分布数据分析的基础上，将元素重度超标区域的地质环境承载力等级赋值为 1；将中度超标区域的地质环境承载力等级赋值为 2；将元素轻微超标及不超标区域的地质环境承载力等级赋值为 3。

三、评 价 结 果

1. 评价指标及赋值等级

按照各评价指标赋值规则，贵州省各地质环境承载力等级划分见表 13-1。

表 13-1 地质环境承载力评价指标分级

项目	评价指标	评价标准		
		承载力低（1）	承载力中等（2）	承载力高（3）
基础类指标	地形坡度	>30°	15°~30°	<15°
	地质构造	断裂沿线 0~500m	断裂沿线 500~2000m	断裂沿线>2000m
	工程岩组	软硬相间岩组	软硬岩组	松散岩组
	植被覆盖	0.158~0.795	0.795~0.871	0.871~1.00
	年降雨量	≥1400mm	1100~1400mm	≤1100mm
影响类指标	地质灾害	强烈发育	中等发育	低发育
	土地压占破坏	矿山开采核心区	矿山开采影响区	其他区域
	水资源破坏	>50 万 m³	10 万~50 万 m³	<10 万 m³
	元素化学超标	严重区	中等区	轻微区

2. 地质环境承载力评价结果

按照模糊综合评价的方法及步骤，应用 GIS 平台上的空间分析工具对 9 个评价因子的分级图层进行栅格化处理和叠加分析，得到贵州省地质环境承载力指数介于 1.00~2.90。采用自然间断点划分方法进行合并处理，可区划分为 2.00~2.90、1.50~2.00、1.00~1.50 三个区域，即地质环境承载力高区（Ⅰ）、承载力中等区（Ⅱ）和承载力低区（Ⅲ）。贵州省地质环境承载力评价分区如图 13-1 所示。

地质环境承载力高区（Ⅰ）由三个亚区组成。

1）关岭–册亨地质环境承载力高区（Ⅰ–1）：本区位于贵州省关岭西部、紫云南部、罗甸和册亨南部，主要为侵蚀、溶蚀低中山地貌。区内构造断裂较少，主要呈北东向、北西向展布。区内年多数降雨在 5~10 月，年降水量中等，为 1000~1300 mm。人类工程活动主要为农耕活动，地质环境扰动程度较小，也少见元素化学超标问题。区内植被覆盖指数中等，滑坡、崩塌、泥石流等地质灾害隐患点总体数量不多，规模较小。本区有保存完好的"大贵州滩"，是全球三叠纪时期最大的、持续时间最长的、多种地质遗迹保留最全的孤立碳酸盐岩台地，也是二叠纪生物绝灭及三叠纪生物复苏研究的理想地区。

2）赤水–道真–绥阳–湄潭地质环境承载力高区（Ⅰ-2）：本区位于贵州省赤水、习水、道真、绥阳、湄潭、凤冈等地，地质环境基础条件较好，构造主要呈北东向展布，地貌主要为喀斯特低中山，少部分为侵蚀低中山。区内降水量中等，年降水量为 1000~1200 mm。区内主要为农业区，人类工程活动较少，有少量矿产开发活动但多数规模较小，地质环境扰动程度较小。区内北部未现元素化学超标问题，南部存在锌硒有益元素中等超标现象。区内植被覆盖指数较高，地质灾害主要为滑坡、崩塌、泥石流，多为工程活动引发，造成的危害总体上不严重。其中，绥阳县建有面积较大的宽阔水国家级自然保护区，湄潭、凤冈县则是贵州省有名的茶叶产地。

3）雷山–榕江–黎平地质环境承载力高区（Ⅰ-3）：本区位于省内雷山、榕江、从江、

363

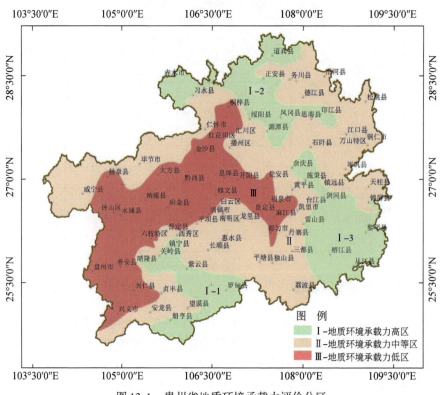

图 13-1　贵州省地质环境承载力评价分区

黎平及施秉、剑河等地区，出露岩层主要为浅变质岩及碳酸盐岩，地貌主要为侵蚀低中山，少部分为喀斯特低中山，构造主要呈北东向展布。年降雨量为 1200 ~ 1500 mm，降雨较强，是贵州省三大降水中心之一。本区地质环境基础条件好，人类工程活动主要为农耕，有少量规模较小的矿产开发，基础设施和城乡建设对地质环境扰动程度相对较小。区内未现元素化学超标问题，但存在人体所需的碘元素丰度水平大大低于正常水平的现象。受地层岩性及地形坡度影响，区内易产生滑坡、崩塌、泥石流等地质灾害，且以人为工程活动引发为主。区内有以雷公山为代表的多个自然保护区，植被覆盖指数较高。

地质环境承载力中等区（Ⅱ）为地质环境良好区与地质环境较差区以外的所有区域。主要包括贵州省威宁县-赫章县北部地区和七星关区、金沙县北部，黔西南州安龙县、贞丰县、望谟县部分，安顺市普定县、西秀区、平坝县、长顺县，贵阳市白云区、乌当区、小河区，遵义市播州区、汇川区东部、仁怀市西部，习水县南部，黔南州惠水县、平塘县、独山县、三都县、荔波县，黔东南州凯里市、黄平县、镇远县、三穗县、天柱县、岑巩县，铜仁市石阡县、碧江区、万山特区、松桃县、德江县、沿河县等。区内地形切割较大，地貌主要为喀斯特中山、低中山，地质构造呈北东向、南北向展布。年降雨量中等，为 900 ~ 1200 mm，相对集中在 5 ~ 10 月。本区除农耕外尚有煤、铁、铅锌、汞等矿产的开采工程，且分布较为分散，部分地区存在有害元素中等超标问题。滑坡、崩塌、岩溶塌陷等地质灾害发生数量较多，一般规模较小。本区植被覆盖指数相对较高，但在多种因素共同影响下，区域地质环境破坏指数较高，为地质环境承载力中等区。

地质环境承载力低区（Ⅲ），包括六盘水市钟山区、水城县、六枝特区，黔西南州兴义市、兴仁市、普安县，毕节市威宁县东部、赫章县中南部、纳雍县、大方县、黔西县、织金县、金沙县，安顺市普定县、平坝县，遵义市桐梓县南部、红花岗区、播州区西部，贵阳市白云区、修文县、息烽县、开阳县，黔南州都匀市、瓮安县、福泉市、贵定县，黔东南州凯里市西北部、麻江县等地。区内地形切割强烈，出露地层主要为碳酸盐岩及碳酸盐岩夹碎屑岩，主要为喀斯特高中、低中山及低山地貌。地质构造较为复杂，呈北东向、北北东向、北西向展布，局部呈南北向展布。年降雨量为 900 ~ 1400 mm，降雨相对较强，多集中在 5 ~ 10 月。本区为贵州省重要的煤矿、磷矿、铁矿、金矿、铅锌矿等资源开采区，多地矿产开采活动规模较大，工程活动强烈，其中，煤矿开采对地质环境承载力影响最大，采空沉陷、地下水资源破坏、地质灾害频发等地质环境问题严重。此外，基础设施和城乡建设活动对地质环境的影响也较大。本区局部地区的有害元素重度、中度超标，地表水和地下水均有被污染现象。区内滑坡、崩塌、岩溶塌陷等地质灾害较多，部分由人类工程活动引发。区内植被覆盖指数相对较低–中等，部分地方有过渡垦殖现象。

第三节　贵州省地质环境可持续利用战略

一、地质环境发展战略目标

1. 指导思想

全面贯彻党的十九大精神，以邓小平理论、"三个代表"重要思想、科学发展观、习近平新时代中国特色社会主义思想为指导，统筹推进"五位一体"总体布局和协调推进"四个全面"战略布局，牢固树立创新、协调、绿色、开放、共享的发展理念，坚守发展和生态两条底线。以解决区域地质环境可持续利用问题为导向，实现贵州省地质环境可持续利用为目标，管好用好贵州省最突出、最响亮的"山清水秀的自然生态"品牌。结合贵州大扶贫、大数据、大生态三大战略行动，以"扶贫"为当前地质环境工作切入点，以"生态"为地质环境工作落脚点，聚力解决地质环境工作领域中存在的主要矛盾，差别化管理地质环境分区，全力提升地质环境管理水平，为决胜脱贫攻坚、同步全面小康，奋力开创"百姓富、生态美"的多彩贵州新未来提供坚实可靠的地质环境安全保障。

2. 基本原则

（1）科学规划，协调发展

坚持人文与自然协调可持续发展策略，牢固树立"绿水青山就是金山银山"理念，遵循绿色发展要求，尊重地质环境规律，守护好贵州省"两江"生态屏障，在产业布局、城镇化发展和重大项目建设中充分考虑自然条件和地质环境承载能力，科学规划和处理生态环境保护与经济社会发展、人民生活水平提高的关系，科学合理地开发利用地质环境资源，坚持走"百姓富、生态美"的发展之路。

（2）统筹部署，突出重点

紧密围绕全面建成小康社会、脱贫攻坚任务和贵州省三大发展战略行动，坚持评估分区指导与重点项目推进相结合，针对不同功能分区存在的实际问题和今后发展方向，通过科学规划及合理安排，制定出有针对性的政策措施，创立因地、因时、因人、因情而异的管理监督机制，形成结合不同功能区特点，以重点项目带动，精细管理，经济社会发展与地质环境和谐共济的新格局。

（3）多元投入，综合保障

坚持争取国家扶持和发挥地方主动性相结合，抓住国家生态文明示范区、大数据综合试验区建设的机遇，最大限度地争取国家生态建设和地质环境整治资金。同时，各地也要发挥主观能动性，健全地方金融体系，制定科学合理的资金使用规划，创新政府管理和公众参与相结合的融资模式，努力为贵州省生态文明建设和地质环境可持续利用提供有力的资金保障。

（4）依法依规，科学利用

建立健全省级地质环境管理条例、地质灾害防治条例、矿山地质环境保护条例等法律法规，加强地质环境技术工作标准规范体系建设。结合贵州省地质环境特点和主要地质环境问题的具体情况，有针对性地强化研究，争取在理论上有所突破，以推动贵州省地质环境保护和开发利用向纵深发展。加强高新技术的应用和推广工作，从技术角度保证贵州省地质环境的可持续利用。

3. 战略目标

以实现贵州省地质环境可持续利用为目标，坚守发展和生态两条底线，促进区域地质环境和经济社会协调发展，在全面完成区域地质环境调查的基础上，划分地质环境功能区，以问题为导向进行差别化管理。结合贵州大扶贫、大生态战略，把精准扶贫、精准脱贫融入地质环境管理各方面，创立"绿色+"管理方式，筑牢贵州"两江"上游绿色屏障。推进大数据+地质环境深度融合计划，加快智慧地质建设，提升地质环境管理和地质灾害防治水平。在未来 10～15 年，建成完善的地质环境调查评价、地质灾害防治体系、地质环境监测体系，在重大工程所在区域、重要城市、人口聚集区等区域建立地质环境风险管控体系，显著减少环境地质问题发生数，全面降低中、东部经济较发达地区地质环境风险，构建较贫困西部的经济社会发展和地质环境和谐共济态势，实现人民富裕、山清水秀的地质环境可持续利用目标。

二、贵州省地质环境可持续利用战略重点

地质环境作为生态文明建设的重要抓手和成果表现之一，其发展战略重点就是建立完善的管理制度体系、规划体系、重大工程体系和技术支撑体系，形成地质环境管理和治理

能力现代化。把地质环境保护摆在优先位置，既要立足当前，着力解决对经济社会可持续发展制约性强、群众反映强烈的地质灾害防治和矿山地质环境治理等突出问题；又要着眼长远，加强顶层设计与鼓励基层探索相结合，持之以恒地全面推进地质环境各项工作。

地质环境工作中要始终贯彻创新、协调、绿色、开放、共享的新发展理念，聚力解决工作中的突出矛盾。地质环境工作及其成果应用价值的社会宣传不够，大众化、通俗化、信息化、数字化、集成化、产业化、市场化程度较低，服务社会公众和经济建设的途径未能开通，以致多数成果仍处于国土资源部门内部循环状态，很多资源开发和工程建设活动可利用现有成果却未加利用，开工前应开展的地质环境工作而未开展。保障经济社会建设科学发展的地质环境工作及其成果支撑服务管理工作的机制，以及推动技术成果市场化的管理机制尚未完全建立，需要协调推进地质环境各方面工作。资料成果内部循环现象，与经济建设其他领域的融合度不够，说明地质环境的保护还没有引起足够的重视，地质环境管理在经济社会中的影响力还不够强，地质环境技术工作及其成果对经济社会发展的基础性作用还没有得到广泛肯定，需采用开放共赢的态度，与其他领域高度融合，共同发展。

"山水林田湖是一个生命共同体"，地质环境管理不仅涉及地下水环境、地质灾害、矿山环境等内容，还涉及土地（土壤）、水、矿产等地质资源。随着资源、环境与生态问题相互交织程度的日益紧密，我国实行资源、环境和生态综合管理的需求越来越迫切。这就需要地质环境工作应打破传统的学科界线，在自觉遵循自然规律的前提下，持续创新管理方式，适时推行地质环境及其资源的用途管制，把山水林田湖草作为全要素开展综合性生态修复，这就决定了未来的地质环境保护工作，必须将近地表圈层作为一个完整系统进行探索和管理、规划。

三、贵州省地质环境可持续利用战略路径

贵州省是全国贫困人口多、贫困面大、贫困程度深的欠发达省份，国家新划分的 14 个集中连片特困地区贵州省内就有 3 个，全省 88 个县级政区就有 65 个位于乌蒙山区、武陵山区和滇桂黔石漠化区等特困地区内，扶贫攻坚是贵州省当前最为紧迫的工作。因此，以"扶贫"作为贵州省地质环境工作的切入点，以"生态"为落脚点，以地质环境保护为支撑点，以提升地质环境治理能力为发力点，聚力解决主要矛盾，是贵州省地质环境可持续利用的必由之路。

1. 地质环境保护与扶贫攻坚相得益彰

扶贫离不开地质环境支持也不能超出地质环境承载力，否则将出现土地损毁、水体污染、地质灾害频发、石漠化加剧等地质环境问题。随着国家对生态文明建设的高度重视，加之良好的政策环境、不断创新的管理模式，以及人民群众的广泛支持，贵州省地质环境可持续利用的总路径可确定为：牢牢守住发展和生态两条底线，坚持"我们既要绿水青山也要金山银山。宁要绿水青山，不要金山银山，而且绿水青山就是金山银山"的总方针，坚持扶贫与地质环境保护协调推进，做到"少破坏、多恢复""少占用、多补偿"，逐步

解决以前遗留的地质环境问题，使其恢复适宜群众生产生活需要的功能。

扶贫攻坚工作不是要破坏地质环境，而是要更好地利用地质环境。地质环境保护与扶贫攻坚两者并不矛盾，但将两方面工作建成相辅相成的有机整体，统一在集中连片特困地区和极贫乡镇的扶贫工作中。通过加强地质环境保护，实施治理修复项目，以良好的环境吸引观光农业、有机食品、特色生物制药等绿色产业入驻，形成地质环境保护与群众脱贫解困双赢的良好格局。

未来一段时间的地质环境工作，应在坚持地质环境可持续利用目标的前提下，通过与各地扶贫攻坚工作深度融合，合理解决人们物质需求与地质环境承载能力的矛盾，以真脱贫增加群众获得感和幸福感，以良好的生态收益提升群众保护和科学利用地质环境的意识，进而树立保护地质环境实现脱贫目标的自觉性。

2. 地质旅游资源保护与旅游产业发展共赢

贵州省地处云贵高原东部的斜坡地带，特殊的地质环境造就了贵州省丰富的地质旅游资源。分布有享誉国内外的古生物化石产地、多姿多彩的喀斯特地貌景观，伴有具典型性、代表性的地质构造行迹、沉积岩剖面等地质遗迹。

依托地质旅游资源，贵州省目前已建的地质公园有 13 处，预命名省级地质公园 3 处。已建地质公园中，有世界地质公园 1 处，即贵州织金洞世界地质公园；国家地质公园 8 处，分别为贵州兴义国家地质公园、贵州关岭化石群国家地质公园等；国家矿山地质公园 1 处，即中国汞都·万山矿山地质公园。审批贵州省地质公园 3 处，分别为乌当、独山和花溪。另有赫章韭菜坪、安龙沉积岩遗迹、毕节鸡鸣三省、德江五彩河、沿河猫山、碧江石林 6 处获省级地质公园预命名。

得益于贵州省丰富的地质环境资源，建成了众多的风景名胜区，其中国家级风景名胜区 18 处，省级风景名胜区 53 处。国家级风景名胜区包括黄果树、龙宫、织金洞等著名风景区；省级风景名胜区包括百花湖风、百里杜鹃、梵净山—太平河等。

依托贵州省特色地质旅游资源形成的地质公园、风景区，近年逐渐被国内外游客熟悉并了解，来黔旅游人数出现井喷式增长，使旅游业迅速成长为贵州省的重要支柱产业。据省旅游发展委员会统计，2016 年贵州省全年接待游客 5.31 亿人次，旅游总收入达 5027.54 亿元，同比分别增长 41.2%、43.1%。

旅游产业井喷式发展的同时，应更加重视从深度和广度两方面对地质旅游资源进行价值发掘，并采用顶层规划方式，安排部署旅游资源保护及开发措施，推出全新的"旅游+"模式。例如，实施"旅游+交通"方案，建设贵州省特色国际化旅游交通便捷体系；制定"旅游+大扶贫"方案，将贵州省建成国家旅游扶贫示范区；推行"旅游+山地高效农业"方案，打造景观农业、休闲农业、农业商品、科普农业等山地旅游共享模式；落实"旅游+地质文化"方案，大力推进地质文化旅游创意创新；发布"旅游+城镇化"方案，推进旅游小镇的开发建设。"旅游+"使贵州省独特的生态文化、民族文化和历史文化资源得到更好的挖掘、保护和利用，也构建了资源保护与开发利用、地质遗迹保护与旅游产业发展之间的良性互动关系。在促进旅游业快速发展的同时，有力地推动着贵州省朝着绿色持续发展目标挺进。

3. 因地施策助推农村经济发展

贵州省地质条件复杂，地貌形态多姿多彩，局地气候千差万别，使得贵州省地质环境较为脆弱而又类型多样。差异性极强的地形地貌及地质条件，限制了贵州省广大农村地区的经济发展，同时也为利用地质环境解决农村经济发展问题提供了独具特色的有利条件。

贵州省地质环境具有多样性、独特性特征，不同地形地貌、地质构造、水文气象条件区域，各自具有不同的地质环境特点。明显差异化的地质环境，蕴含着各不相同的地质旅游资源、矿产资源、水资源、生物资源等，十分有利于不同地区开发特色产品，可为农村经济发展路径提供多种选择。既可利用丰富多彩的地质旅游资源和独特的农作、生活场景，发展观光、种植、采摘、民居、民俗等农村生态旅游服务产业；也可依托丰富的地球化学元素条件，发展生态农业、有机农业及绿色农业，建设高附加值的富锌富硒茶叶、富硒大米等特色有机农产品基地；还可根据地形地貌及气象条件，发展天麻、杜仲、银杏、半夏、石斛、太子参等中药材，打造中药材生产基地及加工制造体系；此外，也可利用分布广泛的地热温泉资源和森林、空气优势，发展康养产业等。

4. 综合施策确保地质环境底色不变

欠开发、欠发达是贵州省的基本省情，经济发展水平与东部、中部省份相差较大。发展经济、摆脱贫困、与全国人民一起进入小康社会的过程中，不可避免地需要进行矿产开发、城市建设、道路建设等各种各样的工程活动，势必会对地质环境造成不同程度的负面影响。

急起直追过程中，贵州省始终坚持"两条底线一起守、两个成果一起收"的发展思路，在经济社会发展的同时安排部署了大量加强地质环境保护的工作。面向未来，还应进一步加强管理，经由以下路径减轻工程活动对地质环境的负面作用。一要对矿产开发行业淘汰落后产能，鼓励引进新技术、开发新工艺政策，最大限度地减轻矿业活动对地质环境的扰动；二要制定建设海绵城市、生态城市，补充完善城市地质环境自然功能的政策，促进城市建设朝着"山中有城，城中有山，绿带环绕，森林围城，城在林中，林在城中"的方向发展；三要进一步加强对基础设施建设项目的管理，鼓励业主和施工单位采用新型工程措施降低对地质环境的影响，促进工程建设与地质环境保护的相互协调；四要对建设项目及其工程活动按照环境适宜性要求进行监管，促使工程活动对地质环境的影响降至最低。

5. 精细化制定地质环境差别化管控措施

不同地质环境分区的主要地质环境问题各不相同，应有区别地确定不同的管理内容和目标，才最有利于解决好各区存在的突出问题。针对各区不同情况实行差别化管理，对不同类型地质环境分区实行差别化保护政策，是保护贵州省高质量的生态空间、优美的生态景观资源和健康安全生态环境的有效路径。

以不同地质环境分区为单元，合理规划包括人口集聚区、地灾防治区、农业生产区及生态建设区等区域，并按分区进行分类管理。做到该禁止的禁止，该限制的严格限制，可以开发的合理开发。例如，省内9市州中心的人口集聚区，应以提供优美的人居环境为主。农业生产区则应着力发展区域现代农业，发展特色农业产业，大力提升区域农业产业竞争力。生态建设区则应树立"绿水青山就是金山银山"理念，念好"山字经"，种好"摇钱树"，做好"水文章"，推动生态要素向生产要素、生态财富向物质财富转变；地质灾害高风险区则以最大限度地避免和减轻地质灾害危害为目标，通过进一步加强基层地质灾害防治体系建设，全力保障区域经济社会稳步发展。

四、以新思维部署地质环境工作战略任务

1. 建立完善地质环境治理体系

（1）建立完善地质环境管理法律法规体系

主要任务有：制定颁布实施"贵州省非矿地质资源法"、"贵州省地质灾害防治法"、"贵州省地质环境保护条例"、"贵州省矿山地质环境保护与恢复治理条例"和"贵州省古生物化石保护条例"，并根据生态文明建设的最新要求，修订《贵州省地质环境管理条例》。

（2）建立完善地质环境行政管理体制机制体系

1）建立完善管理规章制度。加快出台"贵州省地质环境差别化管理办法"、"贵州省地质环境监测管理办法"、"贵州省地质环境损害赔偿办法"、"贵州省地质环境损害责任追究办法"、"贵州省地质公园管理办法"和"贵州省矿山地质环境恢复治理基金管理办法"。修订《贵州省地质灾害责任认定办法》、《贵州省地质灾害防治工程项目管理办法》和《贵州省省级地质灾害治理专项资金管理暂行办法》等。

2）建立完善管理工作机制。制定地质环境利用专项规划，建立完善地质环境调查评价、地质环境调查评价成果部门共享、地质环境监测监管、地质环境综合治理修复等工作机制。以市场为导向，建立完善矿山地质环境第三方治理、地质环境修复治理市场投入、地质环境资源开发利用补偿，以及地质环境保护绩效考核等管理机制。

3）健全完善地质环境基层管理机构。加强市、县、乡国土所地质环境管理机构建设，全面升级地质灾害群测群防网络，逐渐赋予其他地质环境监测职能，将其打造成"升级版地质灾害群测群防网络"并纳入地质环境管理机构，使之成为可承担农业地质环境监测、矿山地质环境监测等任务的、地质环境管理系统的"神经末梢"。

2. 建立完善地质环境规划体系

制定城镇地质灾害防治专项规划、农业地质利用规划、矿山地质环境保护与恢复治理规划、温泉与地温地热资源规划、旅游地质发展规划。按统筹协调和多规一致、各有侧重的要求，建立地质环境保护与综合利用的规划体系。

3. 构建地质环境重大工程项目体系

正确处理好资源开发利用和环境保护的关系，加强地质灾害防治，着力构建山水林田湖生态共同体，推进绿色矿业发展。

（1）地质灾害防治工程

进一步建设完善地质灾害调查评价体系、地质灾害监测预警体系、地质灾害综合治理体系，地质灾害应急响应体系和地质灾害防治法律法规体系五大体系。安排部署新一轮重点地区重大地质灾害调查评价项目。调整完善以群测群防监测为主的监测预警网络体系，完善市、县（区）突发性地质灾害气象预报预警体系，开展重大地质灾害隐患点实现自动化监测。加大重大地质灾害隐患点的治理力度，做好重大工程地质灾害防治工作，实施重点地区重大地质灾害综合治理示范工程。建设基层地质灾害应急管理机构和专业技术指导机构，推进重点地区地质灾害综合防治体系建设，提升重点地区监测预警和应急避险能力。

（2）山水林田湖生态保护修复工程

以乌蒙山区集中连片特困地区、武陵山区集中连片特困地区、滇桂黔石漠化区集中连片特困地区为重点，积极争取国家山水林田湖生态保护修复示范项目，实施一批生态搬迁工程、石漠化防治工程、重点地区矿山环境综合治理工程，构建长江、珠江上游生态安全屏障。

（3）石漠化生态修复工程

加强基础地质环境调查和防治关键技术研究，开展石漠化岩溶环境地质调查，建立石漠化地学治理方法，实现可推广的关键技术突破。加强石漠化防治工程示范，增加不同地貌条件下的示范工程数量，逐步摸索掌握适合西南岩溶石漠化区的较成熟、可推广的石漠化治理经验及技术。实施石漠化综合防治工程，开展岩溶水开发利用工程、生态修复工程、基本农田建设工程、农村能源工程和异地扶贫搬迁（生态移民）工程，完成石漠化综合防治任务。

（4）工矿废弃地综合治理工程

探索建立工矿废弃地综合治理新机制，创新工矿废弃地复垦及矿山生态环境综合治理的新模式，实现生态环境治理方法多元化、治理资金社会化、治理效果综合化等。实施一批矿山地质环境治理恢复与矿区土地复垦重大项目，建设开阳县磷矿、清镇市铝土矿、瓮安–福泉磷矿、贞丰县金矿、盘县煤矿等一批绿色矿业发展示范区建设工程，全面实施矿山复绿工程。

4. 完善基层地质环境技术保障体系

一是推进县级地质环境监测站的全面建设，建实事业支撑一条线。二是推动省级应急中心和支撑机构建设，进一步细化应急响应工作规章制度，建立应急处置一条线。三是建立市、县两级的地质灾害防治应急专家队伍，建成专家咨询一条线。四是建立完善地质环境资源保护与治理恢复质量检验认证的组织及其从业资格管理体系，重点包括地质灾害评估及防治工程资质管理，以及地质环境保护、地质环境治理恢复、地质灾害防治责任鉴定等。

5. 建立完善全面地质环境监测体系

建立和完善与全面建成小康社会相适应，符合可持续发展要求，覆盖地质灾害、地下水环境、矿山地质环境、地质遗迹、农业地质环境、地热矿泉水资源、生态地质环境的全省地质环境监测、管理和服务体系。开展区域地质环境变化状况宏观监控，实现对贵州省地质环境问题严重区、人口密集区、生态环境重点保护区、重大工程项目建设运行区的全域化监测，为贵州省重大战略决策提供监测资料支撑，为政府行政管理、科学研究、社会公众提供地质环境基本信息服务，为今后进行生态文明建设指标考核、党政领导干部生态资产离任审计、地质环境开发代价核算和生态环境损害责任追究等工作奠定基础。

6. 大力提升地质环境公共服务能力

地质环境所提供的公共服务主要由监测、预报预警、应急与公共信息服务体系构成，并需要积极加以推进。

1）监测、预报、预警体系——由监测、预报预警的组织架构，监测、预报预警行为准则、标准规范，监测、预报预警的技术支持，监测、预报预警的督察等组成。

2）地质灾害应急体系——由地质灾害应急的组织架构、队伍，应急行为准则、标准规范，应急的技术支持，应急的督察等组成。

3）公共信息服务体系——由地质环境资源公共信息网站体系、地质环境资源信息汇总分析发布体系等组成。

7. 大力推进地质环境产业化发展

根据地质环境社会化、产业化发展趋势，全面推进地质环境产业体系建设。重点工作主要有"矿山地质环境开发式治理产业"、"地质灾害综合治理产业"、"人为地质灾害监测预警产业"、"生产矿山地质环境监测产业"、"旅游地质发展产业"、"生态农业地质发展产业"、"地质环境保护与合理利用技术服务产业"和"地质环境大数据信息服务产业"等。

第十四章　贵州省地质灾害防治与可持续发展

第一节　贵州省地质灾害基本特征

一、贵州省地质灾害发育概况

贵州省降水量丰富，地势西高东低，地形切割强烈，地质条件复杂，地质环境脆弱，地质灾害隐患点多面广，在人类工程活动日趋强烈的背景下，极易发生地质灾害，造成人员伤亡。据 2016 年底调查统计数据，在新增 202 处和核销 1133 处已治理隐患点后，全省仍有地质灾害隐患 10 230 处，其中滑坡 5823 处、崩塌 2324 处、地面塌陷 586 处、不稳定斜坡 1055 处。受地质灾害隐患威胁人数合计达 120 万人，受威胁财产 410 亿元。

二、重大地质灾害隐患地貌分布特征

1. 高程分布

按照地貌划分（表 14-1），统计各地质灾害所处位置，分析其地貌特征。

表 14-1　地貌分类

海拔	切割深度（相对高差）	名称
大于 5000m		极高山
3500~5000m	大于 1000m	高山
	500~1000m	中高山
1000~3500m	大于 1000m	高中山
	500~1000m	中山
	小于 500m	低中山
500~1000m	500~1000m	中低山
	小于 500m	低山
小于 500m		丘陵

滑坡地质灾害高程分布如图 14-1 所示，表明滑坡地质灾害主要分布在 500～2000m 的高程上，以中低山地形处的滑坡地质灾害最多。

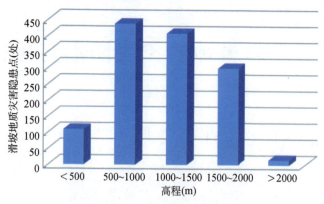

图 14-1　滑坡地质灾害高程分布

崩塌地质灾害高程分布如图 14-2 所示，表明崩塌地质灾害主要分布在 500～2000m 的高程上，以低中山地形处的崩塌地质灾害最多。

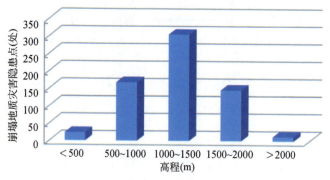

图 14-2　崩塌地质灾害高程分布

不稳定斜坡地质灾害高程分布如图 14-3 所示，表明不稳定斜坡地质灾害主要分布在 500～2000m 的高程上，以中低山地形处的不稳定斜坡地质灾害最多，与滑坡类似。

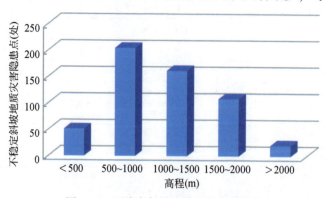

图 14-3　不稳定斜坡地质灾害高程分布

地面塌陷地质灾害高程分布如图 14-4 所示，表明地面塌陷地质灾害主要分布在 500～2000m 的高程上，以低中山地形处的地面塌陷地质灾害最多。

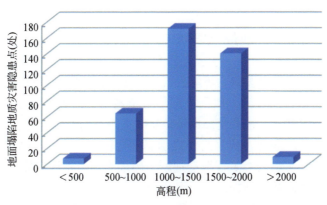

图 14-4　地面塌陷地质灾害高程分布

2. 微地貌分布

滑坡主要在陡坡和缓直地带分布较多，不稳定斜坡与之类似；崩塌主要在陡崖和陡坡地带分布较多；而地面塌陷主要山间凹地和山坡分布较多。

三、重大地质灾害隐患地层分布特征

滑坡统计表明，滑坡在二叠系地层分布最多，为 398 个；三叠系地层次之，为 366 个；志留系地层，分布滑坡有 174 个；其余分布较多的有寒武系地层（74 个）、奥陶系地层（53 个）。地层倾角上，10°～25°的滑坡最多，为 545 个；25°～35°次之，为 277 个。

崩塌在三叠系地层分布最多，为 271 个；二叠系地层次之，为 162 个；石炭系地层，分布崩塌有 73 个；其余分布较多的有寒武系地层（47 个）、志留系地层（27 个）和奥陶系地层（22 个）。地层倾角上，10°～25°的崩塌最多，为 278 个；<10°次之，为 155 个。

不稳定斜坡在二叠系地层分布最多，为 157 个；三叠系地层次之；为 137 个；志留系地层，分布不稳定斜坡有 63 个；其余分布较多的有寒武系地层（49 个）、青白口系地层（45 个）。地层倾角上，10°～25°的不稳定斜坡分布最多，为 242 个；25°～35°次之，为 118 个。

地面塌陷在二叠系地层分布最多，为 211 个；三叠系地层次之，为 72 个；寒武系地层，分布地面塌陷有 12 个；其余地层分布较少。

第二节 贵州省地质灾害防治问题分析

一、地质灾害防治形势依然严峻

贵州省地形地貌地质条件复杂，极端天气事件频发，地质灾害防治工作虽取得了一定的成绩，但仍存在诸多薄弱环节，所面临的形势依然十分严峻。一是由于贵州省财力薄弱，地质灾害隐患点多面广，一些危急危重地质灾害隐患点不能及时进行工程治理或搬迁避让；二是"十二五"期间地质灾害隐患点动态变化较大，新增地质灾害隐患点 1000 多处，加之受极端气候频发、人类工程活动加剧等因素影响，地质灾害呈现多发频发态势，需治理的地质灾害隐患点数量增加，治理经费需求增速远大于国民经济增速；三是从事地质灾害防治的技术人员水平参差不齐，导致部分地质灾害治理工程存在不合理现象；四是"十三五"期间地质灾害防治工作任务将会更重，各地各部门和技术单位的配合、协调还需进一步加强；五是基层地质灾害防治力量薄弱，服务能力不强，整体素质有待提高；六是"5 个 100"工程及基础设施等大量工程建设，加剧了对地质环境的破坏作用，使得综合防治工作面临的形势更加复杂艰巨。

二、防灾减灾救灾综合体制改革新要求

我国是世界上自然灾害十分严重的国家之一，自然灾害对经济社会发展的影响十分深刻。历史上频繁发生的各类自然灾害，不仅直接给人民群众的生活带来了深重的灾难，同时还极大地影响了同时期的政治、经济、社会、文化与宗教等。2016 年 7 月 28 日，习近平总书记到唐山考察时指出："同自然灾害抗争是人类生存发展的永恒课题。要更加自觉地处理好人和自然的关系，正确处理防灾减灾救灾和经济社会发展的关系，不断从抵御各种自然灾害的实践中总结经验，落实责任、完善体系、整合资源、统筹力量，提高全民防灾抗灾意识，全面提高国家综合防灾减灾救灾能力"。并要求"当前和今后一个时期，要着力加强组织领导、健全体制、完善法律法规、推进重大防灾减灾工程建设、加强灾害监测预警和风险防范能力建设、提高城市建筑和基础设施抗灾能力、提高农村住房设防水平和抗灾能力"。

防灾减灾被纳入建设中国特色社会主义"四个全面"战略布局，受到党中央、国务院高度重视，在联合印发的《中共中央 国务院关于推进防灾减灾救灾体制机制改革的意见》（中发〔2016〕35 号）中，再次明确了新时期防灾减灾救灾工作的新定位、新理念和新要求，对防灾减灾救灾体制机制改革提出了一系列新举措。我国跨入全面建成小康社会决胜阶段之际，贵州全省将"提升防灾减灾救灾能力"和"加强地质灾害防治"写进了工作报告。按照十九大报告要求，牢固树立安全发展理念，把党中央、国务院的要求贯穿于地质灾害防治工作的始终；把公共安全作为最基本的民生，进一步加强防灾减灾体系建

设，把地质灾害防治这项悠关群众生命财产安全的重大民生工程落实到基层一线，提高基层地质灾害防御能力。

三、地质灾害防治体系与生态文明建设差距

2017 年 10 月，中共中央办公厅、国务院办公厅印发《国家生态文明试验区（贵州）实施方案》，明确贵州省要在"推进生态文明领域治理体系和治理能力现代化方面走在全国前列，为全国生态文明建设提供有效制度供给"。

然而，当前地质灾害防治工作的实际情况是，受技术能力限制，除已掌握的 10 230 处地质灾害隐患点外，还有很大一部分的地质灾害隐患点未被查出，真实威胁范围可能更大，非常难以防范。防灾减灾任务存在的主要问题有，地质灾害防治工作未全面纳入各级国民经济和社会发展规划，服务生态文明建设的作用有待进一步提升；地质灾害群测群防能力水平有待提升，专业监测有待加强，且仅限于地质灾害而未涉及其他地质环境细分领域；威胁集镇、村庄、学校、医院等人员密集区的众多重大地质灾害隐患，未能投资实施搬迁避让或工程治理。

贵州省地质灾害隐患点多面广，防治难度较大，防治经费投入能力不足，综合防治困难。虽然近年增加了投入，做了大量工作，但历史欠账较多，搬迁避让或工程治理尚不能遍及所有隐患点，如要全部进行搬迁治理，据测算需投入费用数百亿元，而按现在每年 3% 以下的资金投入比例，需要近 40 年才能完成。另外，新发现的地质灾害隐患又在不断增加，防治工作重点方向和重大工程部署需不时调整，原定规划、计划常因被迫改变而不能持续，使得防治工作面临更大压力，迄今仍没有跳出被动应对的困境。基层力量薄弱，应急处置能力不强。无论是福泉市"8·27"山体滑坡，还是云岩区"5·20"因山体滑坡导致居民楼垮塌及"8·28"纳雍县张家湾崩塌，都造成了严重的生命财产损失。全国尚属罕见的这些重大地质灾害，充分反映出地质灾害防治工作精准度不够，基层工作不牢，也充分反映出技术含量不高，对地质灾害隐患认识不清、判断不准，地质灾害监测手段单一，监测队伍不稳定等问题。目前，市县以下各级国土资源部门行政管理人员相对较多，懂技术和从事过地质灾害防治技术工作的人员相对较少，特别是一些基层国土资源所的管理体制变更后，普遍存在着防灾职责落实不到位、管理人员不到位、懂得地质灾害防治技术的人员缺乏等问题。

第三节 贵州省地质灾害防治战略

朝着党的十九大确立的"把我国建设成为富强民主文明和谐美丽的社会主义现代化强国"的奋斗目标，贵州省在经济社会跨越式发展的同时，将按照《国家生态文明试验区（贵州）实施方案》要求全面推开生态文明建设。地质灾害综合防治体系也将立足生态文明建设需求，针对当前存在的差距和问题做出改进和完善，并可以采取三项措施加以推进。

一、依法行政，健全完善法规和政策制度体系

修订省级地质灾害防治政策、制度、规章等，进一步健全管理体系。坚持以地质环境保护和可持续利用为导向，着力加强地质灾害防治工作法规和政策制度建设，未来一段时间内应将重点放在促进地质灾害防治地方法规健全完善工作上，近期可以《贵州省地质灾害防治管理暂行办法》为基础，经修改完善后提交立法部门，争取将其升格为"贵州省地质灾害防治条例"，以法定责。健全完善地质灾害防治政策，重点针对地质灾害监测预警、应急抢险救援、防治责任划分、防治工程项目管理等现行政策，按生态文明建设提出的新要求进行系统性补充、调整和完善。创新地质灾害救济资金筹、投、用、管政策，探索建立地质灾害保险制度，努力改变依靠财政对灾损给予补偿的管理方式。

改革创新管理体制，建立专门化的地质灾害防灾减灾部门。建立专门化的省级地质灾害防治工作部门，对分散于省属各部门中的地质灾害防治职能进行统一协调管理。以省、市、县地质灾害防治指挥部为主体，通过建立健全各项工作的规章制度，把地质灾害防治责任落实到各级政府和各部门肩上，构建覆盖全省、责任明晰、管理层级清楚、多部门密切合作的组织系统。同时进一步明确责任主体的义务和具体内容，改进人为地质灾害责任认定办法，规范地质环境修复、地质灾害防治等工作。

二、加强防治体系建设，提升综合防治工作能力

进一步健全完善地质灾害调查评价体系、地质灾害监测预警体系、地质灾害综合治理体系，以及地质灾害应急响应体系四大体系。结合贵州省经济社会发展，安排部署高位隐蔽型地质灾害调查、新一轮重点地区重大地质灾害调查评价等项目。调整完善以群测群防监测为主的监测预警网络体系，逐步推进专业监测预警网络建设，整体提升市、县（区）突发性地质灾害气象预报预警能力，重大地质灾害隐患点实现自动化监测全覆盖。加大重大地质灾害隐患点的治理力度，做好重大工程地质灾害防治工作，实施重点地区重大地质灾害综合治理示范工程。健全地质灾害应急联动机制，实现突发性地质灾害应急响应、抢险救援、现场处置等工作的统一协调调度，进一步提升救灾工作的及时性和有效性。

着力建设县级及以下地质灾害防治技术指导机构，着重推进地质灾害综合防治体系建设，提升重点地区监测预警和应急避险能力。加大资源整合和经费保障力度，从省级层面上制定对市、县级专业监测，应急管理，技术保障队伍有较大激励强度的政策，对长期从事地质灾害调查、监测的技术人员，在职务、职称、待遇等方面给予倾斜，以保障队伍稳定和促进队伍发展。制定鼓励地质灾害防治理论、技术创新进步的政策，激励地质灾害防治科研及技术工作人员开展基于地理信息、全球定位、卫星通信、遥感遥测、物联网等先进技术的创造性工作。制定调动高等院校、科研院所积极性的政策，开展复杂山体成灾机理、灾害风险分析，地质灾害监测与治理技术，地震对地质灾害影响评价等方面的应用研究，努力提升地质灾害调查评价工作质量、监测预警的精度，提高抢险救援和应急处置能力。

三、完善管理机制，全面加强地质灾害防治工作

进一步完善地质灾害防治部门责任制，规范和明确各部门各级政府的主体责任，建立地质灾害防治考核制度，采用层层签订责任书的方式，将地质灾害防治工作纳入地方政府责任目标考核范围，以建立有效的责任认定、追究机制。

规范地质灾害责任追究工作。出台相关政策明确各方义务和责任，完善对口协作技术责任单位的责权管理制度，以及人类活动诱发的地质灾害责任认定、责任追究制度等。

开发应用大数据技术。运用大数据整合多个部门拥有的相关数据，建立地质灾害数据库并使其具备多源数据定期更新、动态数据实时分析、对外发布、接受查询等功能，形成基于大数据减灾防灾的地质灾害防治工作新格局。

建立全面的地质灾害防治资金投入机制。充分调动社会各方的积极性，结合扶贫攻坚、新农村建设、生态移民等政策，统筹使用地质灾害防治、旧城改造、城市棚户区改造等资金，多部门、多渠道解决地质灾害防治资金缺口巨大的问题。

创新土地管理方式。创建地质灾害防治用地交易制度，探索建立"创建产权"和"捆绑出让"实施细则，把地质灾害防治任务列为土地使用权和采矿权出让的选项。对现有重大地质灾害隐患但适宜建设开发的地块，可采取拍卖方式出让，吸引社会资金参与地质灾害治理。

建立地质灾害防治资金的差异化投入机制。对农村地质灾害隐患点，以财政投入为主，整合其他政策性资金投入；对城镇区、成熟旅游区等经济相对发达地区，建议以市场化地质灾害防治资金投入为主，鼓励金融机构向地质灾害防治项目提供信贷支持。在不违背金融管理政策的前提下，引导金融机构适当向地质灾害防治项目倾斜，对短期内难以获利的项目，鼓励金融机构提供贷款优惠，提供低息、贴息等政策性支持。

构建市场导向的中介机构。顺应产业化、市场化要求，开展地质灾害防治行业协会建设，构建管理者与市场主体沟通协调的桥梁。发挥协会对行业的组织、自律及推动技术进步的作用，建立监管到位、规范运作、公平竞争、严格自律的市场环境，促进地质灾害防治产业化、市场化进程。

建立地质灾害联合保险制度。积极争取国家政策倾斜和财政扶持的同时，可从地质环境复杂的地质灾害高风险区中，选择一两个条件较好的区域试行联合保险制度，并通过制定相应管理政策制度，探索建立财政专项引导，保险机构营运管理，对居民人身、房屋、土地、农产品等全面覆盖的地质灾害意外保险体系。

四、实施地质灾害防治行动计划的工作建议

1. 地质灾害高风险区调查评价计划

切实贯彻"以防为主"的工作理念，建立地质灾害高风险区地质灾害年度技术排查制

度。充分调动地质灾害对口技术负责单位的积极性，采用 INSAR 干涉雷达、遥感解译、无人机、三维激光扫描等先进技术手段，定期开展地质灾害高风险区地质灾害年度技术排查，建立地质灾害技术排查机制，作为群测群防体系的有力专业支撑。

建立高风险区地质灾害重点勘查制度。每年进行一批重点高风险区的地质灾害勘查工作，详细查明地质灾害隐患并作出翔实的风险评价，继而确定工作重点区域和重大防治工程，同时为推动建立地质灾害风险管理和地质灾害保险制度建设提供数据支持。

建立高风险区地质灾害详细调查制度。每 6 年开展一次全面的高风险区地质灾害详细调查评价，以适应经济建设活动及其他外部条件对地质体工程地质条件的影响变化，为全域性的地质灾害防治工作提供技术支持。

2. 地质灾害大数据防灾减灾救灾计划

落实自然灾害综合防治体制理念，打破部门藩篱，共建"地质灾害综合防治云"，实现防灾减灾信息共享、共用。大数据防灾减灾救灾计划的主要工作如下。

数据采集系统建设：包括群测群防采集、远程自动化监测和气象预警预报三项。群测群防采集系统建设的重点，在于解决群测群防信息与信息平台的实时互联互通问题；远程自动化监测系统建设的重点，在于提高专业化监测比重，实现重大地质灾害隐患点远程自动化监测系统的全覆盖，逐步建立群专结合的监测预警体系；气象预警预报系统建设的重点，在于加快重点地区雨量站建设和类型化地质灾害隐患雨量阈值研究，以达到提高气象预警预报精度的目的。

防灾减灾信息资源共享平台建设：从省级层面建立基于大数据技术的防灾减灾信息资源共享平台，实现气象、民政、水文、卫生、国土等多部门的监测、预警、险情、灾情等基础信息共享。依托大数据平台构建信息流通渠道，有力促进多部门参与的地质灾害联动机制进一步完善，形成牢固的伙伴关系，以此提高政府应急管理水平，保障社会和谐稳定和经济健康发展。

防灾减灾信息发布平台建设：改进各级地质灾害台账管理模式，对地质灾害进行动态管理。针对不同受众建立差别化的地质灾害发布机制，将消除、新增、现状等基本情况，以及防治工程项目安排、施工进度、工程质量等关键信息及时传送给相关部门和社会公众。创建地质灾害、地下水动态、工程地质条件、耕地质量、地质遗迹等地质环境要素资料供社会各方查询，在条件成熟时转为商业性服务。

3. 地质灾害防治知识宣传培训计划

建立固化的地质灾害宣传培训机制：地质灾害防治工作的重点在基层，关键在基层干部和群众对地质灾害防治知识的掌握程度。在全省各县（市、区）积极推进地质灾害防治群测群防"十有县"和地质灾害防治能力"五条线"、"五到位"建设的基础上，向社会各界特别是地质灾害多发地区群众宣传普及地质灾害防治知识。同时制度化开展以市县国土资源部门领导干部管理知识，农村基层干部及群测群防骨干临灾处置技能、监测技术等为主要内容的业务培训。将宣传普及和业务培训作为加强地质灾害防治工作的重要措施，以政策、制度的形式固化下来，成为经常性的工作。

4. 地质灾害防治科技水平提升计划

实施地质灾害防治科技水平提升"四个一"计划，即编制完成一批地方技术标准规范，形成一批理论研究成果，研发一批实用治理技术，培养一批国内具有影响力的地质灾害防治科技人才。

地方技术标准规范体系建设：建成并完善贵州省地质灾害技术标准规范体系，加快地质灾害防治工作的专业化、社会化、市场化进程。需编制颁布的标准规范共有12项，分别为"贵州省地质灾害防治勘查规范"、"贵州省地质灾害治理设计规范"、"贵州省地质灾害治理施工规范"、"贵州省地质灾害治理监理规范"、"贵州省地质灾害风险评价规范（1∶1000～1∶5000）"、"贵州省地质灾害排查规范"、"贵州省地质灾害危险性评估规范"、"贵州省地质灾害调查评价规范（1∶10 000～1∶50 000）"、"贵州省人为地质灾害责任认定规程"、"贵州省地质灾害应急调查技术标准"、"贵州省地质灾害防治工程费用预算标准"和"贵州省地质灾害监测预警规范"。

地质灾害防治理论体系建设：贵州省处于云贵高原向东部丘陵地区过渡的斜坡地带，为全球喀斯特地层连片出露面积最大的区域，地质灾害的孕育、发展、发生及时空分布均有其特殊性，鲜有类似地区相同地质条件的现成经验或理论可供利用。需要加强环境地质理论、减灾防灾理论及防治技术的研究，通过理论研究的不断突破，科学创立具有贵州省特色的地质灾害防治理论体系。当下可确定的理论研究方向为，高位崩塌滑坡灾害机理研究、大型崩塌滑坡动力学研究、矿山地质灾害成因机理研究等。

地质灾害治理技术研发：由于优化环节的把关控制存在着一些问题，贵州省地质灾害治理工程措施的选择和使用，存在选用或组合不当、项目投资较大、工程与周边景观不协调等问题，迫切需要加强技术研发工作。技术研发应立足"三个着力"，一是以"山水林田湖是一个生命共同体"理念为引领，着力研发地质环境综合治理修复技术；二是针对地质灾害多发高发省情，着力研发地质灾害应急快速施工技术；三是适应生态环境保护要求，着力研发集施工材料、施工工艺、施工质量为一体的低碳环保施工技术。

地质灾害防治科技人才培养：地质灾害防治工作是科技和人才密集型事业，尤为需要充分发挥科技创新在地质灾害防治工作中的引领作用。科技创新既是地质灾害防治工作改革发展的动力源泉，又是地质灾害防治工作可持续推进的必要条件。科技创新的关键在于人才，因此培养一批地质灾害防治领域的省管专家、部科技创新人才、国家"百千万"人才，并以其为核心建立多支技术团队，将是贵州国土资源各级管理部门的重要工作任务。

5. 地质环境生态治理修复计划

根据前述的地质灾害防治薄弱环节和薄弱地区，未来一段时间内，需安排部署以地质环境生态治理修复为主线，以地质灾害治理工程为手段，以地质环境单元整体为综合整治目标的"五个一批"地质灾害防治工程项目，分别为集中在乌蒙山区实施一批地质灾害防治工程项目；对重要生态功能区实施一批地质灾害防治工程项目；以黔中经济区为重点实施一批地质灾害防治工程项目；针对重要旅游资源集中分布区实施一批地质灾害防治工程项目；利用商业贷款实施一批地质灾害防治工程治理项目；实施一批以地质灾害防治为重点的小流域山水林田湖草综合治理工程项目。